第 1 辑

申城记忆

上海市历史博物馆 | 上海革命历史博物馆 口述资料
SHANGHAI HISTORY MUSEUM | SHANGHAI REVOLUTION MUSEUM

上海市历史博物馆 ｜ 上海革命历史博物馆　编

编辑委员会名单

(以姓氏笔画为序)

主　　编　胡　江

副 主 编　王玉林　周群华　裘争平

编　　委　丁佳荣　马启辰　马建萍　王玉林　王成兰　吕承朔
　　　　　刘　华　肖祖财　吴晨烨　严敏斐　张牡婷　陈汉鸿
　　　　　邵文菁　周群华　胡　江　胡宝芳　徐亚芳　唐永余
　　　　　裘争平　谭珊珊

执行编委　刘　华

序

从先秦至唐宋，上海从边缘逐步走向中心；从元到清，她处繁盛之区。在近代，她是中国特大城市，最大港口，近代化起步最早、程度最高，是多功能经济中心，也是全国文化中心之一。作为"中国工人阶级的大本营和中国共产党的诞生地"，上海是"近代中国的光明的摇篮"。

上海市历史博物馆（上海革命历史博物馆）[以下简称"上历博（上革博）"]是综合反映上海地方历史的地志性博物馆，它的前身是20世纪50年代的上海历史与建设博物馆（以下简称"史建馆"）。1955年下半年，史建馆拟定了1956—1967年工作规划纲要，这份十二年工作规划纲要，参照当时中央文化部对博物馆工作规划的精神，并吸收苏联博物馆的先进经验，结合上海市的实际情况，确定今后的基本任务是：（1）搜集研究上海地方文物资料；（2）通过组织陈列向群众进行爱国主义和社会主义思想教育；（3）提供科学研究的参考资料，成为上海物质文化史的研究中心机构。这可以说是今天上历博（上革博）的初心所在了。

史建馆将自身定位为"上海物质文化史的研究中心机构"，其在文物征集方面的成绩也堪称斐然。1955年，史建馆馆藏文物史料计1.6万余件，其中9000余件为新中国成立后征集。现在上历博的镇馆藏品如1895年三新厂清花机、《点

《石斋画报》原稿、百子大礼轿等都是在史建馆时期入藏。

斯土斯民。作为城市历史博物馆，在收集地方文物资料和物质文化史料之外，还需倾听与记录这片土地上人民的声音和记忆——历史亲历者和见证者的口碑史料。当年的史建馆就曾注意于此。为在宝山举办革命史迹展览会，1958年8月史建馆前辈曾专程赴苏州市人民委员会访问1939—1948年中共上海近郊区工作委员会的马崇儒同志。

不忘初心，继往开来。上历博（上革博）革命史研究部就以下两个方面进行上海城市口碑史料的发掘和整理工作。其一，革命前辈口述整理——让红色历史记忆得以保留，为开展爱国主义和革命传统教育打下了坚实的基础。其二，社会主义建设者的口述整理——挖掘峥嵘岁月背后那些勇挑重担、砥砺奋进的上海往事，讲好中国故事，激发爱国热情和家国情怀。

本书为上海市历史博物馆（上海革命历史博物馆）口述资料第一辑，是上述工作的阶段性成果总结。本辑内容具体包括：老干部红色往事、漕河泾新兴技术开发区创建史、上历博的前世今生，以及华山医院抗新冠肺炎青年突击队11位医务人员2020年逆行抗疫风采。

胡 江

序　　　　　　　　　　　　　　　　　　　　　　　　　胡　江 / 001

抗日战争和解放战争时期上海愚园路华氏家族兄弟姐妹的红色往事
　　　　　　　　　　　　　华　筠、华世俊、华容丽、华　文　口述
　　　　　　　　　　　　　　　　　　　　马启辰、肖　莉　整理 / 001

上海漕河泾新兴技术开发区创建史（1985—2000）
　　　　　　　　　　　　　　　　　叶孙安　口述　潘君祥　撰稿 / 038

我从上学到结缘上海市历史博物馆
　　　　　　　　　　　　　　　　　　　　　　　潘君祥　撰稿 / 073

上海市历史博物馆馆址落实亲历
　　　　　　　　　　　　　　　　　张　岚　口述　严敏斐　整理 / 089

华山医院青年突击队抗疫见证

整理者札记　严敏斐 / 099

一、坚毅与柔情谱写战"疫"之歌　汗水与温度延续生命之河

杨敏婕　口述　吴晨烨　整理 / 102

二、只要平凡

包丽雯　口述　严敏斐　整理 / 117

三、生命之重　我必担当

卫　尹　口述　严敏斐　整理 / 126

四、昨日少年　今日脊梁

毛日成　口述　严敏斐　整理 / 136

五、从"保卫战"到"攻坚战"
　　——一名神经重症医生在武汉前线 ICU 的驰援历程

杨　磊　口述　吴晨烨　整理 / 151

六、凝聚青年力量　共渡战"疫"难关

顾　倩　口述　吴晨烨　整理 / 162

七、平凡成就非凡

徐思远　口述　严敏斐　整理 / 178

八、To Comfort Always：医者仁心

倪　丽　口述　严敏斐　整理 / 194

九、冲锋于危险之中，守住生命最后一道防线
　　——"90 后"援鄂"插管冲锋队"

魏礼群　口述　吴晨烨　整理 / 212

十、白衣战士　坚毅如斯

姜　华　口述　严敏斐　整理 / 227

十一、勇敢的心

张叶麒　口述　严敏斐　整理 / 235

抗日战争和解放战争时期上海愚园路华氏家族兄弟姐妹的红色往事

华 筠、华世俊、华容丽、华 文 **口述**
马启辰、肖 莉 **整理**

讲述者简介

华筠，曾用名华娟丽、祝茵，女，1928年2月出生于上海。1946年4月加入中国共产党。1942年4月参加苏中新四军，1943年精兵简政，组织上动员回沪。1944年参加党的外围组织女青年会，抗战胜利后参加女青年会所属少年服务团。1945—1948年先后在华东模范中学、复旦实验中学、大夏大学就读并从事地下党工作。1948年夏，被国民党当局通缉，撤退至苏北解放区，在华中党校、华中大学学习，开展地下斗争，准备接管上海。1949年5月底，回到上海参加接管工作。中华人民共和国成立后，先后在全国纺织工会任科室负责人、华东师范大学任教育系党支部书记，1960年代起一直在上海市外贸局工作，任局党委宣传部科长、财务处处长，1988年离休。

图1 华筠，摄于2015年9月，获颁"中国人民抗日战争胜利70周年"纪念章

华世俊，男，1930年1月出生于上海。1946年4月加入中国共产党。抗日战争末期参加党的外围组织。1945年至1949年5月，先后在华东模范中学、复旦实验中学、大同大学就读并从事地下党工作和迎接上海解放的工作。1949年后，先后在上海市委党校、上海市委、卢湾区委工作，任科室、处室负责人，其间曾去黑龙江漠河劳动。1978年上海市委党校复校，调回党校任党史党建教研室主任，1992年离休。

图2　华世俊，摄于2019年9月，获颁"庆祝中华人民共和国成立70周年"纪念章

华容丽，女，1931年12月出生于上海。1949年4月加入中国共产党。1945年至1949年5月，先后在华东模范中学、上海市女子师范学校就读并参加党的外围组织、从事地下党工作并迎接上海解放。1949年后，先后在上海市教育局、普陀区教育局工作，任科室负责人。1963年起先后任普陀区五一中学、武宁中学党支部书记及校长，1986年离休。

图3　华容丽，摄于2019年9月，获颁"庆祝中华人民共和国成立70周年"纪念章

华文，曾用名华莉丽，女，1936年8月出生于上海。1956年加入中国共产党。1948年至1949年6月，在华东模范中学就读初中，1948年在学校加入了中共地下党组织的地下少先队。1949年7月，在学校党组织的号召下报名参加革命，时年未满13岁，瞒着父母离家北上到北京，被分配到中国青年艺术剧院儿童队。1956年转入正式成立的中国儿童艺术剧院，先后任演员队队长、演艺部主任，1996年离休。一直从事革命的文艺工作，国家一级演员，享受国务院政府特殊津贴。

图4　华文，摄于2019年9月，获颁"庆祝中华人民共和国成立70周年"纪念章

一、华氏家族的家庭背景

华筠：

　　我的祖父华蘭谷，生于清同治十二年（1873），原籍苏州木渎，考秀才不中落第。18岁时来沪经商，24岁时与他人合伙开鼎裕海味行，自任经理。后又投资同福和进出口行、五丰海味行等商号。祖父生有三子四女，我的父亲华南山是长子。1950年前，三房儿子共同生活在一起。家族人丁兴旺，生活殷实富足。

华世俊：

　　我家是三房同堂的大家庭，兄弟姐妹共十四人，共同生活学习，其乐融融。家里在十六铺开海味行，祖上在苏州还有地。以前说家庭成分，就是资本家兼地主，现在已经不谈阶级成分了。

华文：

　　我家是三房大家庭，都住在一起。虽然家庭成分是资本家兼地主，但我们这一代几乎全是红色革命者，三房一共14个兄弟姐妹里，在中华人民共和国成立前有10名地下党员和1名地下少先队员，我们是大房，7个兄弟姐妹①全都是红色革命者，这是很光荣的。

图5　家族聚会，摄于2011年9月上海淮海路光明邨大酒店，左起：华文、华筠、华容丽、华世俊

---

　　① 编者注：长子华世德（已故，1922—2006），次子华世璋（已故，1925—2006），长女华筠（华娟丽），三子华世俊，次女华容丽，三女夏余丽（已故，1933—1998），小女华文（华莉丽）

二、怎样走上革命道路的

华筠：

1. 14 岁赴苏中抗日根据地参加新四军

我走上革命道路主要是受大哥和小哥的影响。

我的大哥华世德生于 1922 年，在抗战初期就参加学生运动，也是在这一时期入的党，他经常给我们弟妹们看进步的书，也和我们讲抗日的道理、共产党领导抗日的事情和苏联的情况。

小哥华世璋（华楚）生于 1925 年。1941 年上半年到苏南参加新四军，下半年因为日军"清乡"所以回来了，1942 年 3 月到苏北参加新四军，下半年因为生病回家，到 1943 年春天进入复旦附中读高三，第二年暑假毕业后进了之江大学教育系读书，1946 年在之江大学入党，1948 年 10 月到苏北华中党校，解放后留在南京，在苏南军区政治部工作，后转业至地方，在南京粮食学院离休。

1928 年 2 月我出生在上海，读小学的时候抗日战争全面爆发了，那时的抗日救亡运动对我影响很深。小学里有位老师叫陆康常，他那时候就经常教育学生要抗日、要爱国、打倒日本侵略者。1940 年秋至 1941 年底，我在振华女中读初中。1941 年 12 月，太平洋战争爆发，振华女中解散，我休学在家。

小哥 1941 年从新四军回来后和家里的弟妹们讲新四军抗日情况。因此我们弟妹们从小就受了两个哥哥的影响。我当时对日本人统治的上海很不满，听到小哥介绍新四军的情况，就一心要去参加新四军抗日，在 1942 年终于成行了。

1942 年年初，我和小哥同学时英准备去苏北，拿了衣物正要出发，被母亲知道了，在美琪大戏院附近被叫回家。3 月，我和小哥、表哥一起又从家里出来，一行有七八个人上了船，但没过多久就得到消息说我们要去的地方有情况不能去了，我们就下船。因为我们是从家里偷跑出来的，怕回了家就不让我们再出来，所以也不敢回家，就住在时英的姐姐家里。过了几天，小哥和表哥先走了。我和孙进、时英、吴绍航一共四人是 4 月初走的，在十六铺码头上船，行至张黄港，由交通站的交通员带领，到达苏中江高宝（江都、高邮、宝应）行政公署报道，当时的公署专员是惠浴宇（中华人民共和国成立后曾担任江苏省省长）。随后我被分配到盐阜二分区（盐城、阜宁）的流动宣传队做民运工作。我们吃住在老百姓家中，经常遇见日军的汽艇出动。队里有几十个人，都是十几、二十岁的小青年，有不少是上海去的。我们主要的任务是学习、进行演戏等宣传活动，队里的主要领导是队长和指导员，指导员是参加过长征的同志。几个月后，宣传队改名为青年训练班，后来又改为青年剧团。

1943 年春节后，日军开始大规模"清剿"扫荡，组织上决定精兵简政。因剧团都是青年学生，不适应这种环境，所以组织就决定，一部分年纪小的队员先回敌占区，暂时隐蔽。大会动员后就个别动员，要我回上海，我不肯回家，剧团领导姜旭就多次找我谈话，反复说明精兵简政的重要意义，要我先回上海，说等过几个月形势好转后接我归队。我一开始是不愿意的，虽然自己年纪小，但从没掉过队，后来在领导的再三劝说下，我服从组织决定，于1943年2月回上海。一同返回的还有3个人——卓蔚然、王月琼和另一位男同志，卓、王二人是候补党员。剧团开了欢送会，由交通员一站站送出来送到江边，然后坐船回上海。后来又有两个女同志也回上海了。回沪后，我们几人保持着联系，经常在一起谈思想、谈生活和学习。大约半年后，我听说卓、王等三人回新四军了。在这期间，我和剧团的同志保持通信，一直到1944年，因通信地址变动就失去了联系。我很想归队，但苦于找不到组织关系。小哥华世璋因病回沪休养，他和一些同志组织读书会、参加地下党领导的大基义务夜校的工作，其中有他在苏太常地区的老上级李蒲军（中华人民共和国成立后在公安系统任职）等人，我和小哥商量回新四军去，要他找关系，他就联系了夜校的教师地下党员刘润和，把我的情况告诉她，后来因一时没找到组织关系，就叫我留下，认为在上海同样可以做工作。大约在1944年下半年，刘润和介绍我去参加女青年会，那里有歌咏、戏剧活动，歌咏组的负责人是瞿希贤①。当时主持这些活动的女青年会干事不少是地下党员，一直到1945年8月抗战胜利前夕，小哥找到了去新四军的关系，并约定了去的日子，正在这时，日本帝国主义宣布无条件投降，形势的变化，组织上就让我们留下。

　　1945年1月初，一天晚上九十点钟的时候，日本沪西宪兵队来我家，这几个日本人都会讲中国话，穿着便衣，说是查户口的，家里人都在，弟妹们有些都已睡了。我还没睡，在母亲房间里碰到日本宪兵，后来发现他们其实是来抓小哥华世璋的，大哥就往楼上跑想去通知他，但被日本宪兵拦住了，小哥被捕，他的房间也被搜查，日本宪兵把他的日记本和一些进步书刊都抄走了。第二天早上，我到大用书店通知小哥的几个朋友，有李蒲军和另几个同志，他们得知后立刻转移，并告诉我不要回家，几天后他们会接我去根据地。我这次及时通知，使大用书店和大基义务夜校的一些党员和积极分子作了转移，保存了革命力量。后来我没回家，到同学家里住了几天，但可能当时局面已经很紧张小哥这几个朋友没来找我，我又去了大用书店，远远地望到书店已经被查封，当时就想，看来这里也被日本宪兵挖出来了。这时我家里也在到处找我，同学的母亲对我住在她家也有意见，于是我就住到家里在南市老城厢的老房子里去，父母过来找到我，说日本人天天晚上来家里，威胁他们把我交出来，否则要把我父亲抓去，一开始我不肯去，母亲天天来找我，劝我，我就想我只是普通老百姓，去了也不一定会被关起来，在母亲的陪同下我去了日本沪西宪兵队。到那里以后，一个日本宪兵和一个中国翻译向我问话，

---

① 编者注：瞿希贤，著名音乐家、作曲家。

内容主要是为什么要到根据地去，去干了什么，怎么回上海的。我就说家里不让我念书，我过去念书的，但因为我年纪小那边不要我，我就回来了。问完就叫我母亲回去，把我扣下了，又去搜我家。后来又让我交代，我写了大概一页纸，内容也是说去根据地念书的。以后就把我和另一个同志，叫杨菁（中华人民共和国成立后在上海医学院工作）关在一起，杨菁比我先关三四天，我们两人一起关了一个星期，先把她放了，我就一个人关一间，一天半夜里，我被带出去审问，是一个日本人审我，内容主要是问我回来后和根据地有没有联系，我说没有联系，后来也问不出什么就把我带回牢房。我大概被关了两个星期，就把我们一起八九个人都放了，小哥也在其中，释放前办了出狱手续。回家后得知是家里找人托关系想办法把小哥和我救了出来。

2. 18岁在华东模范中学加入地下党

1945年秋，抗战胜利后，我和华世俊以及其他弟妹们到华东模范中学读书。这一时期，女青年会成立了上海基督教学生团体联合会，领导当时的学生运动。我作为华东模范中学的代表，参加了"学团联"的活动，女青年会还成立了以团结教育中学生为主的少年服务团，我担任了常委。少年服务团的主要活动有歌咏、时事讨论、组织野营等，少年服务团的常委还有邓彼得等人（邓彼得解放后在北京工作，后来得知他当时已经是地下党员了）。几个月后，邓彼得和我谈话，要我回学校去开展工作，我懂得邓彼得是代表组织要我回学校的。从此我主要在华东模范中学开展学生工作。

1945年下半年，大哥华世德找我谈过一次话，先谈了当时学生运动的情况，因为学生运动是在共产党领导下进行的，他问我要不要入党，我说要入党，大哥就叫我继续积极参加学生运动，以后有人会再来找我谈的。

1946年初华东模范中学训导主任左淑东（中华人民共和国成立后担任上海幼儿师范学校校长，是著名的幼儿教育专家）找我谈话，启发我入党，还借给我一本党章看，我终于找到了党组织，立即就提出了入党的要求与愿望，写了一份自传交给左老师，4月初左淑东通知我，上级批准我入党了。我是由左淑东同志发展入党的，首次来接关系的是龚兆源同志（中华人民共和国成立后在经贸和石化系统工作），就在这一天在我家里进行了入党宣誓，一起宣誓的还有华世俊和徐立忻。我们入党后就成立了华东模范中学党支部，支部共有4名党员，我是第一任支部书记。后来我和华世俊也发展了几个党员，其中就有我的堂妹华爱丽[1]。

1945年秋到1946年暑假这一段时间里，华东模范中学搞过的学生运动主要有这几个：两次助学运动，发动同学到马路上义卖助学章，进行宣传，这是个全市性的运动；围绕着要和平、要民主、反内战，参加全市性的由学团联组织的"欢送马叙伦"示威游

---

[1] 编者注：华爱丽，华家二房次女，1928年12月生。

行；西南联大"一二·一"惨案①后，参加了上海学生在玉佛寺举行的于再追悼大会等集会游行。

3. 19岁在复旦实验中学、大夏大学领导学生运动

1946年暑假，组织上决定安排我与华世俊到复旦实验中学去读书，是我们开支部会议时决定的，当时从我自己思想感情上讲是不愿意离开华模的，认为这里群众基础较好、工作开展很顺利，但组织决定也是服从的。

1946年秋到1947年暑假，我和华世俊在复旦实验中学读了一年，我高三，他高二。我们去就有了党支部，有党员4人，后来我又发展了高二的一个女同学。复旦实验中学校方很反动，训导主任汪方史是国民党，他曾用手枪威胁华世俊，不许他在学校中搞活动。当时学校里的三青团和国民党的情况我们没有掌握，怀疑过几个人，我们一开始把他们当作积极分子，因为他们经常参加我们的活动，后来发现他们虽然一直来参加活动，但在班级里一个同学都带动不起来，有些事我们刚研究，校方马上就知道了，因此怀疑他们是打进来的奸细，但没有确实的证据。

我们进了复旦实验中学以后，第一学期由于党在这里的力量较少，同学也不熟悉，工作局面没有打开，当时就研究，要做深入联系和团结同学的工作，从帮助同学搞好功课入手来搞好群众关系。第一学期基本上没开展什么政治运动，到1946年12月学期结束前的沈崇事件②，我们在班级里进行了宣传，揭露和抗议美军暴行。1947年上半年全国学生运动出现了高潮，在这个形势下，我们支部开展了一些工作。1947年2月梁仁达事件③后，我们请来永安公司职工向积极分子宣传爱用国货运动和国民党反动派杀害梁仁达的经过，我们在班级里进行了宣传。三四月份发动了高三同学参加全市性的反会考斗争。5月份全国各地学生掀起了"反饥饿、反内战、反迫害"运动。"五二〇"南京学生

---

① 编者注：1945年11月25日晚，云南昆明几个大学的师生在西南联大召开反内战的时事讨论会，6 000余人参加。国民党军警包围会场，百余名特务冲进会场破坏。次日，昆明学生举行罢课，抗议军警暴行，反对内战，呼吁美军撤离中国。12月1日，国民党反动派特务暴徒数百人围攻西南联大等学校，毒打学生，并投掷手榴弹，炸死学生李鲁连、潘琰、苟继中和教师于再，打伤60余名师生，制造了震惊中外的"一二·一"昆明惨案。

② 编者注：北大先修班女生沈崇，1946年12月24日晚东长安街平安电影院看电影途经东单时，被两个美国兵架至东单操场施行强奸。有工人经过此地听到呼救声立即报警，警员当场抓获美兵1人。北大女生被强奸的消息在全国激起强烈反响。北平、天津、上海、南京等全国各地数十座城市爆发了大规模的抗暴活动，抗议美军暴行，并得到社会舆论的广泛支持。

③ 编者注：为挽救民族工商业的严重危机，上海市三区百货业工会在中共党组织领导下，于1947年2月9日在南京路劝工大楼召开"爱用国货，抵制美货"筹备大会。100多个国民党特务手持凶器，袭击会场，殴打群众。永安公司职工梁仁达目睹这一暴行，义愤填膺，怒斥暴徒："爱用国货有何罪！"这伙暴徒立即扑来毒打，并把他从3楼拖到楼下。满身血污的梁仁达，被送到仁济医院抢救，于下午4时40分，不治身亡。

遭到国民党反动派的血腥镇压，全国各地学生都声援。上海学联决定全市罢课3天。当时与我们支部联系的张振秉要我们发动罢课，我们认为复旦实验中学党的力量太弱，只有高三、高二、初二年级有党员，积极分子也不多，对罢课没有信心，张振秉分析了当时的形势，指出罢课是全市统一行动，不是一个学校孤立的，这个学校过去没有冲出去过，这次一定要罢课冲击一下，就和我们一起研究了罢课的方案。罢课前的晚上我们找了一部分基础比较好的同学，在我们家里开会研究，并印传单。第二天一早就到学校，一部分人在门口向来校的同学宣传罢课，一部分人到楼上把两个教室打通开大会，我们开会宣布罢课3天，学校就宣布放假3天，用这种方式来破坏我们的罢课。当时我们对反动校方非常气愤，向在校的同学继续宣传，揭露校方的破坏阴谋。后来支部开会，我们认为罢课失败了，学校一宣布放假，把我们原来打算的罢课后的一套计划破坏了，张振秉说这不能说是失败，由于我们进行了斗争，宣布罢课，校方才被迫宣布放假，这对学校里是个冲击，同时对同学也是个很大的震动。

第二学期结束，也就是1947年暑假，校方就宣布开除10多个人，开除是出布告的，没有什么理由。把我们几个党员和比较积极的还有靠近我们的都开除了。我们高三开除的有四五个人，从表面上看都是有两门课不及格，实际上都是参加学生运动的，开除的真正原因不是功课不好。校方把我们开除，我们是非常气愤的，工作局面刚有些打开，党员和进步学生就被校方开除，使我们更认识到校方的反动，但另一方面，我对这个学校也没什么感情，被开除了就到别的学校去，同样可以读书、开展工作。被开除后，组织上决定让我去大夏大学读书。

1947年秋，我考上了大夏大学历史社会系。大夏大学是私立学校，学费较贵，招生章程上规定要有高中毕业文凭或同等学力，经过考试及格入学。但实际上并不那样严，学校为了挣钱，考试也只是形式。当时大夏和其他学校一样可以免费，规定家境清寒、成绩优良的可以申请免去全部或部分学费，但杂费很贵是不能免的，学校可以减免学费也是招揽学生的一种方法，多招学生可以多赚学费。实际上也不一定只有家境清寒的可以申请，我父亲是资本家，第一学期刚进校时，我申请减免一半，学校也同意了，我从家里领了全部学费，把免下来的钱上交给了党组织。

当时大夏大学全校没有统一的学生组织。各系有系会，系会是一个系的统一组织，进步力量和反动力量两方面都在争夺，当时我们进步力量能控制的有6个系：教育、土木、化学、经济、史社、外语。党在我们史社系是有一定力量的，建有党小组，组长是马承源（中华人民共和国成立后在文物系统工作）。史社系系会干事有13人，进步力量7人，反动力量6人，进步力量里，我和另一位叫朱焕文的干事是党员，系会主席是进步学生。系会开会总开不出什么结果，因为我们和反动力量达不成一致意见，有时连讨论会议议程都没法统一。我们是开会前先商量好开会的内容，系会做些什么工作，系会开会总是我们先提出意见，但他们反对却又提不出意见来，故意破坏。有时议程达成了一致意见，讨论到具体内容就又不能统一了，只好吵上一场然后散会。记得有一次，朱焕文提出我们史社系应该做些社会调查，并且还提出了到哪里去调查的具体意见，他们就反对，结果吵了一场不了了之。所以后来系会干事就不太开会了，我们要做什么工作给他们（指反动的几个干事）打个招呼也不管他们的意见，就以系会名义去做了。6个进步系会经常以联合的名义发起活动，比如1947年年底义卖助学活动、1948年春天组织到杭州去春游祭祀浙大于子三、1948年5月2日组织的"五四"纪念晚会、1948年6月底发动的"要求国立运动"。除了6个进步系会，当时学校里的进步组织还有丽娃丽妲歌咏社、两广同学会。参加丽娃社的条件是我们认为比较进步的，也包括中间分子，还要爱好文艺活动，我们就介绍这些人填表入社，参加的人很多，大概有一二百人。丽娃社是通过一些文艺活动来团结

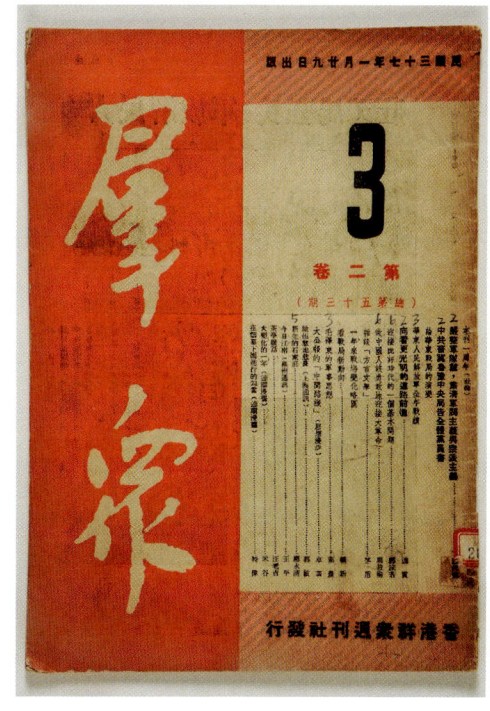

图6 《群众》上海市历史博物馆
（上海革命历史博物馆）藏

教育进步和中间同学，扩大进步力量，当时的活动比如唱进步歌曲、跳集体舞、跳少数民族舞蹈、结合政治形势进行宣传，除了这些活动外，还会谈谈同学的情况，对那些可以争取的我们就会多做些工作。在一些进步同学之间还会传看不公开的进步刊物，如在香港出版的党的进步刊物《群众》。在1947年中秋节晚上，丽娃社还组织在女生宿舍附近举办了中秋晚会。

1948年5月2日大夏大学集合6个系会举办"五四"纪念晚会，到会有1 000多人，晚会一开始就被特务暴徒打散了。第二天5月3日圣约翰大学开"五四"纪念会，大夏去了二三百人。会上各学校对大夏发生的特务暴行表示强烈抗议，对大夏同学坚决支持，大夏的同学情绪很高，会后就整队从圣约翰出来游行到大夏抗议特务暴行，到校后继续在校内游行，这时天已经黑了，游行到教职员宿舍时特务就向游行队伍冲来，要冲散游行队伍，有一批特务混进队伍来，从内外夹击，队伍被冲散了。特务在校内搜查，我和3个女同学跑到男生宿舍躲起来，一间宿舍里有七八个男同学。不久听到外面在叫"训导处要查房间"。我们知道这是特务要来搜查，在这里也不好躲，就由几个男同学把我们3人护送到女生宿舍。但女生宿舍的门已经锁上了，我们大声叫喊开门，但宿舍门不开，说也在查房间。不一会儿几十支手电筒照过来，我们被特务抓住了，拉到教室，分别审问，并搜查了我的包，里面有《燕京新闻》、几张丽娃社的空白登记表、用于义卖的助学

图 7 华筠，摄于 1949 年春随华中大学南下途中

章。当时特务问我，我都以系会干事的身份来回答。特务问不出什么就不问了，后来又把我们 3 人押到校门口，一辆红色警备车停着，但没叫我们上去，一会儿又开走了，据说不属于他们管。大概到了半夜，训导员亲自用校车把我们送进真如警察局。在警察局我被审问，内容大致是为什么要去参加圣约翰的集会，我以"五四"是青年节、青年应该纪念来回答他，审了有一会儿但也不是很久，就把我送到拘留所里，和其他几人关在一起。没多久天就亮了，叫我们出去，到一间办公室，不久训导员来了把我们保释了出去，用汽车把我们送回了学校。为什么我们那么快会被释放呢，原因是我们被抓走的消息很快传了出去，大夏的党组织立刻发动群众抗议，要求立即释放被捕学生，校方在群众压力下不得不去警察局保释我们。这次事件是校方内部的反动势力勾结特务一手策划的，目的是镇压学生运动，我回学校后当即在宿舍里揭露了这个阴谋和暴行，当天还在女生宿舍的食堂开了群众大会，在会上我控诉和揭露了特务暴行。

4. 20 岁被国民党通缉，转移至解放区

1948 年 6 月底，党组织在大夏发动了一个"要求国立运动"，进行罢课，罢课了 3 天被军警包围了学校，一个星期后校方宣布放假，开除了 58 人，我也是其中之一，组织上就决定让我转移到苏北去。8 月有一天要大逮捕，那天下午朱焕文通知我晚上敌人要"开刀"，叫我马上就离开家，我就到同学家去，第二天打电话一问，前一天晚上敌人果然来家里抓过了，我弟弟华世俊就送我到苏州姨母家，住了大约一个星期，大夏当时的总支委员陈广棠到苏州来通知我返回上海再从上海去解放区。我从苏州回到上海又在同学家住了一晚，第二天就出发去解放区，由于当时我被通缉，所以进行了乔装打扮，给我找了一身农家妇女的衣裤，匆忙中还是有疏漏，我脚上的皮鞋容易穿帮，但幸运的是还是混了过去。我大约是 9 月初离开上海，同行的还有另外三人，我们从镇江过江，11 月初到了华中党校，1949 年春节后我调到华中大学学习，3 月份大部分学员都分配了工作，我们少数人留校准备随校南下，以后就编为南下工作队，上海解放后进入上海。

华世俊：

1. 大哥带头参加革命

我们家带头参加革命活动的是大哥华世德，家里叫他"连生"。当时在抗日战争初期，日本人发动"七七事变"以后，又爆发了"八一三"淞沪抗战，上海兴起了抗日救

亡运动。这个时候全民都投入抗日的热潮中，我们这些年轻人，包括一些工商界的人，都是反对日本人的。在强烈的抗日气氛下，青年学生在学校都参加抗日救亡活动。当时大哥在这样一个形势下，在学校里参加了许多党影响下的抗日救亡运动，并且到抗日根据地参加了新四军。以前红军在南方游击区的一些队伍，抗日战争爆发后国共合作，在共产党领导下形成了抗日民族统一战线，这部分队伍就组成了新四军。新四军整编的时候军部在皖南，当时上海学生参加新四军主要是到皖南根据地去，大哥就是响应号召去了那里。上海去皖南根据地要通过船、车，他具体怎么去的，我们也不太清楚，只知道在家里突然听说连生跑了。家里通过一些渠道去打听他到底到哪里去了，到学校、到他同学朋友那里去问，派人追他回来，追回来的地方叫"屯溪"，屯溪就是做文房四宝中歙砚的地方，现在叫歙县，这个地方的水路交通很方便。他回来以后也没跟我们几个小的弟妹说，到后来我们才逐步了解他是参加革命活动去了。估计他当时跟小哥华世璋讲过，所以接下来小哥也在学校参加了许多活动。由于家里本来管得比较严，小孩不能随便出去，他这么一冲，家里小孩思想也开放了，都希望了解外面的世界是怎么回事。所以说，大哥是开路先锋，打响了第一炮。

大哥华世德大约是在1938—1939年入党的。地下党当时有十六字方针，就是"隐蔽精干，长期埋伏，积蓄力量，以待时机"。根据这个方针，他一点点开展活动，勤学、勤业、交朋友，在学校、单位里交朋友，做一些思想教育工作，以此来团结、影响朋友。抗战胜利以后，他的活动更频繁了。他带了嫂嫂一起到南京路参加"华联同乐会"①，这是地下党办的场所，经常团结一些进步的人到那去讲演、唱歌，开展一些进步活动。后来组织把他调去了经济战线，在国民党统治区和解放区都待过。解放后他代表党在上海接管了一些商业单位。

2. 小哥和大姐带领弟妹接触进步思想、加入进步组织

小哥华世璋和大姐华筠都受到大哥的影响，去根据地参加过新四军。小哥跟我们年岁稍微接近一些，他跟我们一起活动的比较多，对我们弟妹影响比较大。小哥当时在外面参加很多活动，他有一次回家跟我们讲，他参加"反汪斗争"。汪精卫投敌成立了汪伪政府以后，在上海的单位、学校派驻汪伪政府的人，地下党就发动群众进行"反汪斗

---

① 编者注："华联同乐会"是中共地下党领导的进步的团体。由于鸦片战争后，外国势力进入上海，至1936年，上海有洋商企业675家，有中国员工6万多人。为在洋商企业的华人员工中开展团结教育工作，1936年夏，中共地下党派党员开展洋行的工运工作，并在1936年10月成立了洋行华员联谊会，简称洋联，并成立中共洋行华员联谊会支部，简称洋联支部。上海沦陷后，中共地下党利用美英法与日本的矛盾，争取洋行上层人士的合作，在洋联的基础上成立了洋行华员联谊俱乐部，即"华联同乐会"，简称"华联"，并在上海公共租界公部局正式登记。中共地下党在"华联同乐会"通过文化、娱乐、体育等活动，以及为职工争取福利等方式，团结教育广大员工投入抗日救亡运动，坚定抗日必胜的信念。抗战胜利后，国民党反动统治制造白色恐怖，中共地下党在"华联同乐会"积极领导群众参加反饥饿、反内战、反独裁、反迫害的爱国民主运动，迎接新中国的诞生。

争"，学校进行护校运动，不让汪伪势力进来。"反汪斗争"声势很大，让我接触到党的教育，对我影响很大。后来他从学校出来到社会上，在社会各界结交很多朋友，有工厂的、商店的等，其中有一个是电影制片厂的摄影师。他们的活动很多，相互交流进步思想。他们在党的影响下，前往苏北的抗日根据地。皖南事变以后，新四军军部被国民党破坏了，后来陈毅同志在苏北重新把新四军发展起来。所以那个时期，上海青年学生比较多的去了苏北的抗日根据地，小哥去的也是那里。后来他因为生疟疾回上海待了一段日子。过了一段时间他又去了，这次他把娟丽姐（华筠）也一起带走了，另外还有我们一个表哥也一起去了。他们这次去的时间稍长，后来日本人发动"清乡"，大规模向我们的抗日根据地进攻。根据地不得不在这种情况下缩小编制，缩小队伍，所以让一些从敌占区来的年轻学生返回，这样小哥和娟丽姐就回来了。

小哥回上海后在家里组织兄弟姐妹阅读进步书籍、讲革命故事、演话剧、唱革命歌曲，并建立了"华华社"。"华华社"对我们弟妹们影响非常大。在"华华社"的活动里，他跟我们讲《钢铁是怎样炼成的》，我们听得比较多的是保尔·柯察金和冬妮娅的这一段，后来他也讲保尔·柯察金进一步斗争的故事，我们听得津津有味。带我们去看一些进步的电影和话剧。当时上海有一个苏侨俱乐部，他们自己放苏联电影，起初他们自己看，后来开放给当地居民看，所以小哥也带我们去看，带我们在这方面开阔眼界，看到了苏联这样的社会主义国家。还组织我们一起唱歌，唱《快乐的家庭》，也教我们唱苏联歌曲《祖国进行曲》等，后来他还教我们唱《国际歌》。他还带我们看了很多进步书籍，比如鲁迅的《阿Q正传》《孔乙己》、高尔基的《童年》《母亲》、艾思奇的《大众哲学》，还有讲北京"一二·九"运动的一本书叫《新生代》，萧军的《八月的乡村》是专门讲东北抗日的，茅盾的《子夜》、巴金的《家》、曹禺的《雷雨》，还有一本德国的《在德国女牢中》是德国共产党的一个女领导蔡特金写的。这些进步书籍对我们教育很大。我记得当时他还带回家一些比较高深的理论书籍，比如《反杜林论》，这个太高级了，我当时是看不懂的。他还给我们讲话剧《放下你的鞭子》，并且带我们一起演戏，他自己也能写剧本。我记得演过的几部戏，一部是比较小的小品，一部叫《天快亮了》，讲一个抗日志士在警察追捕下逃出来，有一个警察在抗日精神的影响下秘密地把他藏到垃圾桶里躲避追捕。还有一部戏叫《四姐妹》，讲4个姐妹怎么阻止她们的父亲到日本人那儿去做官。"华华社"推动了我们华家兄妹思想进步，逐步走上革命道路，有11个人先后参加了共产党，我们大房兄妹7人全部入党。而且在"华华社"学到的这些对我们后来出去参加活动也是非常有帮助的。

我们华家这些小孩后来大批入党，实际上是受小哥的影响。小哥对我们"华华社"，以及后来我们在实际参加革命活动中的一些想法、一些行动也都是给予指点的，他对我们参加革命工作起了重要的引路作用。当时我参加革命活动主要在抗日战争末期跟解放战争时期。抗日战争时期，小哥跟娟丽对我们实际的影响就是带我们参加一些外面的活动，许多是地下党组织的。比如参加青年会的歌咏队活动，接触了一些进步学生，后来我知道这些都是圣约翰大学的地下党员，他们跟我交谈，使我也接受到进步思想。抗战胜利以后，这些活动还在继续，比如"少年服务团"的活动。

抗战末期，小哥和娟丽有一次被日本人抓走。当时小哥出去活动，一起活动的有什么人暴露了，牵连到小哥。突然有一个晚上，日本人来家里说查户口，跑到我们家4楼，当时我也住在这个房间里面，查了柜子里面，翻了很多书，一边查一边问，最后说要带小哥回去。当时大哥在门口拽着小哥，对日本人说你们不能随便抓人，但是挡也挡不住，日本人就把小哥带走了。后来他们又来家里抓娟丽，娟丽开始是躲在外面，日本人来了几次，说只要让娟丽过去问她几个问题就可以了。家里就信了，娟丽才十几岁也不懂，就被日本人骗过去了。后来他们对小哥和娟丽又是查又是审的，也审不出什么，因为日本人想在他们身上查出背后的共产党的组织，他们两个当时都不是共产党，也查不出什么，家里后来通过关系疏通了一下，过了段时间小哥和娟丽就被放回来了。

抗战胜利后，小哥参与筹办了华东模范中学，把我们华家小孩都带到这个由地下党办的学校读书，后来根据组织安排，他去了之江大学工作。解放战争胜利前，他身份暴露了，撤回到解放区，到解放区以后他搞一些文艺创作。后来被调到部队专门从事文艺工作、组织文工团，一路到了到镇江、南京，当时上海去苏北解放区的人在解放后大多数回了上海，小哥是留在了南京。

3. 16岁在华东模范中学加入地下党

我是在1946年4月在小哥和大姐直接影响和帮助下，在华东模范中学加入了共产党。入党后，与大姐华筠和我的入党介绍人一起建立了支部，华筠是华模中学支部书记，我是支部委员。入党宣誓要为共产主义奋斗终生，这是党的最终目标，而当时主要任务是反对国民党的反动统治，在学校开展学生运动。从1946年4月起一直到1949年5月上海解放，按照党组织的安排，我先后在华东模范中学、复旦实验中学和大同大学参加和组织了一系列活动和斗争。

抗战胜利后，我参加"少年服务团"的活动，后来那里的同志建议我到学校里开展基础工作，所以娟丽跟我就回到华东模范中学，建立了华模的学生组织——"级联会"，就是各年级联合起来，"级联会"后来改叫"学生自治会"。娟丽做"级联会"的主席，我作为学校的校代表到外面去联系，曼丽①做"康乐部"部长。通过"级联会"把学校里的一些活动都开展起来了。这些活动的开展跟学校里的一些进步老师、进步同学的帮助也是分不开的。开展的主要活动是跟当时的形势有关系的。当时的形势就是抗战胜利以后国民党要打内战，要迫害我们学生参加一些民主、民生运动。虽然我们当时还不是党员，但是在党的影响下，或者说，华模是在党影响下办的学校，都是一些进步思想在影

---

① 编著注：华曼丽，华家二房长女，1927年10月生。

响我们，所以在学校我们主动参加活动，又在学校老师进步思想影响下，我们的活动就开展起来了。

对我影响大的第一次活动是参加声援昆明惨案的公祭活动。昆明惨案，就是1945年12月1日，昆明的西南联大团结了当时在昆明的一些学生开了一个反内战、要和平的大会，这次大会遭到了国民党残酷的镇压，反动派屠杀学生，造成"一二·一"惨案。这次迫害在全国影响很大，我们党领导全国的学生起来声援昆明惨案。上海当时也举行了一个声援活动。昆明惨案中有一位牺牲的老师叫于再，他的姐姐在上海。当时看到自己弟弟被国民党迫害致死，她要在上海进行一个祭祀活动。上海地下党了解到这个情况后，找到于再的姐姐，说把这个私人的祭祀变成公祭，上海民众一起祭祀于再老师，变成声援昆明惨案的一个大活动。这次活动的实际联系人是袁鹰[1]，他当时叫田复春，是我们华模中学的老师，他认识于再的姐姐，党就通过袁鹰去做于再姐姐的工作，把私祭变成公祭，变成一个大的活动。这样就发动了全市的各个学校参加，各行各界人士也都参加。当时是华模中学的老师告诉我跟娟丽有这样一个活动，我们当时虽然还不是党员，但我们也带动、组织了一些学生一起参加，华模中学是老师带队，大概有100多人参加。公祭活动会场在玉佛寺，党的力量比较强的一些学校进行活动组织工作，比如布置会场、标语、组织唱歌等等。唱的《安息吧死难的烈士》，很悲壮。公祭活动后大家要求游行，从玉佛寺出来，一直游行到外滩，路上受到上海市民很大的关注，这也是我第一次参加这么大的游行。这是我参加的第一次大活动，这次活动主要是老师带领，我们做了一些小的组织工作，对我教育很大，让我看到国民党残酷的面目，坚定了我坚持斗争的信念。

这以后，学校里的活动也蛮多的。比较广泛的一个活动是组织募捐。当时很多同学家庭都比较困难，就是清寒的学生，他们学费都交不起。在进步组织的带领下开展助学活动，印了很多助学章，在纸张上印的，印得比较规范。我们用这个助学章到街头去募捐。这个活动是在1946年春节，我们华家的孩子都参加的，看到穿得漂漂亮亮的人，就知道他们一定有钱，就上前请他们捐款。这次活动发动得比较好，团结了很多同学，影响比较大。后来也接着参加了学校里的歌咏活动。这些不是政治斗争，但是它起了团结、组织同学的作用，同时也锻炼了我们的活动能力。当时我们这些活动都是受进步老师、进步同学的影响。

1946年春，我班级一个跟我们一起参加进步活动的同学找我，说我们去参加共产党，我就去问小哥，小哥当时考虑了一下，给了我一些书，都是小册子，是内部的、秘密的，比如陈云同志写的《怎么做共产党员》[2]，还有党员的、党的一些规章等。我看了

---

[1] 编者注：袁鹰，原名田复春、田钟洛。当代散文家、诗人、儿童文学家、编辑。1945年加入中国共产党地下组织。长期从事新闻工作和文学创作。担任过《人民文学》《儿童文学》编委、《散文世界》主编、《人民日报》高级编辑、中国作家协会名誉理事。

[2] 编者注：应为《怎样做一个共产党员》。

这些书以后，觉得按照这样的标准要求，我应该入党，所以在小哥的指点下我加入了共产党。

当时我参加反内战、要和平、要民主这些斗争，在斗争中间，我逐步提高了对党的认识。但当时我们家也不是没吃没喝的，家里生活也可以，我为什么会要去参加共产党呢？现在回过头想，主要是当时在思想上已经受到了党的教育。小哥在一段时期给我看了很多的书，都是党的性质、党的奋斗目标，这些都是对我的教育。当时我思想方面就是认为共产党就是为共产主义奋斗的。从之前的反内战、要和平民主这个目标，提高到要为共产主义奋斗这样一个目标，这种思想上的高度就是不同的了。如果说你原来是一个民主革命斗争的战士，那你现在入党就是为共产主义奋斗的战士。这样一个高度，当时我想到了，确实是共产主义，虽然当时并没有很深入的了解共产主义到底是什么，但是有一些初步的认识，譬如说，共产主义就是要以人人平等、共同富裕为目标。当时我们看的苏联电影，苏联人民这样一种幸福生活，就是社会主义的生活，我们也是为这个目标而奋斗的。当时看一本书叫《各尽所能，各取所需》，社会主义、共产主义就是要各尽所能、各取所需，当然现在叫按需分配了，过去说的叫按劳分配，当时提法是这样的。还有一句叫，不劳动不得食。这个目标是对的，本来社会就是应该人人平等，共同富裕。当时就觉得这才是理想的社会。共产党是以为共产主义奋斗为目标的，这就是我的理想。所以我觉得自己就是为了这个理想而入的党。所以现在讲初心，当时就是有这个目标的。共产党终极目标就是为共产主义奋斗，当时主要是跟国民党斗争，反内战要和平，反对独裁要民主，这样就把当前的斗争跟远大的共产主义奋斗目标结合起来。那时候我对这些是有一些初步的认识。在这么一个情况下自己入了党。所以现在有的时候讲不忘初心，我说这个初心是不能忘记的。我们现在做什么工作都要想到我们最终是这样一个目标。所以这叫做理想信念，我在当时就是已经初步确立的。

我们建立了支部以后，后来又发展了大概六七个党员。到我们离开的时候大概有10多个党员。支部建立以后活动很多，最大的活动就是1946年6月23日，参加上海"六二三"大游行，这次游行在全国也造成了很大的影响。当时国民党签订的停战协定，就停到6月底，之后就要打了。我们在6月底之前要作出反应，坚决反对内战，在国民党统治区我们要显示出群众的力量，开展了规模很大的、全市各界人士参加的大游行示威。上海各界推荐了10位人民代表到南京去请愿，我们欢送人民代表到南京请愿，到上海火车站送行，并组织全市大游行。这次活动声势浩大，约10万人参加。这个活动当时我们华模中学组织得比较精心，在各个班级都开展了宣传，具体到哪些人去参加，参加要注意些什么，唱什么歌，要喊什么口号，包括口号、各种横幅都是事先做了比较认真的准备。发动每个班级做了这些具体准备以后，到那天我们就去参加游行。我在游行队伍里面，带领我班级和其他班级的同学，一路走一路领着大家喊口号，先到火车站，后来经过南京路一直到西藏路。队伍到了大世界，大世界这里有一个很高的酒楼，国民党特务就在上面把盆子往下扔，砸我们游行队伍。当时我们很气愤，派了几个人冲上去抓他们，有些特务逃走了，也抓住了几个，我们就把抓到的特务押在游行队伍里。后来队伍一直游行到现在的复兴公园就散了。

上海的这次活动声势浩大，国民党也没有实际动手镇压，派了些特务扔盆子砸我们。我们把这些特务抓到复兴公园以后，本来是要审他们，但当时在国民党统治下，我们也没有力量审，只好到那边就放他们走了。但国民党另外一手就很歹毒，我们10位人民代表到达南京以后，在南京下关车站这个地方，遭到特务毒打，这就是"下关惨案"。这说明国民党表面要停战，实际上已经准备打内战。"下关惨案"后，上海和全国人民以更大的愤慨进行了斗争，揭露国民党"假和平，真内战"的反动面目。上海也派了群众去慰问受伤的代表，并在报上揭露国民党这种丑恶的面目。这一次斗争，一方面要向国民党反动派显示群众的力量；另一方面我们也知道国民党反动派是要发动内战的，但我们还是要跟他斗争。这次活动对我来讲，不仅是提高觉悟，也锻炼了我怎么组织游行、领导群众进行斗争的能力。

4. 17岁在复旦实验中学领导学生运动

我们在华模中学工作开展得比较顺利，政工活动基础打好以后，组织上就找我和娟丽谈，要我们去开辟新的学校，有的学校是空白的、没有党的力量，需要我们过去。所以在党组织的安排下，1946年秋，我们到了复旦实验中学，一边读书，一边开展学生运动。校内有4名党员，娟丽任支部书记。这个学校的训导主任是国民党的区分部委员，是反动的。我们去了以后发现这里非常沉闷，工作很难开展，而且实际上学校也控制得很严，什么活动都不让参加，这跟华模中学是完全不一样的。华模中学是教师带领你活动，复旦实验中学别说活动了，稍微有一些动作就要阻止你了。特别是娟丽的班级，她班级里面除了她，其他全部是男生，当时男女生是不讲话的，所以她要在那里开展活动很难，但是她后来在班级里面把活动搞起来了。由于这种环境，我们一开始没开展大的斗争，先参加些群众性的活动，比如下棋、唱歌、打球，也办些墙报、广泛交友、团结群众。因为当时整个局势在发展，大家都要谈到一些国内的形势，从日常聊天、谈吐中间我看到哪些思想比较进步的、正义的同学，这些人我们逐步逐步靠拢他们，用我们的思想逐步影响他们。当时学校控制很严，有人在班级里组织同学一起跳民族舞就被老师叫去训话，我们开展的下棋之类的活动学校倒也不好阻止。在学期结束的时候举办联欢会，我们组织一些同学参加。开展活动期间团结积极分子，把工作从班级推向全校，渐渐扩大队伍。当时国内发生一些事情我们也进行宣传，北京女学生被美军强奸，引发抗暴运动，我们在学校里对这个事件进行宣传。有一次上海商业职工在南京路开大会，还请了郭沫若来做报告，这个会被国民党破坏了，永安公司一位叫梁仁达的职员被打死了，这个事情我们也在学校进行了宣传。

在此基础上组织进步同学参加斗争。其中最大的一次斗争是参加全市性的学生反饥饿、反内战运动。当时国立大学学生的生活很困难，一天的生活费只有两根半油条的钱，非常低，根本吃不饱。上海医学院有学生发现很多同学都因为营养不良而得了肺病，学生健康状况堪忧。上海交通大学的航运系和轮机系，这两个系不办了，要撤掉，学生就罢课反对，要到南京去请愿。国民党把克扣下来的学生生活费用来打内战，所以叫"反饥饿、反内战"运动。上海、杭州、苏州、南京等4个地方的学校派代表到南京去请愿，反饥饿、反内战、要求国民党政府增加学生生活费，上海16个专科以上学校派了代表前去参加请愿。1947年5月20日，请愿学生在南京举行了大游行，遭到国民党反动军警血腥镇压，当场打伤游行的学生100多人，还逮捕了几十个学生，制造了"五二〇惨案"。这是国民党发动内战以后制造的又一起血腥惨案。"五二〇惨案"后，全国爆发示威游行，抗议国民党反动派制造的这个惨案。上海当时在党的领导下也举行了声援活动，组织全市的学生罢课。这次是上级党组织紧急通知的，马上就要开展斗争，娟丽跟我一起开支部会，商量怎么组织。我们把积极分子，大约有七八个人，聚集到我们家里，在我们家的会客室，买了很多纸张、笔，通宵在那里做准备，当时都是要刻蜡纸来，把一本本小的传单印出来，还写了大标语。第二天早上到学校门口，就挂出大幅标语"声援南京五二〇惨案"。进校以后就罢课，并把准备好的标语用糨糊刷到墙上贴好，学生来了以后我们把传单发给他们。训导主任本来想阻止我们，后来看声势这么大，就反过来让来学校上课的学生回去，说"今天不上课了，你们回去，回去。"他怕学生受到我们影响。娟丽的群众基础好，虽然她班里就她一个女生，其他都是男生，一开始来这个学校的时候活动开展得比较困难，但后来她还是在班级里结识了不少积极分子，把进步活动搞了起来，训导主任把她叫去训话，叫嚣说就算共产党来了他也不怕。但是娟丽继续不动声色的开展工作。她带着班里的男生，跑到我们学校的3楼，三年级教室还开着的，大家一起用脚把教室与教室之间的壁板踢开，把几间教室打通变成一个小礼堂，在这里开大会揭露国民党反动面目。一些学生不敢上楼进去，待在操场上，我们就留了些人在下面发放传单。就这样我们在校内外贴标语横幅、开大会、发传单，向学生、群众宣传，我还发动了一部分同学去上海交大参加全市性的学生集会。这次斗争后来得到党组织的肯定，说斗争是成功的。虽然不像有些学校规模搞得很大，但我们罢课基本上是成功的，是胜利的，团结发展了一批积极分子。后来学校没办法，学期结束的时候把我们14个人，党员、积极分子，开除了。我们就进行"反开除斗争"，到校长家里去，校长家就在我们学校附近，校长也不训我们，他就说你们应该好好念书，不应该参与这些活动，我们就跟他讲道理，虽然反开除没成功，但这里的学生斗争后来还是在继续。

　　五二〇运动是我在复旦实验中学参加的一次大的斗争，这是全国范围内的学生运动，各个大城市都举行了罢课，反对国民党的统治。全国出现了两条战线，一条是武装斗争，而学生运动就是第二条战线，这以后白区斗争就是第二条战线了。上海在中央领导下，反饥饿、反内战之后，斗争就更加深入，又再加了一个反迫害，后来斗争就变成了"反

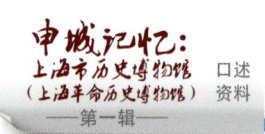

饥饿、反内战、反迫害"。

被复旦实验中学开除后,党组织调我到上海学联工作了一段时间,学联就是跟各个学校联系,到各个学校深入开展一些宣传活动。后来到乐群中学,在那里也开展了一些活动。1947年10月,浙江大学的一个学生会主席叫于子三,他被国民党迫害致死,上海举行了声援活动。这个活动,党组织说有条件的可以进行罢课,没有条件罢课的就进行宣传。当时我刚到这个学校没多久,力量也不太强,就进行了宣传活动,没开展罢课。这个活动后来深入下去,开展了后续的活动,发动上海的学生借春游到杭州去玩为名,祭悼、纪念于子三。后来我又调到区里工作,上海党组织学生委员会下面有个南中区学委,这段时间我主要在区委联系几个学校的支部带着他们开展一些斗争。

5. 18岁在大同大学领导地下工作迎接上海解放

1948年秋,根据党组织安排,我考入了大同大学。我在大同大学参加了学校的党支部,后来工作开展比较好,力量扩大,成立总支,我也成为那里的总支委员。上海解放后,总支又改成支部,原来的总支书记调上去了,我就担任这个学校的支部书记。

大同大学是一个私立大学,这里原本进步活动开展得很不错,但是多次学生运动在白色恐怖下被国民党反动派镇压破坏,党的力量被削弱,我们的地下党员、进步学生有的被国民党抓去了,有的被打伤了,大批的进步学生被开除,导致一段时间里进步力量严重缺乏,而且国民党三青团派了一些打手进学校,谁一开展活动就打,那段时间这个学校很沉闷。所以当时党组织要求我们各个学校的党员去考这个大学,党的力量在那里要重新建立起来,于是一下子我们进去了约20多个党员,基本都是一年级的新生。在大同大学也是团结群众、团结先进分子,组织一些团体,开展了减费斗争等一系列活动。

到1949年,辽沈、平津、淮海三大战役胜利以后,解放军即将渡江,直逼南京。这个时候全国革命即将胜利,上海处于解放的前夕。当时根据中央、市委的意见,要我们做迎接解放的工作。支部已经逐步从原来20多个党员发展到几十个党员。为了迎接解放,首先要发展党员,所以大量吸收新党员。凡是具备一定条件、思想比较进步的积极分子,经过了解以后再进行考察,在各种活动中考察他们的表现,在这个基础上发展了一批党员。那时候我们大同大学从1948年底的只有20多个党员一下子就增加到60多个党员。除了学校的同学,自己周围的人里有符合条件的,也发展了一批,就是在这一时期,我把夏余丽也发展入党了,这之后她就在中学里开展工作。发展党员,这是我们为迎接上海解放做的第一件事。

第二件事就是建立党的秘密外围组织。大同大学党的秘密外围组织主要是"新民主主义青年联合会",当时各个学校里党的外围组织并没有统一名称,各自用各自的名字,但都是党的外围组织。新民主主义青年联合会,我们简称"新民联",各个班级里面的积极分子,思想坚定且积极的、能保守秘密、遵守纪律、工作积极的,就发展他们作为新民联的会员。每一个加入的人都要进行宣誓,而且每一个发展对象,党支部都讨论、研究他的情况，经过党组织认可，再由班级的党支部发展他进入新民联。到上海解放前夕，我们大同大学一共发展了200多名新民联会员，这些新民联会员后来解放以后大部分都入了党。这个就是我们建立的党的秘密外围组织。

第三件事，我们开展护校斗争。当时解放军已经渡江，南京已经解放，上海就要开展护校、护厂斗争。全国形势发展那么快，上海不需要使用内部暴动这种方式迎接解放，只需要保证解放军进入上海以后能够顺利接管上海，所以需要上海地下党领导群众保卫好上海的工厂、学校、商店、机关等等防止被国民党反动派破坏。于是根据上级党组织部署，我们开展护校斗争。我们支部研究以后决定，各个班级由党员领导，由党员在班级里动员。在一节化学课上，我就跟老师讲，今天您上课的时候留一点时间给我们，我想跟大家讲些话。那个时候的形势，老师看到学生要开展这些活动，他都是支持的，所以就留了一段时间给我。我直接跳上讲台，就说："中国共产党部队就要来了，为了能让他们顺利解放上海，现在我们要保护学校，要把学校的仪器、书籍、教室都保护好，我们组成护校队，你们赞成不赞成？"同学都说好啊！当时报纸上已经刊登了南京等地组织护校队的消息。各个班级的党员把护校的动员和组织情况汇总，成立了全校护校筹备会。由于不是所有班级都有党员，所以就提出在全校统一建立一个护校队，各个班级成立分队，学校成立总队，这样就把队伍建立起来了，这个队伍是我们后来建立人民保安队的基础。护校队的骨干都是党员和积极分子，这样我们也考验了一部分积极分子和新民联会员，不少积极分子主动站岗、执勤，保护校园、图书馆、实验室等。

第四件事，我们开展多种形式的宣传活动。当时延安有秘密电台向全国发布新华社的广播，我们能通过秘密的短波频率收听到。我们党员和积极分子每天晚上收听这个短波，短波里面宣传我们解放军作战的形势，打到什么地方、解放什么地方。我们把这些消息印出来，贴在教室里、走廊里。当时我们准备的一些宣传资料，我把它藏在我住的小房间的柜子下面，把柜子翻过来钉一个板，把资料插进去，就这样藏在这下面。一个关于党解放各个地方提出的"八项二十四条和平条件"，揭露国民党和谈的阴谋，这些资料我们就在学校里面张贴、宣传。由于国民党当时要把学校搬到台湾去，我们组织党员和积极分子到老师家里，向一些比较有名望、有影响的教授做工作，希望他们留下来，不要跟国民党走，有些教师就表示一定要留在上海，把学校保护好。

第五件事，我们开展了地区的调查。这是上级党组织布置的任务，上海解放的时候要把上海的情况都搞清楚。所以我们党员和积极分子把学校周围的，以及朋友亲戚家能够了解的上海的情况搜集汇总了一份资料送到上级党组织，包括上海的工厂、企业、仓库、机关、学校、戏院、消防龙头、高层大楼、敌人的岗哨、国民党军警反动势力的住址等，各个方面的资料都搜集，汇总了很多材料，提交给上面。上面集中了很多资料，把上海的情况做成了资料汇编送到解放上海的部队那里，这对后来接管上海很有帮助，什么单位在哪里，什么人在哪里，什么人的态度怎么样，都有所了解，保障了上海的顺利接管。

第六件事，我们秘密建立人民保安队、宣传队。解放军进攻上海的时候，我们秘密地印了人民保安队、人民宣传队的臂章，这个就是迎接上海解放的实际准备了，还包括毛主席像，都准备了。印制的地点就在我们学校附近一个党员家里，我们在那里印了很多资料，也写了很多横幅。特别是臂章，印了很多，这个是很危险的，如果被敌人抓到了是要被处决的。5月24日晚上炮声很响，到了25日早上很早，当时我住在胶州路大哥大嫂家里，上级党组织的领导就到家里敲门，"快！快！快！解放了！解放了！"。我们事先已经建立了联络，各个党员和积极分子都有联络信号，招之即来，来之能战。我们建立的人民保安队叫"上海人民保安队西二区"，西二区的队部就在我们学校，我担任队长。我们事先准备了保安队印章，家里福

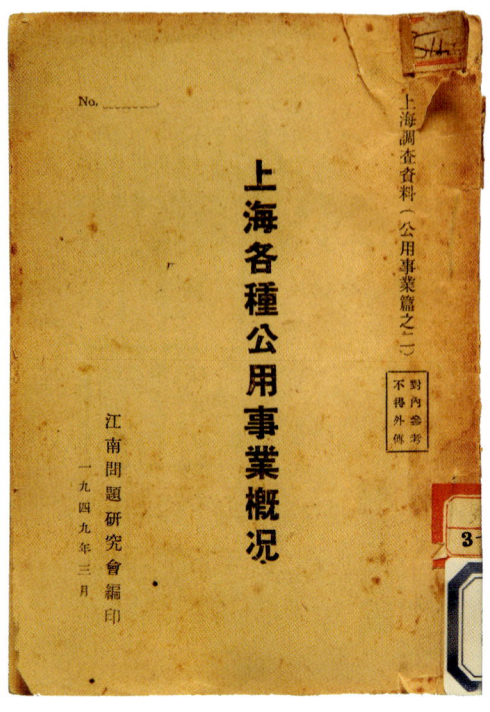

图8　发给解放军部队用于接管上海的参考文献　上海市历史博物馆（上海革命历史博物馆）藏

生会木刻，我提前让他帮我们做了一个"人民保安队西二区"的大印，当时叫"关防"。解放的那天，25日早上，得到通知后，我立刻带了这个印章以及领导写好的介绍信前往静安寺，静安寺有个警察局，我们解放军已经进驻了，我就把这个印章跟介绍信带进去，交给解放军部队看，解放军看过后就同意了。我随即回学校，在那里建立了"人民保安队西二区"的队部，开展起了工作。接着就是开大会，上级安排我在会上讲话，我很激动，那几天兴奋得都睡不着觉。我在队部各个方面联系，人民保安队、宣传队到马路上

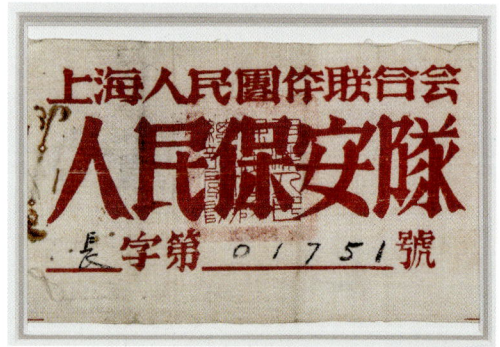
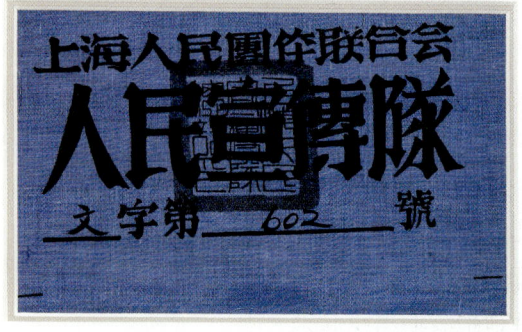

图9、图10　人民保安队臂章、人民宣传队臂章，上海市历史博物馆（上海革命历史博物馆）藏

去，维持秩序、开展宣传活动，连续好几天，之后还组织了同学参加解放军入城式的欢庆活动。

上海解放以后，我们党由地下党变成公开党，本来是单线联系，各个班级党员之间不准联系、不准打通的。后来隔了几天，我们内部先公开，一天晚上，我们党员同学集中在一个教室，见面后发现，这不就是跟我们一起参加战斗的人嘛，原来你也是党员啊！高兴得不得了啊！那天晚上就直接睡在教室里面，都不想回家去了。这以后我们的工作就逐步公开了、正常了。这以后没多久，党组织安排我到市委党校去学习，学习以后我就离开学校到市委工作了。

华容丽：

1. 关于大哥、小哥和大姐

大哥华世德是1922年出生，他1938年就去了抗日根据地，后来父亲通过朋友把大哥找回家了，组织上就安排他在上海开展工作，根据我记录的材料，他是1939年入党。他始终是不忘初心，保持共产党员的本色。这里有个中华人民共和国成立后的事要说一下。大嫂（陈济清）家里是资本家，后来大嫂的父亲去世的时候分遗产，她家里有一些纠葛，大嫂的小妹妹把大嫂名字去掉了，没有大嫂的名字，结果法院调查后知道了大嫂，就判给她一份，让大嫂去领钱，但是大哥不接受，大嫂有些想法，因为当时政治运动以后一直没有恢复大嫂的工作，她是没有收入的，觉得这笔钱可以领，多一笔钱也能给家里用用，将来还可以给孩子。大哥就教育她，说他的这些收入够用，够支撑这个家庭。这笔钱最后大哥是交公了，他们家里的生活很朴素。所以从这件事上看，大哥1939年入党，大嫂家分遗产是二十世纪六七十年代那段时间，大哥他始终保持着共产党员的本色。

我加入革命队伍，走上革命道路，主要是受家里小哥华世璋和大姐娟丽（华筠）的直接影响。

小哥在家里组织"华华社"，讲革命故事，讲苏联的情况，讲根据地的情况，带我们去看电影、话剧，带领我们演戏，特别是演戏这个活动对我印象是很深的，比如演过一部叫《四姐妹》，我跟曼丽、娟丽都参加演出的。小哥是非常有才的，在高中的时候就很会写文章。他还在复旦中学读高中的时候写的文章就在报纸上登出来，他当时高兴得不得了。他也带一些进步书籍回来，带领年纪稍大的弟妹看书。小哥组织的"华华社"是一个很好的载体，把我们小孩子都组织起来，从小就懂得组织性纪律性。首先规定我们几点钟要做作业，几点钟开始活动，然后下午教我们演戏，演革命的戏，我们读的台词都是革命的、进步的。"华华社"里还成立了"康乐组""储蓄组""图书组"等，很有条理地把我们组织起来，不仅从小就加强我们的组织性纪律性，也让我们接触到了进步思想，这对我们的教育和影响很大。

亮，我们几个人就从学校出去了，带了我们准备好的横幅标语到常德路的电车场（愚园路到常德路很近），把我们准备好的标语"向炮口要饭吃""严惩凶手"等贴到电车的车身上，电车一开出场就能在马路上宣传了。标语贴好以后我们返回学校，集中到大礼堂开会，在大礼堂我们宣布罢课，学生会主席带头号召罢课。同时我们还组织唱歌、写标语，分成三路出去宣传。当时学校里是有三青团的，训导主任是三青团骨干，每个班级里还有三青团员，所以有的班级比较落后，我在的这个班级相对来讲就比较保守，班里同学不敢出去，就坐在教室里。我就和几个积极分子跑到教室去对同学说："我们出去！我们罢课！我们走！"我带领我们班级冲出去，虽然是属于保守的班级，但也是有一些力量的。

1947年我在女师参加了"清道夫"，这是我们女师的党的外围组织，意思是清除政治垃圾。我是第一批参加这个组织的，也发展了我们班级的不少同学一起参加。全部成员大约有五六十人。这里面我们主要是学习时事形势，贯彻党的方针。这个时候我还不是党员，但是我们这个清道夫里是有党员的，由党员给我讲党的方针、分析情况，我们大家传阅一些进步书刊，像《群众》《大众哲学》等。还组织大家看一些苏联的电影、听报告、唱歌、搞纳凉晚会。我们这个清道夫队伍也是女师各项学生运动的中坚力量。

1947年11月，浙江大学的于子三被捕，而且被杀害在狱中。这个消息传到上海以后，我们学校的支部就把学联发下来的宣传品，还有于子三被害的照片贴出来，进行声讨控诉，这又一次用血的事实来揭露国民党的残暴。1948年的4月1日到6日，根据学联通知，组织学生到杭州去春游，实际上春游就是"祭于活动"。1948年4月1日到6日我们班级有好多同学都去了。对外称是大家去玩，实际上是到凤凰山上参加祭于活动。我记得那天是4月5日，各个学校的学生加起来有1000多人，每个人都戴朵小黄花，大家怀着悲愤的心情到凤凰山上去公祭。下山的时候，大家把小黄花就留在树枝上。走到山下回头一望，这个山就变成一个黄花园地，这里面寄托着我们的哀思。这次活动更增加了我们的决心，大家觉得，一个人倒下去，千万人站起来。

之后参加的一次大的斗争是支援同济大学的"一·二九"运动。当时同济大学反对国民党打击学生自治会，进行反迫害斗争，这个阶段整个环境很恶劣，白色恐怖笼罩，空气是很阴沉的。1948年1月29日，根据南东区委布置，组织我们女师到同济大学去声援，声援他们的反迫害斗争。反动当局已经得到了消息，加强对学校的控制，教育局长亲自到女师来监督坐镇，看我们在做什么，结果我们一个老师写横幅的时候被看到，他们就叫校长解除这位老师的职务。校长是进步的，就把这个老师支走，并没有开除。学校把门锁起来不准我们出去，学生会主席就跟校方周旋，后来队伍终于从学校里出来了，从愚园路走到同济大学。到那里已经是下午3点钟了，那时候是冬天，很快天就黑下来了。我们大家集中在同济大学的大礼堂里面，唱战斗歌曲，学联给我们女师布置了任务，要我们唱《黄河》大合唱、演进步剧目，我们大合唱刚刚唱完，反动军警就进来了。当时上海市市长吴国桢在附近的茶馆坐镇指挥。反动军警、特务冲击会场，我们坐的是长条板凳，这些反动军警都是个子高大的，把我们坐凳子的人都推到一边，把长条板凳全抽掉，把我们这些学生赶到一堆，用手里的棍棒等武器打人、抓人。他们有名单的，名单是三青团提供的。我当时是群众，没暴露，有些人暴露了上了名单，我们就叫他们躲在后面，我们手拉着手，大家想到电影里面的情景，于是拉成一个大圈子，把一批暴露的同学保护起来。反动军警用棍棒打，就是要冲击我们的会场，不让我们继续进行下去，把我们团团围住，还抓了一些人，冲击持续了1个多小时，最后会开不下去了，因为毕竟他们是有武装的，我们是赤手空拳的。在他们监视下我们被赶到礼堂外面，不准我们开会。硬把我们几个几个的分批拉出去，拉出去以后叫我们留下名字，大家都造假名字，因为知道这个名单是要上交反动当局的，后来被赶去了操场，我们都坐在地上，大家当时身上都很冷，但是没有一个人有怨言，没有一个人泄气，大家都满腔义愤，说这个反动政府必须被推翻。在这个昏暗的操场上我们待了很久，接下来就被驱散了，那时候已经夜里很晚了，我们随着人流慢慢走，从同济大学往回走，走到储能中学，储能中学的校长叫段力佩，他是地下党员，他先骂了一通，说你们为什么不好好听家长的话，不好好读书，到外面搞什么？这么假装骂了几句，实际上是给我们吃饭。实际上党组织已经安排好了，我们队伍到半夜大家都饿了，他们准备了一大锅咸菜粥，拿出来分给大家吃，大家狼吞虎咽地吃完了以后就回来了，回到家的时候天已经亮了。后来解放以后我们才知道这个骂我们的人实际上是党安排好的，看到我们这些学生这么冷的天这么晚了肚子饿，安排我们吃饭。虽然这次大会没有完全开成功，但是我们这些学生这种斗争的行动给国民党反动派也是很大打击。吴国桢亲自到茶馆督阵，就说明我们学生在党的领导下进行爱国运动、反迫害运动的影响力是很大的，虽然会没开成，但是锻炼了我们，教育了我们，进一步认清国民党反动派的真面目。

1948年6月5日，在外滩爆发了一次全市性的学生反对美国扶植日本军国主义的大游行。这个大游行有个特点，就是国民党当时对好多大学包围得很厉害，大学都被反动军警包围，不准大学生出来。因为提前得知外滩要搞这次大游行，国民党出动了大批军警、马队、特务包围各个大学，上海交大、复旦、同济这些大学都没有冲出来。他们冲不出来，不能到这个集合地点。那时候礼拜六是上午上课下午休息的，我们就讲好礼拜六下午2点钟到外滩集合。我们女师同学们都在操场上，大家上午就把标语横幅都准备好了，要集合出去。结果学校根据上面规定，校门都锁起来了，到了下午大家都在操场上商量出不去怎么办。三青团那个训导主任就窜来窜去到处监视，大家也不睬他。我那个时候已经是三年级了，一年级有几个同学就说"不管他，我们爬出去！"于是就跑到门口爬墙头、扒门，有3个同学率先爬出去。我们学校前门是个铁门，后门是个木门，后来大家就爬木门。有人爬出去以后，我们里面的人就把横幅标语都扔出去，然后好多人都爬出去，同时还有人把校门硬推开，我们这些女生就这么冲出来了。虽然不是浩浩荡荡，但我们也有100多人，大家拿着标语横幅赶到南京路外滩。那个时候到了外滩一看，反动军警已经包围了集合队伍。我们是被学校关了好久才冲出来的，到那里已经迟到了。我们队伍一到，就看到他们那边已经被包围了。我们在马路对面进不去，结果对面队伍里就喊"女师好，女师好，女师女师呱呱叫"。大家激动得不得了。对面同学的支持，激励我们斗志要更昂扬。在这个关头大家就深深地感觉到斗争勇气的可贵。虽然这时候大学生没来，我们这些中学生算是大的了，现场还有更小的初中生。虽然主力队伍的大学没有来，但是外滩已经有几千人了，都是中学生。所以这个情况下我们队伍一进去，情绪更激昂，歌声、口号声此起彼伏，主题就是反对美帝国主义扶持日本，大家高唱反美扶日的歌，一边喊口号，一边散发传单、告同胞书，还向反动军警喊话。整个气氛可以讲是汇成一片海洋。当时上了刺刀的国民党武装军警，还有警备车都团团围住我们学生，后来有人问我，你们当时怕不怕，我说不怕，不知道怕。反动军警跟我们对峙了大约两三个小时，之后就开始冲击，冲进来抓人，这时候天开始慢慢黑了。还有马队冲过来，手里拿着枪，用枪托来砸我们这些手无寸铁的人。我们把宣传单都藏进口袋里。有的人是在他们名单上的，三青团实际上也来了，被三青团认出来的人被抓起来了，当时抓走了50多人，抓到外滩一个公园里。面对这些穷凶极恶的敌人，大家还是斗志昂扬，毫无惧色。我们高中的同学手挽着手在前面，保护初中的小同学。军警来冲，马队来冲，警察来打，有的同学倒下去了，我们就把他们扶起来，互相扶起来继续战斗。这个战斗就是喊口号、唱革命歌曲。我们喊"中国人不打中国人，反美扶日是我们中国人的共同要求，警察你也是中国人！"就这样持续了几个小时，最后队伍还是被驱散了。我们本来是要集合成大队伍进行游行，在这样的包围和冲击下大队伍没有办法游行。国民党在现在的北京路外滩留了个小口子，强行把我们三五个人一组抓出去、拖出去。我们出去以后就站在旁边，等后面出来的人，就这样一小批一小批被他们驱赶。实际上这种驱赶也没用，被驱赶出来以后我们就自动在那里又集合起来了，就这样又聚成一个几百人的队伍开始游行。虽然在大马路上无法游行，但我们可以去小马路游行，我印象很深的是，走到一条小马路，路过一个竹器店，就问他们要小的竹子，把我们身上准备好的标语横幅穿起来，在附近商店员工的支持下，我们做成了旗帜，沿街游行，一边游行一边演讲，唱"团结就是力量""力道算什么，我们骨头硬"，一边唱一边高呼"反对美国扶植日本军国主义""打倒日本军国主义"这些口号。一直游行到北京路泥城桥。后来有一个资料统计，当天全市大大小小的游行实际参加的学生有三万人，也就是说我们在外滩集合的几千人，后来被驱赶，驱赶了以后我们还是游行了，分成小队伍游行，朝各个方向走。还有大学里面没出来的，他们就在校园里面游行。

4. 18 岁在上海女子师范学校参加地下党

我作为群众参加了一系列的学生运动，得到很好的教育，在这个阶段我自己的觉悟也在不断地提高，所以在 1949 年 4 月 2 日，我正式加入了共产党。组织批准我入党以后，要跟联系人接头，是有暗号的，我穿个小裙子，一个手里拿块绿色手帕，一个手里拿琴谱，在马路上接头，地点是四明别墅附近，对方是骑自行车的，他手里也有琴谱和绿手帕。他看到我，车子停下来，东西都对的，这个就是我的上级，姓蔡，大家叫他老蔡，接头以后决定好时间，4 月 2 日到我家里来宣誓，那天就在我们家的会客厅里面宣誓入党。我们班上有 4 个同学同时入党，当天在场的除了我们 4 个新党员外，还有两人，一个是上级；另外一个是介绍人，一共 6 个人。

那时是上海解放前夕，发展了一大批党员。夏余丽那时候也要入党，写入党申请书，被父亲看到了，他说这个东西不能随便放在外面，要好好藏起来。说明父亲虽然是资本家，但是人的本质是正直的。

接下来我入党以后没多久上海就解放了。5 月底就安排我们这些党员去没有党组织的女中宣传。党交给我们的这个任务，我们分头去了 10 多个学校，到这些学校去宣传，当时就叫开辟。

总的来说，家庭对我的影响、地下党对我的教育让我走上了革命的道路。

华文：

1. 12 岁在华东模范中学加入地下少先队

家里哥哥姐姐开始参加进步活动、革命活动的时候，我还很小，刚开始上学，记得每天的作业大家都得在家里的会客厅做，家里十几个兄弟姐妹组织在一起，大家一起做作业，休息的时间到楼下弄堂里打羽毛球、在室内打乒乓球，吃完晚饭大家在会客厅听音乐。暑假寒假都有统一的时间表，统一组织活动，特别有组织纪律性。很多年以后我得知这是小哥组织的"华华社"。1948—1949 年，我在上海地下党创办的华东模范中学上初中一年级，受到哥哥姐姐的影响，我在这一时期在学校加入了中共地下党组织的地下少先队，是娟丽姐发展我加入的。很快，我初一即将念完的时候，上海就解放了。

2. 13 岁改名离家，北上参加革命

上海解放以后，1949 年 7 月，我响应号召报名参加革命，那时候 13 岁。当时为了保密，学校给我们起了化名，告诉我说，你叫华文，报上登了有叫华文的就是你被批准参加革命了。所以我接到通知以后，不敢告诉家里大人，偷偷地拿了两件衣服就走了。我到胶州路找到大嫂，我跟大嫂说，我要走了，我知道大嫂当时是很革命的，大哥当时已经到香港了，是地下党派他到香港的。大嫂告诉我，在革命的路上会碰到各种困难，她或许是根据大哥的经验，说参加革命的人在半路上如果碰到困难了，要有三宝：金戒指，手表和钢笔。她说有了这三宝，碰到任何困难，你能活下去，你能继续走下去。她就把家里很大的一个金戒指，还有大哥的一个很高级的夜光表，还有一支派克钢笔，这三样东西给我了。她说你把这些东西拿着，在你参加革命的道路上如果遇到最困难的时候，你就拿出一样来，渡过难关。如果再碰见困难了，再拿出一样，渡过难关。所以当时我就特别感动。我觉得现在回想起来，大嫂对我说的这些都是从大哥的实际经验当中得来的，所以她把大哥留下来的东西给我了。

后来，我这块表成了我们儿童队的公表，因为大家都没有表，谁值日谁用，几点钟吹哨起床，几点钟活动，都是用这块表。一直到有一次我们在秦皇岛游泳的时候，值日生把它放在衣服堆里，结果被人偷走了。这块表是非常有意义的。还有大嫂给我的金戒指，后来号召抗美援朝，那时候我刚14岁，不能参军，所以抗美援朝的时候我就把这枚金戒指捐献了，那个时候还贴了大红榜。那支派克钢笔伴随着我学习、上文化班，一直伴随我，用了20年。最后笔完全散架了，没法再用了。这三样东西非常有意义，所以到现在我还觉得大嫂是非常革命的，让我做好各种准备。不光是物质方面，在参加革命的道路上会碰到很多困难，那么你要做好精神准备。因为哥哥姐姐们那时候都已经离家参加革命，所以大嫂对我的影响非常深，她是不露面的革命支持者。

我参加革命是受了家庭的影响，给我坚定的信念。刚到北京确实很艰苦，到北京第一顿饭，端上来的是黄腾腾的东西，上海人看了都高兴极了，以为是蛋炒饭，大家都去抢饭，结果一看是小米饭。大家不理解啊，这是鸟吃的东西，怎么让我们吃这个。端上来的菜就是一盆盐水汤，看着老同志都舀起盐水汤就着小米饭吃，所有的上海人都咽不下去。紧接着几天都是高粱米、窝窝头、小米饭，不到一个礼拜，有不少人都受不了了。有的同学就找我，说咱们回家吧，太失望了，革命就是这样啊，让我们吃这些东西，坚持不了。但是我当时就有一个信念，我觉得既然是响应号召参加革命了，就不能当逃兵，所以那个时候我坚持下来了。后来在革命的队伍里，我到了青年艺术剧院，分配到儿童队。队里都是一些年纪小的，从9岁到13岁的都有，我那时候在队里还算年纪大的。在这种环境下，党培养我们，让我们边学习边演出，派最好的专家培养我们跳芭蕾舞，请戏剧名家教我们戏剧，教我们舞蹈，教我们表演课，也给我们补习文化，上了3年的文化课。这样慢慢把我们这一批人培养成为革命的文艺工作者。

我在中华人民共和国成立前加入的地下少先队，1950年，中华人民共和国成立少年先锋队，我就转为地上，成了新中国第一批少先队员，这也是我的荣幸。因为我是地下少先队员，所以身份一公开以后我就特别自豪。后来我参加了抗美援朝的赴朝慰问团，代表着祖国少年儿童向志愿军叔叔慰问。

三、华氏家族与华东模范中学

图11　2015年10月25日华东模范中学70周年校庆，
左起：华容丽、许绮霞（华世璋妻）、华曼丽、华筠、华世俊

华筠：

　　华东模范中学是左淑东、姚晶（中华人民共和国成立后担任了复兴中学校长）、蒋宏仁他们办的，有些教师是之江大学学生，比如田复春。中华人民共和国成立后听姚晶讲过华模中学是怎么办起来的，他说抗战胜利后，地下党需要培养一些力量，就由他和左淑东、蒋宏仁等人筹备，条件很困难，没有钱也没有后台，就找到了一个曾在英国留过学的人来当校长，所以华模校方对进步的学生运动是支持的，校长只是挂名，除了教书外，他对学生运动不加过问。

华世俊：

　　小哥华世璋抗战胜利前夕在华东联合大学读书。华东联合大学是一些教会学校联合起来组成的，由于日本人统治时期他们办学困难，所以浙江的之江大学、上海的沪江大学、苏州的东吴大学等联合起来办了这个大学，简称华东联大，在这个大学里有进步同学和进步老师活动。抗战胜利以后，在地下党的引导下，这些进步师生决定一起办一个进步的学校。为什么叫华东模范中学，就是因为他们当时在华东联大，所以取名华东，叫华东模范中学。小哥一起参加筹办的，一起出力、出主意。后来组织上让小哥回到大学，华模这边由其他同志在办，所以后来他就没在华模教书。他把我们华家的这些小孩全都送到华模中学读书，华模几乎每个班级都有我们华家的小孩，这点上小哥起到很重要的作用。华模因为我们华家，推动它的进步，又因为华模有进步的教师，把我们华家的小孩，包括整个华模的学生都带上了进步的道路，在上海的进步学生里是中坚力量。

华文：

华家当时在华东模范中学可以说是赫赫有名，是很有威望的，从初一到高三，全校没有不知道华家的，也没有人不知道华家会客厅的。华家在华模地下党的工作中起着非常重要的作用。所以我去参加北京华模校友会的时候有一种自豪感，他们都认识我，说你是华家小妹，而除了袁鹰以外其他人很多我都不认识，但他们都认识我。而且我也听袁鹰说，当时华家对华模是非常有贡献的，特别是，这里很多学生家庭贫困，交不起学费，都是免费上学的，只要华家这些孩子的学费支票一到，学校教职员工有工资发了，学校就又可以继续办下去了。这么多好学校我们华家小孩不去，全部都去了地下党的学校。所以我觉得华家在华模中学是有着不可磨灭的作用。

四、愚园路520弄华家2楼会客厅

图12　上海愚园路520弄11号华家旧宅

华世俊：

我们党组织的活动，比如华东模范中学的支部活动就在我们家会客厅。后来我跟娟丽到复旦实验中学去，支部活动也都在我们家会客厅，还有时候是到家里4楼。此外还有群众活动和积极分子活动，因为没有更合适的地方，我们家会客厅比较方便，地方也大，所以也都到这里来。家里经常有好多人来来去去的，都是来会客厅参加这些活动的。我们家里孩子多，这么人来人往的很正常，不太容易引起外人注意，而实际上这里很多都是进步活动。有一次爱丽的一个上级领导来找她谈话，这个人我是认识的，但因为当时都是单线联系，我就避开了。结果四叔（爱丽的父亲）看到了就说，爱丽怎么找了个年岁比她大这么多的人，就待在那看他们谈些什么，我看到这个情况蛮麻烦的，就想办法把四叔一起拉走。另外我们会客厅里有几个红木的八仙桌，可以拉起来打乒乓球，很多朋友和同学也到我们家里来打乒乓球。我们家会客厅里又有政治活动，又有群众活动，活动很多。组织上一级一级的领导都曾来过，会客厅的政治活动是相当多的，上海学联也在这里有过好几次活动。这些活动有的是半公开的，有的是公开的，有的是完全秘密的。我们家会客厅确实有这个条件，所以起了党的一个秘密基地的作用。会客厅还有秘密信号，在南面的窗口会放一个花盆，我们有活动的时候，从外面看，如果花盆没了，就说明出事了，还有的时候是在窗口上挂扫帚，当时这些都是布置过的，但我们会客厅实际上没出过事。

华容丽：

我们家的会客厅，经常有嘉生（华世俊）、娟丽、小哥他们的朋友来，都是我不认识的人。后来我参加党的外围组织，女师的清道夫，这个清道夫组织的活动很多也都是在我们家的会客厅举行的。我们这个清道夫组织有五六十个成员，因为我们家这个会客厅比较大，五六十个人完全可以容纳，所以成立大会是在我们会客厅举行的。每隔一两个月要开大组会，一两个礼拜开小组会，这些会也都在会客厅开。后来我入党是在会客厅里宣誓的，组织生活也是在这里进行。

会客厅里还会演一些进步的戏。窗帘拉起来，打好灯光，靠东面的一块是舞台，后面靠小阳台的地方就是观众区域，那里摆了很多凳子。那个时候我们的很多长辈、同学、亲友都会过来看。

华模中学、娟丽和嘉生在的复旦实验中学、我在的女师，还有爱丽在的美专、娟丽在的大夏大学，好多学校地下党的活动都在我们会客厅举行，这些活动，有党内的活动，也有党的外围组织的活动，所以会客厅川流不息，人来来往往。邻居也搞不清楚，因为家里孩子很多，一般人也不是很在意，又因为我们是资本家家庭，外人也不大会注意你们家里面这些政治背景，所以当时地下党考虑这个情况，了解了我们家的情况，认为是安全的，就安排来我们家会客厅开展活动。另外，有一次我们女师的一个地下党同学暴露了，组织就安排她住到我们家里，因为我们家人多，藏在这里不容易引起外人注意，就在会客厅里给她搭了一张床，隐蔽在我们家里。所以我们家会客厅实际上是党的一个红色基地。

华文：

　　上海愚园路520弄11号，华家2楼会客厅，是地下党的秘密聚集和活动地点。

　　小哥组织的"华华社"就是在会客厅开展活动，一起做作业、打乒乓、演戏、听音乐。我记得在2楼会客厅的时候，经常演戏，把窗帘拉上，请了一些进步同学、进步青年来看。好像很秘密的，因为这些内容都是进步的，都是禁演的。另外2楼会客厅在我印象里是川流不息的，经常有人在搞活动。可以说，"华华社"在我们家是革命的摇篮，会客厅是革命的红色根据地。

　　我们华家兄弟姐妹从大哥开始，都有一个非常好的传统，尽管为革命做出了不少的贡献，无论在华模中学也好，在其他各个学校，在地下党里，包括我们的会客厅，都起着很大的作用，但是中华人民共和国成立以后我们都是不张扬，都是默默无闻的，严于律己，克己奉公，在各个岗位上保持着共产党员的本色，继续为党奉献自己的毕生精力。这就是我们华家兄弟姐妹在一生中保持着我们共产党员的本色。所以这一点是很自豪的。

补记

寻觅华世德的革命足迹[①]

1. 接受进步思想，走上革命道路

　　华世德1922年7月8日出生，此时其祖父华蘭谷所经营的鼎裕海味行已经有了一定的规模，由于他是长孙，深得长辈的关爱。1926年8月，华世德4岁就到爱群小学幼稚园上学。1927—1935年，先后在市立敬业小学、育才小学上学，1935年小学毕业于敬业小学。

　　这个时期，发生了一些重大的事件。1931年的"九一八事变"，日本侵略了东北，1932年1月28日，日本侵略军攻打上海。由于时局变化，因此华世德多次转学。同时，此时也是他逐步懂事的时候。1932年1月28日，日本侵略军攻打上海，十九路军奋起反抗，与日军展开了英勇顽强的斗争。即"一·二八淞沪抗战"。1932年5月5日，国民党政府与日本侵略者签订了丧权辱国的"淞沪停战协定"，更激起了民众的爱国热情。上海爆发了轰轰烈烈的抗日救亡运动。这个时候，华世德刚满10岁，或许想让他早早感受做

[①] 华世德之子华嘉震、华嘉惠、华嘉林根据父亲生前材料撰写了回忆父亲的文章，本补记由此摘编而成。

生意的氛围，祖父让他住在店里，当时，店里的一些职工每天总是兴奋地阅读报纸上关于抗日的新闻，经常谈论时事，表达对日本侵略中国，残杀我国无辜老百姓的义愤，也对十九路军英勇抗日的事迹而高兴。所有这些都在华世德的心灵中埋下了抗日救亡的种子。

1935年8月，华世德考入敬业中学，那年冬天，北京学生爆发了"一二·九运动"，上海各学校纷纷起来游行示威，敬业中学虽然是国民党严格控制的学校，但依然加入了抗日救亡的浪潮。敬业中学与同在南市的务本、民立、清心等中学联合举行游行示威，华世德积极参加了游行示威，高喊口号，要求国民党政府抗日、严厉惩办卖国贼、打倒日本帝国主义等。这是年仅13岁的华世德第一次参加游行示威，据他回忆，这次游行进行了一整天，大家饿着肚子、喉咙也喊哑了，但还是非常激昂，通过这次活动，使他受到了一次非常深刻的爱国主义教育。与此同时，敬业中学一些思想进步的老师也时常在课堂上讲些有关抗日的问题，使他开始逐渐关心国家的前途和命运，并积极参加抗日的学生运动。1936年夏，由敬业中学同级的同学邢春亭、李国勋提议，办一个抗日的刊物，以便唤起民众、抗日救国，华世德等六七位同学积极响应，并开了两次准备会，但由于年少，缺乏经验，无法进行下去。办刊物的失败使他认识到抗日救亡，光有满腔热情是不行的。

1937年秋天，抗日战争全面爆发，华蘭谷安排全家从南市迁往沪西愚园路避难①。敬业中学也迁到马当路开学，1937年8月13日，日军大举进攻上海，当年11月12日，国民党军队撤离上海，上海沦陷。敬业中学停办，由原来敬业中学的教师与其他一些教师合办了南方中学，华世德也转入南方中学上初三。当时教初三的国文老师名叫金志骞，是个思想进步的老师。虽然课文是四书五经，但金老师总是以新的眼光进行分析和批判。在讲课中经常推荐鲁迅、郭沫若、茅盾等进步作家的思想、观点和作品。介绍进步报纸、杂志上刊登的文章。在《鲁迅全集》和《西行漫记》出版时，动员学生购买。金老师还常常揭露国民党政府的反动和腐败的事实。同时鼓励学生组织"级会"，以组织学生读进步书籍，参加进步的活动。另外，金老师常常约华世德等进步学生到他的房间，谈社会主义的苏联如何好，以后的中国必然要走苏联的道路等。在金老师的影响下，华世德接触到了许多进步思想和新的知识。课余时间，他经常阅读进步的报纸和杂志，看完了《西行漫记》《大众哲学》及鲁迅的一些作品，同时也积极参加业余的学生活动。1938年夏，他被吸收参加党所领导的秘密的学生救国团体"学协"②。在学校里动员大家看进步

---

① 编者注：南市属于华界，而愚园路属于公共租界越界筑路，在抗战初期是英军防区。

② "学协"。1937年8月13日日军大举进攻上海，同年11月12日国民党军队撤离上海，上海沦陷。由于日军还未进入上海公共租界和法租界，租界地区成了在日军包围下的孤岛，在国民党军队撤离上海的前两星期，即1937年10月28日，中共地下党组织成立了"上海学生界救亡协会"简称"学协"，是党领导下的爱国积极分子组织，在极其艰难的条件下，组织领导爱国学生开展抗日救亡、反汪运动。"学协"的成立开创了上海学生抗日救亡运动的新局面，在推进上海学生的抗日救亡，宣传党的政治主张，扩大党的影响、发展党的队伍等方面发挥了不可磨灭的作用。

追悼会和游行活动。游行中，四周密布了刺刀出鞘、子弹上膛的国民党军警，但大家不害怕，游行队伍始终高呼口号、整齐向前。

1946年4月，党组织安排华世德离开光华保险公司，进入党的地下经济机构广大华行①财务部工作。党交给他的任务是钻研业务，认真工作。同时进入广大华行财务部的还有贝树生、唐仁量、程文魁、彭家齐等四人。他们五位财务人员均是中共地下党员，5人单独成立党小组，由华世德任组长。党组织明确，五位同志进入广大华行，组织关系仍然在保险业，但要脱离"保联"等团体。由于广大华行是公开经营的公司，内部的党员身份是不公开的，华世德与上级领导林震峰②单线联系。1947年4月党组织把他调到广大华行同一个系统的、在一起办公的民孚企业公司当会计，1948年初又调到广大华行系统的另一个企业中心制药厂当会计，直到1948年12月撤离上海为止。

华世德以及贝树生、唐仁量、程文魁、彭家齐于1946年4月进入广大华行后，组织上明确要求他们脱离原来的新药业同人联谊会、保险业业余联谊会等进步团体，规定他们不要参加群众活动和群众运动，这对长期从事群众工作，善于联系群众、发动群众的华世德等地下党员有些不太适应，因此向组织提出要求参加一些联系群众活动，1947年秋，经组织研究决定，同意他们参加"华联同乐会"（以下简称"华联"）的活动，仍编为一个党小组，华世德为党小组长，并担任"华联"党支部委员，后任党支部副书记。贝树生在会员部，唐仁量在图书馆，程文魁在声乐话剧股，彭家齐因调往台湾分行工作而离开"华联"。在"华联"华世德负责组织发动会员群众的工作，由于当时上海处于白色恐怖的形势，因此是利用文化娱乐、旅行等方式团结教育群众，而党组织活动都是利

---

① 广大华行是原来在外国洋行担任高级职员的进步青年芦绪章、杨延修、张平等在抗战初期，为抗日活动筹措资金而成立的西药商行。取名广大华行，是为区别上海滩上其他的洋行。由于创立者都是洋行的高级职员，熟悉经商之道，广大华行得到快速发展。1941年皖南事变发生，白区的中共地下党组织也遭到严重的破坏，所以中央对白区工作制定了十六字方针"隐蔽精干、长期埋伏、积蓄力量、以待时机。"以八路军办事处、新华日报等公开单位为第一线、各省市地下党组织为第二线、再建立绝密性质的第三线机构。万一形势突变，在第一线机构撤退、第二线机构遭到破坏的情况下，第三线机构仍能扎根白区、发挥作用。经过审慎周密的考虑，选中广大华行作为党的第三线机构。由中央相关负责同志和中共南方局直接领导。广大华行不与地方党组织发生横向联系，党组织成员与党员等由书记单线联系，党员个人完成职责范围内的任务，严禁打听别人的事情，也不发展新党员。还要求广大华行要做到社会化、职业化、合法化。不与左派人士来往，多交各方面的朋友，以提高社会地位，要以灰色的面目长期隐蔽下来。对至亲好友也不能暴露身份。在商言商，当好资本家。但要同流而不合污，出淤泥而不染。广大华行作为在国民党统治区隐蔽最深的地下经济企业和秘密联络机构，曾经多次掩护中共领导往来国统区，向解放区秘密输送情报和大量经费、大批紧缺的物资。广大华行一直运行到1949年3月，中央指示与香港华润公司合并，除留下部分骨干在华润公司任职外，大部分同志北上，成为中华人民共和国的第一批经贸干部。

② 林震峰，时任地下党上海保险支部书记，中华人民共和国成立后任中国人民保险公司副董事长、副总经理。

用晚上进行,每周两次党组织会议都开得很晚,虽然很累,但大家的精神都很振奋。通过"华联"的活动,党组织发现了不少积极分子和培养对象。

1948年12月,由于国民党在军事上节节败退,因此加紧了对地下党的镇压。上海笼罩在白色恐怖中,由于在"保联"工作的一些同志被捕,牵涉华世德党小组里的程文魁,上级指示华世德立即撤离上海。适值广大华行也正向香港撤退,也要他去香港,这样,他就在1948年12月初与贝树生一起经广州撤退到香港。到香港后,党组织告诉他们,快要解放了,不要到广大华行去了,并组织他们集中学习,先在九龙望角上海街,后又到湾仔永丰街学习,学习的内容是时事政治以及党的各项经济政策。

1949年6月,华世德根据党组织的安排乘船来到大连,在一个经营进出口业务的企业工作3个月,组织要求他了解熟悉企业的业务流程,加上他曾经长期在地下党领导的企业从事业务工作,因此积累了一定的经济工作经验,为中华人民共和国成立后在企业担任领导工作打下了良好的基础。

1949年后,华世德先后任上海市花纱布公司财务室主任、上海市畜产公司财务科科长、上海市皮革公司副经理、上海市塑料制笔公司副经理、上海市文教用品公司副经理,后又到上海市的原料基地铜陵新桥矿任劳资财务处处长,1982年底离休。

上海漕河泾新兴技术开发区创建史
（1985—2000）

叶孙安　口述
潘君祥　撰稿

一、我遇上创建漕河泾开发区的新机遇

1. 上海的"二白一黑"困境与发展新兴技术产业的抉择

上海解放初期，粮食大米、棉纺织用棉花、燃料煤炭俗称"两白一黑"，受帝国主义与反动派封锁破坏和奸商囤积居奇，供应紧张，物价波动。经中央财经委主任陈云同志统一组织全国支援，保证了供应，平抑了物价。对此，毛泽东主席曾评价这场斗争的胜利"不下于淮海战役"。

之后，在国家计划指导下，上海传统工业有很大发展。但改革开放后各地城乡经济蓬勃发展，国家计划经济转型为社会主义市场经济，在价格双轨制下计划调拨发生困难。各地纺织工业兴起，棉花调拨不动。发电厂用煤告急，需上海组织卡车到山西拉煤到秦皇岛，再船运到上海。甚至连大米、猪肉都要用上海的工业品去换。这种"两白一黑"的困境反映出上海缺乏原材料、燃料的短板，原有的传统产业已不可能再继续发展下去了。

当然，当时上海有自己的独特优势，当时上海拥有51所大学，近1 000个科研院所，1万多家工厂，近100万科技人员。如何发挥上海的科技优势，发展高新技术产业，调整产业结构，改造传统工业，走可持续发展的道路，是上海经济发展的一个重要的战略抉择，在高新技术产业里，微电子集成电路（就是现在我们所说的芯片）是高新技术的基础和核心，于是市领导就决定上海建立微电子工业区。

2. 我幸运参加创建漕河泾开发区

开发区是国家改革开放的产物。1980年代初，上海市人民代表大会会议上，就有代表提出了关于上海的微电子工业区上马的提案，这就引起了老市长汪道涵的注意，1984年汪道涵提议筹建上海漕河泾微电子工业区。在他的倡导下，1985年市里就专门成立了上海漕河泾微电子工业区开发公司，拨款1亿元负责微电子工业区的专门开发。

漕河泾开发区1985年创建至今30多年了。今天的漕河泾开发区已经全无当年的农田景象，呈一片的光鲜靓丽、高楼大厦、车水马龙的景象。据2017年漕河泾开发区的发展报告，现在一年的营业收入就有3 477.5亿元，利润有335.7亿元，上缴税收139.9亿元，开发区提供的社会就业人员为24.6万人，全年进出口量达97.6亿美元（进口为45.0亿美元，出口52.6亿美元），开发区累计申请到的专利有28 245件，已经认定的高新技术企业就有408家。

国家商务部对2018年全国219个国家经济技术开发区综合发展水平评价结果：漕河泾新兴技术开发区列综合排名第10名，科技创新排第7名。因其他开发区均较漕河泾开发区占地规模大10倍以上，所以后者能名列前茅是非常不容易的。

1983年开始，我担任上海有色金属研究所所长（1983年7月—1985年4月），主要从事有色稀有金属、半导体、超导材料的研发。1984年年底，上海市经委主任李家镐找我谈话，他向我介绍了上海正在筹建微电子工业区的情况，知道我在搞半导体硅材料的生产研究，这一研究和微电子企业是互为上下游关系，可见他对我的专长和专业是比较了解的。当时我在有色金属材料行业里已工作33年了。但我从来没有搞过开发区、工业区的工作。李家镐主任对我说，人才有两种，一种是专业型；一种是综合型。虽然你是研究所所长，我看过你的材料，知道你学过4个专业，上海财政经济学院的工业统计专业、上海业余动力学院的热能动力装置专业、上海交通大学的稀有冶金专业、虹口区业余大学的建筑结构专业，你是属于综合性人才。开发区需要综合型人才，你去工作是合适的。他还向我介绍他创建金山石化的情况。

我是在1951年抗美援朝时志愿参军，那时我才15岁，在时代中学读高一年级，进了军干校，被分配到步兵学校。后来一些年龄较大的，受到训练的同志都上了朝鲜战场。1952年朝鲜停战谈判和要实行义务兵役制，我才16岁，还不到义务兵18岁的年龄，所以就复员进了上海冶炼厂（1952年7月—1983年7月）。我开始了一边工作、一边业余学习的历程，坚持工作和业余学习两不误。在格致中学夜校部高中毕业。1954年我考进了上海财经学院，读了夜校部的财经工业统计专业，1956年毕业。后来又考进了上海业余动力学院，学习了热能动力装置专业。1960年起，我担任了厂生产计划、技术质检、规划设计科科长、半导体硅锗车间主任等职。那时我正好接待专门从事稀有金属冶炼的交大孙璧媃教授带领的稀有冶金专业学生来厂参观实习，我就向孙教授提出要求旁听她开设的稀有冶金专业课程。当我向她汇报了我以前学过的一些专业门类后，她爽快地答应了。于是，我在上海交大就做了两年旁听生，听了两年的稀有冶金专业课，1966年读完了这个专业的有关课程。孙教授是严东生院士的夫人，是当时上海交大的第一位女教授。

"文革"时，我在厂里被批判为走"白专道路"的典型，被下放劳动。我在劳动中学会了车工、刨床、电焊等操作技术。"四人帮"被粉碎以后，工厂改革了，我因负责厂里规划、设计、改造厂房建设的需要，又在虹口区业余大学读完了建筑结构专业。就这样，我就成了单位里拥有多种专业知识的人员，曾被借调参加上海冶金局参与上海有色金属工业发展规划工作，1983年我被调到上海有色金属研究所任所长、党委副书记。

现在李家镐找我谈话，这是领导希望我进一步发挥自己的长处，把自己的知识和智力用在开发区建设上，但是这工作我没有做过，所以我也有点担心。市经委李家镐主任找我谈话时，说让我考虑一个礼拜，最后给市工业党委干部处一个回音。于是，我就向上级领导上海冶金局党委汇报，一个同志听说我要离开冶金局，一时大惑不解地说："侬搞啥个开发区？"对"开发区"，因当时大家不了解，担心我会放弃已从事了33年的有色金属专业，可惜了。后来我也跟曾任有色所党委书记的市建交委副主任贺彭年请教，他认为我调到开发区是可以的、蛮合适的。支持我大胆走前一步，去闯一闯。在给上海市工业党委干部处的汇报中，我表明了自己的态度：作为共产党员坚决服从组织分配，由上级决定。调令一到，就去报到。我态度的核心是，我是在党的教育培养下成长的，只要是党的需要，我都应去，愿意闯。

我到开发区工作后，以前所学的几个专业都能用上，还觉得很不够，就继续业余学习法律专业，这也印证了："机遇是为有准备的人准备的"谚语。

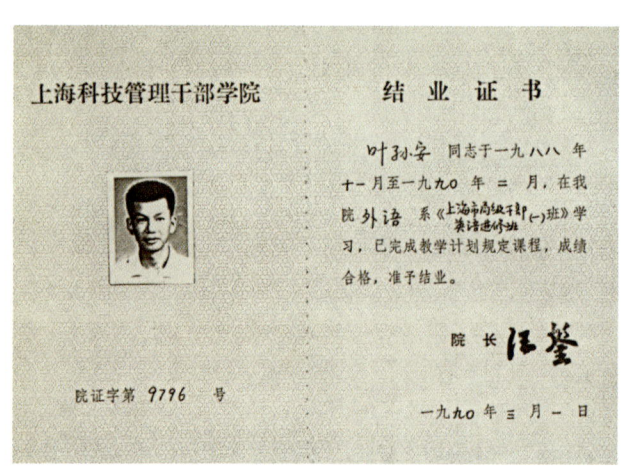

图1　叶孙安英语进修班结业证书（受访者提供）

3. 开发区最初的动迁征地

开发的步骤上决定首先征地开发998亩作为开发起步区，这个998亩的起步区规模是有原因的，因为那时国务院规定，凡是征地超过1000亩的开发区，均须上报国务院审批，这一审批程序的周期就会比较长。现在我们征地不超1000亩，就可以马上在地方上起步了。当时我们经过测算，平均开发1平方千米开发区的基础设施投入需要2亿元的投资，现在政府仅给1亿元的资金是不够的；当时我们还设想再征地400多亩作为配套生活区，实行分期开发。我们总的方针是开发区采用"总体规划，分期开发，滚动建设"和"土地开发、项目开发、功能开发"互相结合的方针，建设需要分步进行，实行开发一片，收益一片，滚动再开发的方针，这样也能解决初期开发的资金实力有限的困难。

漕河泾开发区所属的地块属于上海县的虹桥乡、梅陇乡，共有1 400多亩的农田和3 000多名农民需要动迁。一些乡里的地方干部就流传着市里要搞微电子工业区，认为这是一块大肥肉，人人都想咬上一口。在实际调查中，我们早就注意到了上海市委党校在征地建设上的经验，要依靠地方上的干部，一定要把政府的钱用在刀刃上，用在真正的建设上。我们就把了解到的上海市委党校在征地上已有的经验汇报给刘振元副市长。那时，党校的建设是市委杨堤副书记管的，他亲自到上海县做干部的思想工作。这样上海县的领导就对乡干部做好了工作，使他们知道这是市委书记亲自抓的重点工程，不可以在老虎头上拍苍蝇的。这就使得市委党校的征地动迁工作能够顺利地进行。1986年，我们向刘振元副市长汇报上述情况后不久，就陪同他到上海县来做工作。一开始上海县的陈涌泉县长说，刘副市长在市里有两年多了，还是第一次到我们上海县来。刘振元副市长就说正是因为漕河泾开发区的开发项目，否则我还没空来上海县呢！接着刘副市长就介绍了市委、市政府决定开发漕河泾微电子工业区的重大意义和要求，希望上海县的干部要全力支持和配合，所以我这个由市委确定项目领导小组的组长也一定要来了，还要大家来配合这项大项目，不然会影响全市的工作。经过这一番娓娓道来的微电子工业区由来的细说，陈县长和县里的各委局和乡长们也作了表态，要服从市委市府的决定，全力支持配合做好征地动迁工作。市政府还发了通知成立开发区征地动迁领导小组，由上海县陈县长任组长，徐汇区一个副区长和我任副组长。后来我们也发现，这位陈涌泉县长真的还是"蛮来赛"的，由他全面领导的征地动迁工作，从组织上保证了征地动迁工作的顺利进行。以后，所有被征地动迁的农民全部转入了徐汇区城市户口。

4. 江泽民市长为漕河泾开发区奠基

不久，关于漕河泾开发区建设的文件就陆续下达了。最初的漕河泾微电子工业区领导班子才4—6人。

1985年市政府8号文件《关于漕河泾微电子工业区开发规划和有关政策的几点通知》经上海市人民政府同意，正式成立上海市微电子工业区开发公司。该公司为独立经营，自负盈亏的经济实体，隶属市经委领导。1985年4月3日市经委沪经办〔85〕第185号"关于上海市漕河泾微电子工业开发公司领导班子任职的通知"决定公司领导班子由下列同志组成：齐敏生任经理，叶孙安任副经理，周汉鸿任副经理，俞峥任副经理。

据1986年沪工委干〔86〕第318号中共上海市工业工作委员会、上海市经济委员会《上海市工业区开发区开发总公司领导班子任职的通知》：现经研究决定：齐敏生同志任上海市工业区开发总公司经理；副经理郎广恒、张铮、叶孙安、周汉鸿。

据1988年沪工委干〔88〕第115号：中共上海市工业工作委员会、上海市经济委员会（批复）：更名后的上海市漕河泾新兴技术开发区总公司与上海市工业区开发总公司脱钩。行政领导成员由下列同志组成：齐敏生任总经理；王志洪、周汉鸿、叶孙安、俞峥任副总经理；陈行祥任总工程师。

漕河泾开发区实际上在1985年开始起步，当时我在上海有色金属研究所任所长，搞超半导体材料，领导调我去漕河泾开发区是为了加强发展高科技的力量。到了开发区，我分管规划设计，搞基本建设，再一个就是管科技产业化。

江泽民曾当过中国电子工业部部长，在他没有调回上海工作前，就对电子工业的发展有一套较为成熟的思路。还在上海酝酿微电子工业的初期，他就积极提出了政府要切实解决电子工业的战略地位，并制定相应的对策。要树立全国一盘棋思想，统筹规划，加强行业管理。进一步实行对外开放政策，积极引进和采用世界先进科技成果。注重智力资源的开发，抓好人才培养，充分发挥现有科技人员的作用等远见卓识。[①]

1984年11月，上海决定建立"上海漕河泾微电子工业区"，所以1985年他来上海工作后对发展微电子工业尤其加以关心。1986年4月，他曾在市政府六号会议室主持召开了有关微电子专业专家和领导的座谈会。在会上，他就提出了思想认识要解决的问题，第一，上海的微电子和计算机的技术力量是很强的，有大学、研究所和工厂，人才济济，门类齐全。要把上海的优势发挥出来，只有一条出路——要联合。要抓应用促发展，抓竞争促提高。第二，要有组织保证，要制订联合作战计划。第三，要有资金和政策上的保证，以使微电子和计算机的技术有更快发展。〔此事见《江泽民在上海》(1985—1989)第235页。〕

在漕河泾微电子工业区奠基典礼前一年半，漕河泾开发区的创建还经历了一场关于"跳黄浦"的争论。1985年4月3日，市经委《关于上海漕河泾微电子工业区开发公司领导班子任职的通知》下发以后，领导班子即行招聘员工、进行规划设计、计划立项工作。当时，经济形势严峻，资金紧张。1985年底，市计委吴祥明到已经规划的地区调研审查，提出闵行开发区早已开发的土地现仅有一家玩具厂，建议漕河泾开发区是不是可以晚些开发，可以等闵行开发区引进企业满额了再开发，否则钱投资下去收不回来，要跳黄浦江了。据说，当时有部分的领导也有这样的想法。我当时就向他们解释说，我研究过漕河泾开发区内中美合资企业福克斯波罗公司合资协议企业的地价，项目看准后投资开发能回收投资资金，不会跳黄浦江的。如果现在计划项目不批，我们就没有办法开展任何工作。

为此，我们专门向江泽民市长汇报了已经开展工作的情况和问题。后来，江泽民市长批示：按原计划执行。这时上海漕河泾微电子工业区市计委项目立项也批了，我们就立即抓紧基础设施工程的规划设计、征地动迁、施工准备等前期工作。1986年9月10日上午，我和周汉鸿同志二人通过市委刘文庆副秘书长的安排，在市常委会中间的休息

---

① 编者注：《红旗》1984年第18期。

时间向江市长汇报工作进展，并拟定于9月26日举行奠基开工典礼。江市长听了我们的工程进展程度感到很高兴，赞扬说你们进展得很快，因9月26日他要到北京参加一个中央的会议，但留在上海的领导同志可以都去参加奠基仪式。

9月26日下午，开工典礼如期举行，我主持开工典礼仪式，我们开发区公司总经理齐敏生作了工作汇报，老市长汪道涵、黄菊副市长和刘振元副市长为开工奠基剪彩。江泽民市长为奠基题词"上海市漕河泾微电子工业区奠基 江泽民 一九八六年九月"。全市局级以上干部及有关人员400余人参加大会。上海电视台在当晚和次日的电视新闻里进行了转播和宣传。

1988年2月，已任上海市长的江泽民同志签发了市政府呈报给国务院的将漕河泾新兴技术开发区列入上海经济技术开发区的请示。请示报告说：早在1984年年底，市政府根据城市总体规划批准建立漕河泾微电子工业区，成立了开发公司，并投资1亿元进行开发，至今在0.57平方千米的起步区范围里基本完成了"七平一通"。与此同时，还引进了一批项目，其中有上海微电子研究开发基地（即冶金所二部）、中比合资的贝岭公司以及中科院生物工程中试基地的大部分厂房已经建成，华东计量测试中心、激光研究所、电光研究所、电子部二十一研究所、航天部第八设计院、核工程研究设计院等10余个研究设计单位已基本建成，有的已交付使用。还有一批像中荷合资的上海飞利浦半导体公司已签订了场地预约合同，中法合资的上海液化空气有限公司、中美合资的上海NYPRO精密塑料公司和上海微电子信息服务公司等项目已批准进区，以上预计可以吸收外资4 700万美元。上海王安电脑公司和美国独资的上海3M公司已申请将二期工程建在区内。为此，上海市政府请求国务院准予将漕河泾新兴技术开发区列为上海经济技术开发区的一部分，除虹桥、闵行经济技术开发区之外，新增加一块，其占地面积为5平方千米（东起桂林路，含路东的上海通信设备厂，西至虹梅路及路西1.6平方千米，北临浦汇塘，南到漕宝路，含路南生物工程中试基地）。如果得到批准，上海将从项目搞起，分批进行建设，逐步形成新兴技术开发区。同时，还将根据新兴技术开发区的特点进一步研究制定管理细则和地方优惠办法，以增强其吸收外资和新兴技术的能力。

1988年2月，当时的江泽民市长签发了报告报国务院，国务院在1988年6月份批准建立漕河泾新兴技术开发区，享受经济技术开发区的政策，明确开发区的任务是引进国内外高新技术，发展高新技术产业。至此，上海在1980年代就正式拥有了闵行、虹桥、漕河泾等3个开发区。它们的定位各有不同，闵行主要是工业项目，虹桥主要是服务业，而漕河泾主要是发展高新技术。[1]

1988年7月，上海市人民政府宣布建立上海漕河泾新兴技术开发区。1989年5月下旬，江泽民为"上海漕河泾新兴技术开发区"题词，并勉励漕河泾开发区为高新技术产业发展作出贡献，这就是漕河泾开发区的由来。

---

[1] 见《江泽民在上海》（1985—1989），第237—238页。

5. 开发区改革了城市开发建设的体制

1986年9月26日，漕河泾开发区的基础设施工程就正式开工。整个工程由刘振元副市长任总指挥，建委的吴祥明秘书长和公司总经理齐敏生任工程指挥，决定由开发区公司和各主管局组成"共同甲方"和工程指挥部办公室，由我兼任办公室主任，统一进行综合开发，实行建设单位、工程施工、质量监督、管理维护单位和后接管单位"一条龙"的管理体制。开发区市政公用工程是创造投资环境的基础设施，在近1000亩农田上实施"七通一平"，工程量大，涉及面广，当时这个工程又没有列入市府重点实事工程项目，在施工材料供应和力量上难以保证，工程难度很大。如1987年，因缺沥青砼铺设路面材料而被迫停工。上水、煤气、电话局等单位为确保市政府重点实事工程项目而拉走施工队伍，延误了一点工程。在1988年年初，我们面临重重困难，加强发挥"共同甲方"和工程指挥部的作用，积极争取各方支持，依靠公司工程部干部努力深入现场，加强指挥，精心组织，及时协调，突破关键。我和工程部的同志先后找建委、市政局有关处室和材料公司，直至沥青砼厂的厂长、调度员，开了多次协调会、恳谈会，终于感动了"上天"。我记得当时我们工程推进的关键就是沥青砼，我们找工程部经理姜永祥同志，找到了他们的上级，他们在一季度完成市里的重大工程大修后，二季度就优先集中供应沥青砼3万吨给我们的开发区工程。为解决上水管道连连爆裂，影响工程进度的问题，我们争取到市公用事业局的支持，让上水公司返工重新铺设宜山路、虹漕路直径500毫米以上水管900米，在市政、公用、电信、电力等各单位通力合作下，开发区第一期市政公用工程终于在1988年3月基本完成。该工程从1986年9月26日破土动工，共敷设雨水、污水、上水、煤气、电话、电力等各种管线46.4千米，新建、改建、拓宽7条道路，长5.6千米，约12万平方米。建成漕宝路、田林路、宜山路桥梁三座，涵洞4座。雨、污水泵站各一座，实际施工期为21个月，在1988年3月，基本竣工。

经过建设和质检单位、接管单位逐项检验，以及半年的通车、通水运营和暴雨、酷暑的考验，雨水泵站在汛期的开通，发挥了效益。工程质量绝大部分都达到合格标准，一批单项工程达到优良水平，实现了安全施工，没有发生重大伤亡事故。工程总投资，剔除材料涨价系数外，控制在扩初概算之内。在这期间，工程指挥部先后召开了6次办公会议，50多次协调会议，编发会议纪要23期，动态简报21期。第一期市政公用工程竣工为开发区的初步发展创造了良好的投资环境。至1988年，有近100批外商到开发区参观洽谈，已批准进区项目12个，其中三资企业8个，吸引外资5 500万美元。第一期开发的土地已有近一半签订了使用或预约合同，在总结大会上，工程指挥、建委吴祥霖秘书长称赞道：开发区总公司同志们的"钉"劲很足，速度比闵行、虹桥开发区快，与其他市政工程的道路来比更是"大跃进"速度。市政公用单位的同志说，要不是你们这样抓得紧，这个工程再拖一年也不稀奇。刘振元、倪天增副市长现场视察后表示满意，并肯定我们开发区改革了城市开发建设体制，由开发区总公司与各个分管局组成"共同甲方"和"一条龙"管理体制的成功经验。朱镕基市长在市人代会1988年政府工作报告中特别提到"漕河泾新兴技术开发区一期市政工程顺利竣工"这件事。

6. 关心农民利益　做好硬件建设

漕河泾开发区所征土块当时属于上海县虹桥乡、梅陇乡，土地原为上海蔬菜保护地。它虽然地少人多，但当地农民的收入是较高的。因为临近市区，不少人就在附近的工厂上班，当地的乡镇工业也比较发达。尤其是市区工厂的扩展，不少工厂将仓库就建在近郊地区，于是那里的仓储业就较早地发展起来，生产队、生产大队都有土地出租给工厂企业作为仓库。连农民也有将自己的私房出租给外来的人员落脚打工。这样一来，他们并不热切期望征地动迁来把自己的户口转成城市户口。

那时，我们要做农民的征地动迁工作，就要每家每户地动员。白天他们大多工厂上班、下地劳作，有的户主还干脆回避走开了，座谈会也开不成。于是，我们就依靠生产队的党员干部帮助做工作，组织晚上开座谈会。

我们按照国家宪法第十条，"城市的土地属于国家所有。农村和城市郊区的土地，除由法律规定属于国家所有的以外，属于集体所有；宅基地和自留地也属于集体所有。国家为了公共利益的需要，可以依照法律规定对土地实行征收或者征用，并给予补偿。"我们一开始就严格按照动迁的政策给被征地的农民以相应的赔偿。对被征收建筑面积的计算就按乡政府批准的建设规划文件、图纸和实测一致。如对未批准的自建房，则由其自拆，不列入计划赔偿和补偿内。还有对自留地和青苗费的赔偿和补偿均按照政策严格进行。

我们还吸收生产队长、管理员为我们开发公司的员工，找小学校长、书记谈话，希望支持动迁工作。对年轻、有一定文化的人员在工厂招工时安排适当工作。对年纪较大的农民则享受城镇退休托底待遇，对有劳力无专业技能的人员则安置进绿化公司，开发工业园区的绿化环境，专门进行植树、建设绿化带、苗圃和公园的养护工作。

动迁开始以后，被动迁农民虽然获得一定的相应的补偿，但他们就要与世世代代不弃不舍的土地分离了，内心是依依不舍的。年底春节临近，很多人提出要求过了元宵节以后再搬迁，一到元宵节，家家户户都搬出了香案来告慰自家的祖先，口中念念有词地说道：不肖子孙守不住自家的田地家业，现在因国家建设需要，"阿拉"只好服从搬离了。

由于动迁房屋尚在建设，征地农民不能一次性动迁到位，为保证市政道路、11万伏变电站和通用厂房的建设，需要先动迁一部分农户住进临时建造的过渡房（一种较简陋的平房）。我们征地办公室同志深入动迁户，耐心疏导，还争取动迁户所在的单位组织的协助，帮助做思想工作。我们找党员找干部谈话，让他们带起头来，使动迁户都顾全大局，签订了动迁协议。由于我们做了大量的工作，保证了按期搬迁、拆房，确保了工程建设的顺利进行。由于各种工作的踏实到位，做到了没有产生一户钉子户。

由于实施了大面积开建各种设施，这种动迁速度给当地农民、生产队在生产、生活上带来诸多不便。我们当时确实是受到乡里广大农民群众、生产队和乡政府的支持。因此在组织指挥建设施工中，我们特别强调我党历史上一直教导的关心群众利益的群众观念和全心全意为人民服务的宗旨。在具体的施工中也尽量创造条件，方便群众生产、生活，严格纪律，不准采摘农民的蔬菜果实，妥善处理好与虹桥、梅陇两个乡政府和10多个生产队、数千农民的关系。如施工队在操作中难免会造成部分农户暂时断水、断电，我们会立即有征地办公室同志到现场察看，做好抚慰工作，当场要求工程部采取措施解决。如1987年我们就遇上了台风汛期暴雨，发生部分农户家里进水的现象，我们冒暴雨立即动员施工队及时疏通被堵河道，组织排涝。稍后，又抓紧雨水泵站建设，确保了泵站在1988年汛期前开机排水。加上对低洼地采取排管疏导措施，在1988年8月再遭特大暴雨时，开发区全区道路、农田、农户住屋均无漫水和进水现象。又如梅陇乡在我们开发区生活区住宅工程土地上，有生产队种植的70亩优质的稻种田，在土地征用中，我公司对土地上的稻秧已作了适当的赔偿，现在因收割期与施工期产生矛盾，经乡长专程到公司打招呼，要求我们适当照顾生产队征地农户对该季优质稻种的切身感受。听了他们的要求，我们就组织了工程部同志到现场进行实地研究，最后采取了调整施工便道和调整施工安排等措施，暂缓2个月对稻种土地的征用，使得梅陇乡农民在该季节里还能喜获6万斤优质稻种。同样，我们开挖的生活区雨水管道按计划是就地出浜，这就需要疏浚征地外的生产队的河道，我和征地办工程部同志也一道去拜访梅陇乡长、乡政府，他们也很乐意给我们以支持。由于妥善处理了与乡、生产队和农民的关系，在我们的开发过程中，从未发生过与征地农户的较大纠纷，这就保证了开发建设的顺利进行。

1993年年初，由于物价波动和浦东开发，上海的动迁赔偿价格进行了调整，早期已经动迁的农民感到有点吃亏了，有近200人来公司交涉，要来讨个说法。因时值市里正在召开人民代表大会，工业党委、区政府都很重视。在公司大食堂里，我负责出面接待动迁户的交涉事宜，向他们解释国家的政策，一直坚持到过半夜12点钟，有时候他们还不给喝水、不给上厕所。当时派出所所长、指导员也赶来来帮助"保驾"。最后，我对来公司交涉的动迁户们说，国家的政策就是这样明摆着的，我就是签了字，如果不符合国家政策，你们也是拿不到银行里的钱。你们提出的问题，提出的要求，有不放心的地方我们可以请第三方进行审计，对每户家庭的动迁协议进行审计，如有差错，可以根据现行的政策，按实补偿。最后，在工作人员的劝说下，他们才回去休息。后来，我们对500多份动迁协议一一审计，结果并无差错。这就说明，我们公司同志的工作是很扎实的。

那时漕河泾开发区在建设中我们还碰到了开发区地块由上海县管辖划归徐汇区管理的行政变动。由于区、县两个政府部门在区划交接中的一些问题矛盾未能彻底协调解决，致使区划范围内原居民户口、粮油关系、各类票证、子女升学、居民粮、煤、油的供应点等关系居民切身利益问题拖延了近2年，征地农民对此很不满意，曾经成批地到公司提意见，讲我们公司说话没有兑现，这样也增加了动迁的难度。为此，我们曾专门向刘振元副市长呈报过，向市委副秘书长吴振昌汇报，并多次拜访徐汇区张区长，争取支持。市办公厅区政处景云处长曾多次专程到徐汇区、上海县协调。后来，我们又专门向黄菊副市长汇报过，在后者关心下，徐汇区向上海县作了些让步，我公司也给徐汇区以适当的经济补贴。在1988年9月，徐汇区和上海县两个公安分局就开发区农户的户口关系、治安管理进行交接，我公司征地办同志还主动参加区、县、乡、街道的协调工作，帮助办理3 080名征地农民粮卡转移，受到徐汇区政府和征地农户的赞扬。

基于漕河泾开发区基建工作的顺利推进，1987年5月，由上海市科委上海高技术开发区课题组组成了有上海科技情报所、上海交大、同济、上工大和漕河泾微电子区的专家对备选的嘉定（科技）、浦东（地方大）、闵行（机床和电机有优势）、江湾五角场（有依靠复旦、同济大学的人才优势）、漕河泾开发区分别以包括智力密集度、空气清洁度、水质、交通条件、产业配套、周边生活环境等39个细化指标进行评价打分，最后得出结论：漕河泾得分最高，成为上海高技术开发区最佳的选择地。

漕河泾开发区的领导班子已经更换5代，最早的班子4人，都已退下来了。一代人有一代人的使命。像安徽凤阳小岗村农民的土地承包制的改革开始了解决中国农民的温饱问题一样，这些带有历史性的转折我们今天还是不能忘记的。

7. 初创时期的艰苦创业精神

漕河泾开发区初创时，公司地无寸土，居无片瓦，只得租借临时工房和在农田里搭建的铁皮施工棚办公。夏天铁皮屋里炎热辐射，高温难当。冬天上班穿着棉大衣御寒，一无食堂，二无厕所。在开始的2年多时间里，我们工作人员吃一顿午饭就要步行20分钟到别人家的工厂食堂里去搭伙。厕所用的是农民用来储粪的大粪坑，上海人称农民上厕所叫"蹲坑"，女同志也只能这样如厕。开始时公司由于没有任何经营收入和盈利，每月的奖金只有6元，公司的人员大多数来自机关、设计、研究单位和后方局转来的，大家的思想一时都难以适应。开发区的领导在1年多的时间里，就对工作人员提出我们的位子和角色都要实行"三个转变"：就是从每一个人从原来的上层转变为基层；从政府机关和事业单位转变成企业；从别人有求于你的朝南坐转变成我们有求于人的朝北坐。像我们当时为拿到规划土地局的一个批件，在2个月的时间里，图章一个一个敲，早上跑、中午跑、晚上跑，总共跑了87次，才拿到了批文。因为针对在实施规划中的征地、管线、衔接等问题都是不能等的，要及时协调。征地办的同志写出了一首打油诗："头顶烈日当空照，终日野外到处跑，脱掉一层皮，跑穿一双鞋，瘦掉几斤肉，一定要把土地尽快征下来，打响开发建设第一炮"。他们深入农户做细致的动迁工作，与每一户农户都签下了动迁协议。

1996年公司党委要我做一个开发区的发展历史报告，动员二次创业，我介绍了开发区初期我们这一代人当年所做的工作。那时，我们上上下下都怀着热爱开发区事业的理想，为发展国家高新技术产业作贡献和为国争光的精神，凭着对开发区事业高度事业心、责任感，以千方百计克服困难的大无畏精神，将工作一直朝前推。这些精神现在都很值得我们怀念和发扬。现在我们回首看看开发区优良的工作和发展的生态环境，我们就越发为我们现今开发区优美的环境而感到自豪，更加感到要像爱护自己的孩子一样，发扬开发区的创业精神，热爱开发区。现在，当年创业时的老同志都全退休了，我还是很怀念和敬崇着这批共同一起走过来的老同志。

以前，我们在讲到淮海战役、解放战争取得伟大胜利时常常说，这也是中国百万农民用一辆辆"支前"小车推出来的。现在我们在回顾改革开放中开发区的建设时，我们也不能忘记成百上千个征地农民所做的巨大贡献。

二、为开发区创建良好的软环境

1. 参与制定中国开发区的第一部"宪法"

我进开发区工作以后，我就常常遇到开发工作中的法律问题，公司聘请上海市第一律师事务所主任担任法律顾问。在1985—1986年，我报名参加了上海市司法局组织的经济法专修班学习。那时，我已经近50岁了，但我还是没有放弃坚持业余学习的习惯。我是在繁忙的工作中抽出时间来学习的，记得在1986年9月26日，那天，我们的漕河泾开发区举行动工奠基典礼，下午我还在典礼上主持会议，晚上公司庆祝聚餐会上，相互来敬酒。我赶紧说明，因为明天我还要参加全国司法考试，不少考试的内容我还要梳理一遍，晚上还要复习，该背的主要法律条文要背背熟呢！就这样，我在1986年9月27、28日就通过了全国第一次司法统考，并于1988年由市司法局授予律师资格证书。以后，公司领导班子的分工由我分管公司的法律事务，并全面负责参与《上海市漕河泾新兴开发区暂行条例》的制定。

1989年5月由朱镕基市长签发的《上海市漕河泾新兴技术开发区暂行条例（草案）》呈送上海市人大常委会，自1989年8月市九届人大常委会第十次会议审议起，经过多次讨论、修改与定稿，1990年4月《上海市漕河泾新兴技术开发区暂行条例》在第十七次人大常委会会议通过，这是全国地方上为开发区立法的第一例。

1990年4月8日市人大常委会第十七次会议通过《上海市漕河泾新兴技术开发区暂行条例》，并公告施行。这是漕河泾开发区的规范自身和发展的一部"宪法"，是开发区的根本大法，是由地方最高权力机构为开发区立的法，为全国第一。

1987年年底，国家领导人到上海视察，随员阮崇武（时任国家科委常务副主任，他是1983—1985年时的上海市副市长）由刘振元副市长陪同来开发区视察。当时，开发区第一期开发（共998亩）的市政基础设施（七通一平）已经基本形成框架，阮崇武向刘振元建议：由上海向中央提出江泽民市长向中央领导汇报在已建微电子工业区基础上扩大建立漕河泾新兴技术开发区，享受国家经济技术开发区的优惠政策。会上，国务院特区办副主任张戈、国家科委阮崇武表示支持，这时中央领导同志表示同意。江泽民市长在我公司的报告上批示：要加快上报国务院。1988年2月，江市长签发市政府报告，国务院于1988年6月7日批复上海市政府，同意将上海漕河泾新兴技术开发区作为国家（第14个）经济技术开发区，执行中央、国务院关于沿海城市经济技术开发区的各项政策规定。有的外商跟我说，外省区市答应我比你的开发区更优惠的政策。我给他们解释说：大家要相信国务院的权威性，这一点很重要。批文明确："上海漕河泾新兴技术开发区的主要任务是利用外资，引进国外先进技术，兴办新兴技术产业"。

2. 引进高新技术也要靠两条腿走路

经济技术开发区优惠政策主要是针对三资企业，但发展高新技术产业除引进国外先进技术产业外，还必须两条腿走路，要坚持自力更生发展，支持国内高新技术产业。因为高新技术的关键技术是引不进、买不到的，我在开发区碰到的这方面的实例实在是不少的。如福克斯波罗公司（Foxbor）是引进的第一家美国合资企业，生产电厂自控设备，美国总统里根来华访问时还专门去过这家企业，公司总部在美国波士顿。当时在合资协议中写明该公司的新技术成果要2年后才可以转让给上海公司，去占领国内市场。还有一家美国的瑞侃公司，它的总部在美国北卡罗来纳州（以下简称北卡州），是一家生产热塑电缆的公司，产品质量高，国内市场大。当时该公司与上海电缆厂合资生产高科技的电缆，生产的4道工序，每年只可以转让给我们1道工序的技术，要4年后才完成全部的4道工序的技术转让。但关键的高压电子辐照塑料仍由美国的总部直接供应，不能转让。后来还是国内东北的一家企业突破解决了这一关键技术。因此，1987年起我公司就和市府法制办一起拟订对开发区国内高新技术企业的优惠政策条例，支持国内高新技术企业走自己的路。

引进国外高新技术，这就是一条腿，还有一条腿就是要自力更生地发展我国自己的高新技术产业。在发展我们自己的高新技术产业时，我们既要注重引进国内的大企业、大公司，还要注重扶植一些小的民营科技企业，因为一些小公司也有可能成为大公司，在国内、国外这样的例子很多。美国的苹果计算机公司，就是两个年轻人在一间车库里做起来的，我到美国的硅谷去，他们的展示会上就有这些照片。惠普公司当时起家也是这样。现在赫赫有名的微软公司，也是这样搞起来的。所以不要小看这些小公司、小的科技企业，这也是我们一定要坚持的两条腿走路方针的原因。

同时，我们那时还坚持不是高新技术的企业就是不能进我们的高新技术开发区。1986年，美商百事可乐公司的副总裁来直接找我们，因为可口可乐公司已经在闵行开发区落脚了，他们不希望两个公司都放在闵行开发区里唱对台戏，问我们能不能让他们到漕河泾开发区来？他们说，让我们也来投资，保证赚钱。但我们对他们说：很抱歉，我

们是高新技术开发区，饮料生产不算高新技术，你们到哪里都可以，就是不能到我们这儿来，否则就会砸了我们自己的牌子。

3. 首先突破上海人才引进的屏障

1989年年初，黄菊副市长由市人事局石涛局长陪同来开发区就开发区条例中引进人才政策的条款进行调研，黄菊副市长当时兼任市编制委主任。他们到我们的开发区了解情况，我负责接待了他们。黄菊副市长问，上海户口紧张，城市建设欠账多，住房很紧缺，你们开发区要放开户口引进人才，是怎么考虑的？因为当时上海的户口是很紧张的，上海的企业要引进科技人员，像我任所长的研究所要进一个科技人员，如果是大学毕业后分配工作，夫妻两人两地分居的话，就需要由单位向人事局申请，先要按年资排队，争取分配名额。如果是引进人员连家属一家四口，每个人就必须要缴纳城市建设费4万元，那么单位引进一个需要的技术人员就要交付16万元城市建设费，单位不堪负担。我向黄菊副市长介绍我们研究了当时发达国家不同的户籍制度。我说我们现在的户口政策，在发达国家里，像美国、加拿大等国就叫移民政策。我们研究了发达国家的移民政策，他们只管住二个口子：一个叫资金移民；一个叫智力移民。那时香港地区、台湾地区有很多人带了100万美元到美国购置房产，就可以取得绿卡长期居住，这就叫资金移民。中国大陆的教授被美国的政府和企业聘用，留在美国工作，也给绿卡，这叫智力移民。你看发达国家对智力移民是持开放政策的，何况我们还是发展中国家，对国内的智力人才如果还不开放，科技人员进不来，就很难发展上海的高新技术产业。黄菊副市长听了我的分析以后就说，你的说法也有道理，我们上海的发展也应该对智力人才实行开放。他还当场问了人事局石涛局长，上海的开发区如果开始实行这种对智力人才倾斜的政策，会有哪些社会影响？石局长说漕河泾现有的开发区只有5平方千米，不太大，人口也不多，高新技术人才进来对上海的人口总的影响也不会太大的。于是，黄菊副市长当即表示同意开发区引进人才的优惠政策，回去即向朱镕基市长作汇报。后来由朱市长签发了《上海市漕河泾新兴技术开发区暂行条例（草案）》提交市人大常委的审议。其中的第七章"人才管理"第三十七条就写进了"经市人事等部门批准，外地优秀科技人员可以到开发区工作，并报进本市户口；经市人口控制部门批准，可以减免缴纳城市建设费"的条文。从此我们就为开发区的人才引进打开了屏障，开通了道路。

科技人才的引进是漕河泾开发区企业发展的最重要的资源，暂行条例通过以后，这条政策起了很大的作用。我们公司为开发区人才的引进创造更好的条件，人事局专门在开发区设立了人才服务交流中心。凡是开发区内的三资企业、海归企业和国内来开发区的民营高科技企业都可以向全国招聘引进高科技人才。开发区内的国企航天局也利用了这一政策，曲线引进了他们所急需的人才。

我们的开发区发展历史证明，人才是发展的第一资源，后来浦东新区等都推广这一政策，上海的人才第一资源开放由此取得了突破。

4. 中国开发区有了"上海模式"

国内的开发区均设立有管委会，我们上海是否要设管委会呢？当时上海的市领导江泽民书记、朱镕基市长等明确提出：上海是一个集中管理的大城市，不拟再多设一个层次的管理，可以由上海市的外资委来管理协调。

我看到国外的开发区是不设管委会的，像美国的硅谷，在北卡州设的是基金会。英国设开发区公司或叫科学园区，是由政府、银行、企业、大学等共同投资，也是以企业的形式进行经营管理的。大的开发区公司如伯明翰、伦敦的"Docland"，还是由议会来立法授权的。

上海的开发区是采取了通过立法，授权开发区发展总公司行使部分政府职权来实现的。《上海市漕河泾新兴技术开发区暂行条例》第三章"开发区内的企业事业单位"第十五条规定：上海市漕河泾新兴技术开发区发展总公司（以下简称开发区总公司）根据本条例和批准的开发区发展规划，从事开发区的基础设施建设，资金筹集和运用，土地开发和土地使用权转让、房产经营、举办企业、技术及产品贸易和综合服务等工作。

开发区总公司是实行独立核算、自负盈亏、为开发区发展和区内企业事业服务的企业，享受高新技术企业的优惠待遇。

《暂行条例》第五章"开发区资金"第二十三条规定：开发基金的来源是：开发区的财政收入以 1988 年为基数（不包括超承包返回企业数、中央级财政收入及部分区县收入），1989 年起 5 年内全部新增加部分。还有财政拨款和财政借款、其他资金。

《暂行条例》第五章"开发区资金"第二十四条规定：开发基金主要用于建设开发区的基础设施、生活服务设施、改善投资环境。培训新兴技术企业的经营管理和科技创业人才及聘请国内及国外专家。以及根据开发基金财力情况，适当支持新兴技术成果产业化项目、应用新兴技术及其产品改造传统工业的项目、兴办新兴技术创新发明中心、扶持新兴技术科研项目和其他对开发区发展有益的项目。

《暂行条例》第五章"开发区资金"第二十五条规定：开发基金年度使用计划由开发区总公司根据市人民政府批准的投资规模，编制年度用款计划，经财政部门审核后按计划拨款。这就给了总公司以财权。

《暂行条例》第二章"管理体制"第十条规定：开发区建设详细规划批准后，按照规划安排的建设项目，不再办理选址审批手续。这就避免了一次次的重复审批。

1992 年年底，国务院特区办公室在上海召开全国经济技术开发区工作会议，在总结中对上海的漕河泾新兴技术开发区、闵行开发区、虹桥开发区不设管委会，用公司管理开发区的模式，称为"上海模式"。那时，国务院特区办、国家科委、国务院发展中心召开的有关开发区的会议，都会邀请我们公司领导参加，并非常重视我们反映的意见、建议。如 1997 年我到国家科委开会，顺便向国务院特区办赵云栋副主任汇报工作，谈及漕河泾开发区台商英业达反映海关出口通关太慢，上海要 48 小时，台湾地区的海关通关时间是少于 24 小时。赵副主任听了情况反映后当即要我写报告，他们国务院特区办即刻附了专函转致海关总署，后来海关总署就马上派人来上海调查，于是就统一了上海漕河泾开发区海关和虹桥机场海关验关监管的工作程序，简化了重复验关，货物少于 24 小时就可通关出口。

5. 落实新兴技术开发区的优惠政策

《上海市漕河泾新兴技术开发区暂行条例》第六章 "优惠和扶持" 第二十七条：对新兴技术企业，实行减征或免征税收的优惠：减按 15% 税率征收所得税。这是参照了国务院 1988 年批准北京（中关村）高新技术产业试验区的优惠政策。但中央规定地方无权制定有关税收优惠条件，税权集中在中央，地方上的税率变动必须经中央财税部门同意才可制定。于是在 1989 年 11 月，上海市政府就组织了市人大财经委办公室主任、市财政局办公室主任、市科委副总工程师徐霖和我组成代表团赴京向全国人大财经委、国家科委、国务院特区办、财政部、国家税务局、国务院办公厅秘书二局等部门汇报《上海市漕河泾新兴技术开发区暂行条例》起草、审议的情况，请示落实上海漕河泾新兴技术开发区减免税收优惠的待遇问题。

由于事先上海与国家有关部门的交流通气，中央各部门均已表示支持，但税收优惠的关键最后得由国税局最后定夺。这次汇报会由国税局副局长兼总经济师李永贵负责接待我们。会议讨论一开始他就说自己曾参加中央财经领导小组讨论北京中关村高新产业试验区的政策，他代表国税局一直反对给予税收优惠政策，国税局正打报告向中央反映这一事件。他的言下之意就是北京中关村高新产业试验区的优惠政策将要取消，上海现在提出的开发区的优惠政策没有根据，于是我们汇报好以后的讨论一下子就进入了僵持状态。我对会议的讨论是做了比较充分的准备，从提出会议的议题、上海方案的理由等角度，我在会上解释说，我们上海的开发区不是照抄北京中关村试验区的，而是根据江泽民同志在任上海市长时作的决定来办的，并在当场拿出了《上海市人民政府关于将漕河泾新兴技术开发区列入上海经济技术开发区的请示》（沪府〔1988〕16 号　签发人：江泽民）这是一个由江泽民市长签发的市政府呈报国务院的报告。这个 1988 年 2 月由江泽民市长签发的报国务院的市政府报告中提出，上海市政府对漕河泾新兴技术开发区 "将根据新兴技术开发区的特点进一步研究制定管理细则和地方优惠办法，以增强其吸收外资和新兴技术的能力"。国税局李副局长仔仔细细查看了这个报告的全文，特别是报告的最后一句话。他沉思片刻后，当即表示江总书记（那时江泽民同志已经调任中共中央总书记，主持中央的工作）在上海工作的决定是完全正确的，他完全拥护和支持。这样，他态度就立时转变过来了，我们上海的提议也受到了国税局李副局长的拥护和支持，会议的僵局也被扭转过来。

后来，那天我们一起同去北京国税局为上海漕河泾新兴技术开发区争取税收优惠政策的同志说，在那天会议开到关键的时刻，我拿出的文件和一番解释的话语使得会议的气氛一下子由阴转晴，并解决了问题。次月，国家科委和国税局还组成联合调查组来上海做调研，1990年李鹏总理主持国务院办公会议，讨论高新技术产业问题，原则同意国家科委汇报意见，给高新技术产业区中的高新技术企业予以优惠政策。国家科委和国税局对开发区内的高新技术企业所得税率减为15%最终取得了一致的意见。

1990年4月8日，上海市第九届人民代表大会常务委员会第17次会议通过的《上海市漕河泾新兴技术开发区暂行条例》第六章"优惠和扶持"第二十七条：凡符合本条例第五条规定的新兴技术企业，实行下列减征或免征税收的优惠。"减按百分之十五税率征收所得税"的优惠终于具体落实兑现。

6. 创建"一站式"良好服务环境

1988年1月，在北京召开了沿海地区对外开放工作会议，会议上主管对外开放工作的谷牧副总理提出今后上海一定要成为太平洋西岸最大的城市和最大的经济金融、信息中心。1988年2月，谷牧对朱镕基交代上海一定要改善投资环境，简化审批手续，"一个机构、一个图章"对外。1988年3月，朱镕基来上海不久，就在他对上海市党员负责干部会议上的一个讲话中，就提出对500万美元以上3 000万美元以下的投资合资项目成立一个机构，可以叫"外国投资局"，对外国人叫"外国投资服务中心"，把有关委办局主管这方面的得力干部抽出来搞一个窗口，一致对外，就是一个图章，不能再盖126个图章了。果然，在1988年6月，直属市政府的外国投资工作委员会就成立了。市长朱镕基兼任主任，副市长黄菊兼任第一副主任，下设常务副主任一名，并由市计划委员会、对外经济贸易委员会、建设委员会和经济委员会各派一名副主任担任专职的外资委副主任。负责审批500万~3 000万美元的外资投资项目；推进、督促和协调解决外商投资企业在筹建和生产经营的问题，并做好服务工作。

6月10日，在锦江饭店召开的上海市外国投资工作委员会成立新闻发布会上，朱镕基在回答上海浦江之声广播电台记者提问时还向大家介绍了只盖"一个图章"的发明专利权不在我。江泽民同志在他当国家进出口管理委员会副主任的时候，就提出把所有的图章集中在一起一次盖上。我在他当年的基础上提出，与其把所有的图章一次盖上，不如把它们合并成一个大图章一次盖上。可以说，我的这个"专利权"是在江泽民同志"专利权"的基础上发展起来的。他还当场介绍了这个工作委员会的"代市长"和他手下的四员"大将"：叶龙蜚先生是代替他管理这个委员会的"代市长"，职务是上海市外国投资工作委员会的常务副主任，主持日常工作（原先任上海市仪表工业局的局长）。叶龙蜚先生也管不了这么多事情，下面还有四位"大将"，如果你们到上海来投资，要找伙伴，就找陆国贤先生（原先任上海市外经贸委副主任）；要批项目的时候，就找吴祥明先生，他是上海市计委副主任；要用公用设施、水、电、煤气等，就找叶伯初先生，他是上海市建委副主任；你们的项目投产了，如果不能正常生产、缺电、缺原材料等，就找明志澄先生，他是上海市经委的副主任。在新闻发布会上，朱镕基还当场将外资委的工作人员将24小时待命，全力做好服务工作等消息同时宣传出去，外国投资工作委员会的常务副主任叶龙蜚的电话号码也公布给与会的所有宾客。

上海市外国投资工作委员会他们办公地点也有点"另类"，它没有设在上海市人民政府的办公大楼里，市政府罕见地拿出了外滩的中山东一路33号的1号楼，即原先的英国驻沪总领事馆的一幢2层楼别墅。那幢别墅建筑风格优雅古朴，周围花木繁盛，很能体现出上海主人对外国投资宾客的热情欢迎。可见朱镕基同志为改善外商在上海的投资环境的工作既是雷厉风行，又是无微不至的。

上海市漕河泾开发区经国务院批准为国家经济技术开发区和国家高新技术产业开发区，市人大常委通过的《上海市漕河泾新兴技术开发区暂行条例》执行国家经济技术开发区高新技术产业开发区的优惠政策规定，以及上海市人大"暂行条例"的优惠，更为开发区顺利、健康发展提供了法律的保障。"条例"第15条明确了开发区总公司是为开发区发展和区内企业事业单位服务的企业。为具体落实这些优惠政策，我们认识到应该在开发区创建一个一站式的服务机构，如海关、商检、银行等商务服务机构，还有上海专利事务所、上海技术测试中心等知识产权、技术检测等技术支撑服务机构都要进来。还要有开发区人才交流中心提供的人才服务。我们的总公司为进入开发区企业还设有专人的跟踪服务，从项目审批，工商登记、规划和建设等提供全程服务。但这些服务、审批敲章繁多，配套管线协调困难。

而因上海外资委集中办公，协调效率高了，问题解决得快了，效果还是很好的。像美国独资的3M公司，1989年4月30日就向开发区租地52 187平方米，因受1989年春夏之交的政治风波影响，西方国家对我国采取抵制政策，租地一事被搁置很长时间。后经我们的多方努力，做了工作，美方同意继续投资。1991年6月，3M公司全体董事会成员携夫人分乘3架飞机飞抵上海，参加开发区现场奠基开工典礼。市里安排他们一天会见了三位市领导，上午是刘振元副市长，中午是赵启正副市长，下午是黄菊市长，都对美方企业的高层做了工作。该年年底，我们也回访了3M公司，向他们赠送了在开发区开工奠基典礼现场拍摄的相册，双方就进一步拉近了距离。

管线的配套也是工程中的大问题，开发区餐厅的煤气接通中，煤气公司提出要全部包办采购厨房的大冰箱，这是很不合理的要求，我们自然不能答应。后来我们向建委副主任吴祥明进行了汇报，找到了外资委配套处长柴福康来进行协调，他们明确告知了煤气公司领导要加以纠正，方才解决了问题。华东电业局周祥根局长曾征求我的意见，我回答说：供电是躲不起、惹不起。对供电局，我们每季度都约沪南供电局师军奇局长，还有工程师、工程班长等开交底会，对工程的具体进度进行通气，密切相互关系，做到每项工程都有相互紧密的及时衔接，做到各项工序的默契配合。

1991年3月6日，国务院国发〔1991〕12号文《国务院关于批准国家高新技术产业开发区和有关政策规定的通知》中明确"上海漕河泾新兴技术开发区已是国家经济技术开发区，也确定为国家高新技术产业开发区"。国务院的文件指出："依靠我国自己的科技力量，促进高技术成果的商品、产业化，对于调整产业结构，推动传统产业的改造，提高劳动生产率，增强国际竞争能力，具有重要意义。"要求各地区、各有关部门对高新技术产业开发区要加强领导，大力扶持，按照国家的有关政策规定，促进我国高新技术产业健康发展。

由此，漕河泾新兴技术开发区成为国内唯一的戴有国家经济技术开发区和国家高新技术开发区"两顶帽子"的开发区。其主要任务是引进国内外的人才，技术和资金，发展高新技术产业。根据美国硅谷等实践孵化的经验，那里曾培育出一批科技企业成为国际大型科技企业，如英特尔、苹果、惠普、微软公司等，可见高新技术开发区也是培育大企业的一个重要途径。因此，发展高新技术企业需要坚持两条腿走路的方针，即引进国外高新技术企业和发展本国高科技企业并举；重视国际国内的大项目、大企业、大投资与孵化培育我国自己的中小科技企业也要并举，例如对我国的中兴、华为、大疆、联想等企业。

说起漕河泾开发区的"两顶帽子"还有一个差点"乌龙"的小插曲。1995年的一天，国务院特区办来电话询问说，接上海市政府报告要求取消上海漕河泾新兴技术开发区的国家经济技术开发区待遇，单享受国家高新技术产业开发区待遇，归口国家科技部管理。问我公司是否知情，特区办没有意见。我们说毫不知情，会即向市领导请示。正好次日市府在友谊电影院召开干部大会，中午一散会，我和公司王志洪总经理立即上主席台见徐匡迪市长反映，徐市长说是有此事，因据市科委意见，国家高新技术开发区政策比经济技术开发区更加优惠，所以市政府才打报告国务院、国家科技部、特区办只享受高新区政策，取消经济技术开发区。我们当即指出市科委意见有错误，经济技术开发区对三资企业政策比高新区更优惠，如取消经济技术开发区，则开发区内的三资企业将会全部搬走，影响很大。希请即派市府办公厅同志深入调查，就可弄清楚。徐匡迪市长即令办公厅调查清楚，再发文国务院特区办、国家科技部澄清纠正。上海漕河泾新兴技术开发区的"两顶帽子"险些闹出了"乌龙"，经及时提出才得保住。事后市科委主任华裕达带着有关副总工前来公司招呼致歉意。

开发区的发展中，区政管理服务也是一种软环境。如区政、公安、环卫、市场、工商、文教等管理等均需区政府设立的街道办事处、派出所、环卫所等机构和人员服务因此增加了区的财政支出。当时，徐汇区的张正奎区长认为开发区的工作增加了区财政的负担，没有积极性，不太积极配合。我自己当时是徐汇区的二届区人大代表（第十、十一届，并兼法工委副主任），在区人代会上，我告诉区长，根据国务院批准的开发区规定，开发区的财政收入以批准年（1988年）为基数，5年内新增加部分全部留存，可以用作开发区开发建设管理服务用（后又延长5年）。当时的徐汇区区长还不知道有这一政策，就找财政局去问，后来查得确有此政策，因为大企业一般注册在市工商局，归市财政口子管理，小企业注册在区工商局，归区财政口子管理，开发区新增的小科技企业，很多是区财政新税源，还不用上缴分成，这样区政府就有积极性了。后来换成姜斯宪区长，我也向他汇报了漕河泾开发区应该是徐汇区的特区，区里各方面均要特别加以关心和配合。我们开发区还帮助徐汇区建了虹梅街道办事处、派出所、环卫所、幼儿园、菜场等设施，全部都是无偿地交由区里管理。公司有方永豪同志专人负责与区政方面的相互协调，于是开发区和徐汇区各项管理就逐步适应了。如开始的时候，徐汇区工商局对开发区里的一些科技小企业，当作一般的个体工商户来看待和管理，把科技企业与菜场里的卖菜、卖鱼的小商贩搞在一起开会，一些科技企业家就很有意见。我们就认真地向区工商管理局的领导做了反映，建议对区科技小企业有需要让他们划出来放在开发区里开会，专门对他们宣讲工商税收等政策，他们的心情就舒畅了。

有一个搞IC设计的归国留学生开设了一家集成电路设计公司落户在开发区，他只持有中国护照，原先的身份证在出国办理手续时交出了，换成了出国护照，但办理工商注册工商行政管理局一定要有身份证明才能办理报批手续，否则不能办理工商营业执照。我就陪同他一起到区工商局找局长、书记反映，说明护照在国外，就是中国公民身份的证明。现在他人是已经回国了，但是现在工商登记有这样一条明文规定，怎么解决呢？最后局长、书记被我说服，他们出具了党委书记签发的对这位留学人员给予办理工商营业执照手续的证明，说如果上面来追查出具证明的责任，他来负全责。这样一来，海归人员的开设的企业营业执照就办下来了。

人事局在开发区人才交流中心除按"条例"办理科技企业引进外地人才办理报进本市户口外，定期还为开发区企业招聘员工。另外一些还没有建立党组织的外国独资企业、不少民营企业还没有专门的档案管理的机构，这些问题怎么处理呢？开发区人才交流中心设置了代管档案的业务，这些企业可以用每人每年缴纳100～200元，由人才交流中心代为保管这些人员的档案，对人才交流中心来说也是一种收入。关于党员的组织关系，经过我们向市委领导汇报，市委经研究后决定成立新经济党组织，也归口在人才交流中心，党员组织和档案关系一并管理，这也是一种带有中国特色的管理服务。

7. 邓小平视察贝岭微电子公司

贝岭公司在1985年开始基建与开发区建设同步，但外围沿线市政道路、供水、煤气管线尚未启动，影响其基建进度的需要，市经委要求我公司负责解决。经公司工程部深入调研，与沿线各筹建单位及市政管线单位协调，采取由我公司先行垫款，管线公司提前施工，保证贝岭公司顺利竣工投产。

1988年3月朱镕基市长就关注着上海的中比合资的微电子企业上海贝尔公司，并直接在中比合资的贝尔公司国产化现场会上推动中比双方的互动合作。因为在他看来当时上海"比较有影响的合资企业无非是上海大众（中德合资）、上海贝尔（中比合资）两家"。[①]1988年9月，邮电部和上海市委解决上海贝尔公司引进的1240程控交换机核心芯片（CLST）国产化问题，选址在漕河泾开发区，与上无十四厂新厂建立了中外合资的上海贝岭微电子制造有限公司。并以总投资为8 241万美元的代价引进了比利时Mitec公司的9种CLST专用大规模集成电路。但是由于各种原因，上海贝岭公司一度经营较为困难。1990年，上海市市长朱镕基在出访美国时，特意召回了在美国AT&T公司参加高级管理人员培训班学习的中方技术人员陆德纯，让他在回国后以"从严治厂、一丝不苟、一鼓作气、奋勇夺标"的十六字方针，克服困难，采用国外先进企业的管理经验，凝聚全厂力量，全力以赴做好技术转让工作。果然，经过陆德纯和全体员工1年多的努力奋战，9种CLST专用大规模集成电路不但转让成功，而且3种芯片已经转入批量生产，公司的面目焕然一新，一跃而成为那时成功吸引外资和引进国外先进技术装备的领头企业，并引起了社会的瞩目。

　　1992年2月10日，邓小平同志和杨尚昆同志刚在上海过完春节后的第一天，就在上海市委书记吴邦国和市长黄菊的陪同下，走进上海贝岭微电子制造有限公司进行视察和参观。在接待室里，邓小平听了公司领导陆德纯的汇报，并仔细地听取了该厂产品的技术等级和技术转让的介绍。他听得很仔细，有的地方没有听清，还会问问身边的女儿。他一边听，一边还拿起加工好的硅片仔细察看。陆德纯为了让邓小平同志对公司的产品有一个更加直接的印象，还拿出公司生产的样品和放大了500倍的版图说，这就是公司为程控交换机提供的国产化最关键的9种大规模集成电路，这9种大规模集成电路全部已经出样，其中3种已经大规模生产，销售额已达225万美元。听到这里，小平同志十分高兴，微笑着对公司领导说："祝贺你们取得的成绩，祝贺你们高技术产品产业化。"陆德纯接着说：这九种集成电路是目前国内最先进、技术水平最高的芯片。小平同志赞扬说："技术要高、高、高，更高！"杨尚昆同志接着说："要把产品做得小、小、小，更小！"在场的同志听了两位老人的话，一齐笑了起来。

　　在公司的分析室里，邓小平同志还用显微镜来观察了硅片表面线路的分布情况。他看了以后告诉大家："集成电路就像层层叠叠的高楼大厦"。芯片里集成电路的线路分布确实很像大城市里密密麻麻的高楼大厦群。走出了分析室，邓小平通过观察窗看到了上海贝岭公司车间里最重要的生产设备和测试仪器。靠近窗口很近的一台设备是大束流离子注入机，公司领导介绍说，这是一台经过巴黎统筹委员会批准首次引进中国的。如果没有这些设备，贝岭公司就无法生产这样的大规模集成电路。小平同志指着这些引进的

---

① 编者注：《朱镕基上海讲话实录》，上海人民出版社2013年版，第25页。

设备，向周围陪同的同志发问道："你说，这台设备是姓'资'呢，还是姓'社'？"身边的同志一时答不上来，这时小平同志深思熟虑地说：这台设备原来是姓"资"的，现在是姓"社"的，"社"可以变成为"资"，"资"可以变成为"社"，现在"资"和"社"的争论还没有完，这是个大的原则问题，我就要一点"资"，为什么？因为"资"可以转变为"社"。最后，当听说这些设备"拿来"的过程后，中国改革开放的总设计师意味深长地说："我们开放了人家就进来了……"多么深刻的辩证法！我们开放了，国际的先进技术就引进来了，为社会主义服务，就是姓"社"了。①接着，小平同志加重语气强调："关键是要改革开放，发展经济。"他还鼓励大家，要在社会主义前提下，把门开得大一些。邓小平同志在视察上海漕河泾开发区贝岭微电子制造有限公司中用最新引进的高新技术设备诠释了正确理解姓"无"还是姓"资"的道理，为我们的改革开放指明了方向。

三、开发区与孵化器

1. 引进的企业孵化器成为我国科技创业中心

1987年5月，联合国开发计划署科技促进发展基金会主任、企业孵化器专家拉卡卡（R.Laikaka）会见国务委员、国家科委主任宋健。拉卡卡向他介绍了一些发达国家为加速科技成果转化，引入科技企业孵化器观念，培育高科技企业新技术企业的信息，我国"孵化器"的发展，还得到了联合国科技基金资助。于是，国家科委组织研究课题进行了有关的可行性研究，1988年国务院批准由国家科委实施发展高科技产业的"火炬计划"。为落实邓小平同志提出的"发展高科技，实现产业化"的要求，火炬计划主要有四大内容：一是建立高科技产业开发区；二是开展科技创业服务中心（简称"科技创业中心"，即孵化器）；三是确定了一批高科技火炬项目；四是培训懂技术会经营的科技企业家。这是国家层面在推动的中国孵化器计划。我们漕河泾开发区就顺势而为，将科技创业服务中心，即科技企业孵化器列为重要的工作内容，我们的漕河泾开发区已是高新区，建立科技创业中心，也是我们义不容辞的责任。

1988年国家科委召开全国火炬计划工作会议，通知我开发区参加。会后，我公司为落实国家火炬计划工作会议精神，决定总公司成立技术发展部，因为我原就当过科研所的所长，领导班子的分工由我负责分管开展科技产业化工作。

推进孵化器的工作因限于当时的财力，1989年我们利用农舍和农民动迁过渡用的平房做了适当改造，建成了科技创业一村、二村，面积有5000多平方米，租金非常便宜，每平方米的租金仅2~3角。于是，很快就有科技企业进入，发展得很好。到1994年我

---

① 《解放日报》1992年6月22日第一版，《站在洋人肩膀上的飞跃——从贝尔到贝岭》。（凌河、徐炯、胡劲军）

们又投资1 500万元，建成标准厂房2 900平方米，成立了上海新兴技术创业公司。经过1年多的运作，孵化器的厂房又"客满"了。1996年又投资6 000万元建了1.6万平方米的科技创业中心大厦，总公司成立了上海漕河泾新兴技术开发区科技创业中心（由市委副书记陈至立题词），我任首届董事长，韩宝富任总经理，科技企业的发展孵化势头很好。在1999年，我们的开发区又投资1亿元，再建造了3.8万平方米的科技产业化大楼，在2000年底投入运营。

在推广孵化器的初期，国内的不少人对它了解很少，到1990年代，有的领导来我们的创业中心参观时，还问我们的孵化器孵的是什么？是孵鸡还是孵鸭？以后，随着孵化器的概念的普及，这些的误解就烟消云散了。我们漕河泾开发区的"孵化器"工作做得有声有色，就引起了社会的重视。分管浦东新区管委会的周禹鹏副市长1999年一年就到我们的漕河泾开发区来了3趟，问我有什么好企业可以迁建到浦东，我说应该是有的，我们孵化出来的好企业到浦东去是应该的。这一年4月份有4个企业在"孵化器"毕业，有的到浦东去了，也有的到徐汇区去了，有的在漕河泾开发区继续发展。

江泽民市长说："科学的本质就是创新，创新是一个民族进步的灵魂，是一个国家兴旺发达的不竭动力。"开发区从功能来说，实际上是一个大"孵化器"，我们要从这个角度来认识开发区，因为开发区要对当地的经济起辐射作用、起带动作用。国务院和地方政府对开发区的期望值是很高的。广义上说开发区本身是个大"孵化器"，而创业中心是大"孵化器"中的试验田，因为开发区有几十平方千米，做几个平方千米各种服务功能都有，但是不可能很细。我们是在种试验田，做创业中心，做"孵化器"，作为开发区的试验田，可以集中相对的力量来把它做好。可以摸索怎么做好服务工作，怎么服务于企业，怎么培育企业，怎样专门支持企业的发展，这也是开发区功能开发的需要。"孵化器"培育了企业、孵化企业，也为开发区增强了后劲，是培育开发区新的经济增长点的需要。

2000年上半年，我应国务院特区办赵云栋副主任的邀请，在中国开发区协会的会议上做了"开发区与孵化器"的报告，主要宣传了开发区就是一个大孵化器。国务院特区办及中国开发区协会还编辑专刊向全国介绍。我们漕河泾开发区除了原先的本部外，还发展到上海的松江、桃浦，浦江等15平方千米及临港开发区（开发区的董事长、总经理都是漕河泾开发区调去的），还扩大市外的合作，如浙江的海宁、江苏的盐城，还有海南省的海口高新区。

2. 怎样做好企业孵化器工作

企业孵化器以转化技术成果为商品与服务为己任，以培育小企业，培养科技企业家为目标。孵化器为孵化培育科技企业和科技企业家，它促进加速科技成果转化成产品、商品，实现发展高科技、实现产业化的要求。我们在创业中心几万平方米的建筑里，为他们提供各种设施，各种大小的房间、实验室，从几十平方米到上千平方米都有，并以优惠的租金（在前 1～2 年里租金为八折，第 3 年才转为平价租金）。并有会议室、展示厅、空调、通信网线、餐厅、屋顶花园、庭内花园、健身房、桑拿浴室等，设施俱全（我们还参照了国外芬兰等国的设施）。现在我们的开发区内还有网球场、游泳池。很多归国的留学生看了我们给小企业提供的设施后说：在美国也不过如此。上面我讲的还仅仅是开发区提供的一部分物业服务。

为企业孵化器服务要做的事情很多。在工作中，我们总结出科技企业要获得成功，一般有 4 个关键工作要适时地有针对性地抓好。

第一个关键是要实现科技成果的产业化。科技人员的成果要转化成商品要依靠企业，先要变成企业的产品，还要有商业渠道，使产品变成商品，这需要一个过程。在孵化器里，科技企业一般是两头在内，一头在外。所谓两头在内，是指技术的研究开发和产品的设计是他们的，产品的总装、测试、销售和售后服务是他们的。一头在外是指产品的生产和加工都可以在企业外面，既可以在国内，甚至可以在国外。这实际上是生产力要素最经济、最合理的组合。像上海交大的教授做雕刻机器人的项目，需要加工较精密的零部件，我们和市经委工业局的加工网络可以联系支持，因为航天系统企业的机床较新较好，加工的水平也比较高，适合高新技术企业的要求，我就介绍他到航天局下面的工厂加工。中科院刘心源教授的生物工程红细胞生成素已经自主开发出新产品，但这个产品已经被一家美国公司在国内成功地注册了专利，因他的产品的技术工艺与美国公司不同，他们成立的公司怎么办呢？我就请他和上海专利所须一平所长共进午餐，探讨如何采取规避的办法。还有像高新企业生产的产品从实验室走向企业生产，产品的价格性能比是否符合市场需求，也不容易解决，刚刚做出来的产品往往成本很高，市场接受不了，要过技术关有很多的工作要做。在这一过程中，不少工作并非是科研人员和科研企业所擅长的。但作为开发区和创业中心倒是可以帮助他们做成这些事。

第二个关键是开拓产品的市场，把科技人员的研究成果转化成产品和商品，高新技术产品有它的特定市场，有不同的商业推销渠道，才能最终实现其价值。不能光靠商业广告，要帮助他们举办鉴定会、研讨会、说明会、产品展示会等，介绍产品的技术特色。开发区和创业中心组织特定用户对象召开研讨会、说明会，比科技小企业更有权威性和吸引力，成为高新企业的好帮手。

第三个关键是帮助科技企业的发展筹措必要的资金。由于民营企业是根据"四自方针"，即自由组合、自筹资金、自主经营、自负盈亏组合起来的企业，还要加上"两自"，就是自我约束，自我发展，他们的资金有限，高科技企业一开始总是会面临着资金的短缺困难。开发区和创业中心还有风险基金、种子基金、担保公司等办法，钱虽然还不多，但是也可以来助力高新企业解决一些资金短缺问题。我们当时就实施过开发区出资 500 万元，上海工业投资公司出资 4 500 万元，成立了一个担保公司，这样就给贷了 5 亿元，但是银行的借贷要有企业的反担保，就有困难了。很多企业缺乏流动资金，原因就是没有房地产做抵押，要帮助他们解决这些问题，我们还尝试通过投资网络，了解到有很多上市的股份公司、国外的投资公司在向我们问，有什么好项目？他们也想要投资。于是，我们就组织了一些投资说明会，让需要资金的企业编写投资说明书，推荐出去，送到有意向的投资公司，我们开投资说明会，让总经理在会上作介绍和对接，让企业寻找到需要投资的上市股份公司，为高科技公司的发展提供部分初期的发展资金，也为高科技企业的后续发展提供可能。还有帮助高新技术企业申报新产品计划、火炬计划、国家科技创新计划，争取资金资助。我们帮助他们做了这些工作，千方百计地帮助高科技企业解决资金问题。

第四个关键是企业的管理，我认为这也是最关键又是最难办好的问题。有一个芳纶防弹衣公司总经理给我打电话，抱怨太忙，她原是航天部四院的研究员，没有时间搞技术研究。开发区公司有投资，我是副董事长，我约她在中午的聚餐会时谈一谈，我建议她任总工程师，专搞技术，另聘总经理来管理人、财、物，但是她不同意，还是要当总经理。因此，我常说教授是教育家，中科院的研究员是科学家，他在开发区里开公司当董事长、总经理是企业家。企业家、教育家、科学家是不一样的。因为科学家是要发明、创造、创新；教育家则要教书育人；而企业家是想要在投入产出上获取最大效益。因此三者的思想理念不同，工作方法也不同。经营管理企业不容易，他会一下子碰到很多困难，遇到很多问题。企业小的时候还可以，企业发展大了，钱多了，人员多了他怎么管？这是个大问题。

我们开发区、创业中心与他们科技企业是平等关系，你不是他的上级领导，你没有在他那里投资就不能指手画脚。针对这些问题，我们就定期组织一些培训学习班，请一些办得比较成功的民营科技企业家办讲座。有一次我们请了复星高科来介绍，它是上市的股份公司，是复旦的几个小青年开的公司，总经理郭广昌才30岁，做得不错，介绍他们怎么发展的，下面听介绍的有上海交大70岁的老教授，小青年在上面介绍，由于讲得实际，下面老教授听得津津有味，说这个好，做得好。怎么加强管理？他们只能在游泳中学会游泳，你不能去包办代替。很重要的是你这个孵化器需要一支队伍，这支队伍的水平要高，素质很重要。我们这支队伍，我是董事长，我原来是研究所所长、开发区副总经理，1992年在开发区当副总时，市政府派我去英国做访问学者，是英国政府赞助的。我去考察他们的高科技园区，看他们一个一个开发区孵化器是怎么做的。总经理是澳大利亚的工商硕士，他大学毕业后在德国留学，后又在澳大利亚学了半年。总工程师在德国做过访问工作3年，总经理助理在芬兰进修过，一般员工都是大学毕业的，各有自己的专业背景，有的人做过生物的，有的人做过电子信息的，还有很多人是从企业来的。国外的不少做法，使我也学到了不少的科技创新知识和经验，这支队伍是很能干的队伍，对我们科技园区的发展起了很大的作用。最重要的是要建设一支高素质高水平的"孵化器"队伍。我们 要学习好中央"关于加强技术创新，发展高科技，实现产业化的决定"等政策文件，开发区领导班子、员工都要学，要胸怀全局，牢记使命。因为公司要追求效益、利润，与开发区、孵化器做公益工作有矛盾，应要正确处理。二要深入企业调研学习，交流的时间要占50%，与相关同行交流学习，到国外培训。

实际上，我们为企业的服务还要做很多的工作。我们开发区的孵化器为入驻高科技企业提供各种创业服务。为企业提供创业服务，就需要我们和他们交流，了解了他们的创业需求和问题才能提供有针对性的服务。所以，我们的开发区确定凡是在孵化器中的近100家企业，我们都有分工地落实到专人对每个企业进行辅导培育，至少两星期专访一次，每星期都对这些企业进行分析研究。凡是企业来找我们，随时随地都要认真接待。

1992年我在英国做访问学者，考察学习了英国的科技园区孵化器。回来以后，我就借鉴、推广他们那里的一些行之有效的好方法。譬如我们推出了及时地跟孵化器内企业老总沟通的"工作午餐会"。由于开发区内企业老总们都很忙，开一次会要半天，有时他们会抽不出空来。我们就利用每月一次用11:45—13:00的午餐时间邀请一些企业老总参加我们的"工作午餐会"，午餐吃的不是一道道上的菜，是我们提供的一种质量较好的标准快餐，就这样我们就可以边吃边谈地用1个小时的午餐时间，和企业老总们互通信息，成为一个交流工作的平台，效果很好，受到企业老总的欢迎。

3. 漕河泾开发区的几个典型孵化企业

第一个是上海高智科技发展有限公司，是刘幸偕等在1992年7月建立的，原先是上海高教局下面的研究所里一批搞计算机技术的青年研究人员搞起来的。开始时三十几个人，注册资金30万元。正好遇上了上海证券交易所在进行交易所卫星通信交割系统软、硬件的设计招标，他们设计的方案中标了。他们日夜奋战做出的这个系统，在全国的交易所有4000多个网点，使用到2000年左右也没有出过大故障，没有因系统故障而交易停牌。于是，这个公司就发展起来了。从开始在农舍改建的科技创业村创业，几年后就在开发区批租土地建起办公大楼，资产上亿元，成为一家在国内外卫星通信领域享有良好声誉的、专业从事计算机卫星通信产品研制开发和应用服务的民营科技企业。他们公司越办越好，硬件是向美国休斯公司买的，休斯公司给他们打工，做得很好。高智公司是经市科委认定的上海市第一批高新技术企业之一，其专业涉及电子、计算机、通信网络、卫星通信设备、光机电一体化等领域。公司参与的上海证券交易所的卫星高速数据通信的应用技术处于世界先进水平。公司研制完成报纸版面卫星传输系统，研制完成以卫星通信为主干方式的BP机全国信息网络，研制出卫星数字转播车，该成果已列入上海市政府高新技术A级转化项目。公司加强了与美国相关著名卫星公司的合作，在国内率先建立了卫星通信技术服务中心，实行48小时响应服务，随时赶赴各地现场排障解难。高智科技发展有限公司董事长刘幸偕曾荣获"上海市优秀专业技术人才""上海市优秀中国特色社会主义事业建设者"等称号，是上海市政协常委。

第二个是新涛科技（上海）有限公司，成立于1997年9月，注册资金200万美元，由中国大陆和香港、台湾地区在美国硅谷工作的留学生杨崇和等引进国际风险资本共同发起创立的一个海归公司。公司专业从事集成电路和相关软件的设计开发和销售，掌握硅谷最新设计技术和市场信息，拥有雄厚技术和经济实力，依靠在开发设计上的技术和资源优势，致力于为通信及消费类电子市场提供高技术、高质量和高性能价格比的产品。他们经过3年的艰苦开发与经营，成功地开发出具有世界领先水平的通信芯片，开创了中国集成电路产品出口发达国家的先例。产品的用户包括了日本的松下、卡西欧、理光，美国的贝尔、中国的中兴、大唐等中外知名公司，成为发展势头强劲的国际高科技公司。2000年公司的销售额将近400万美元，到2001年更达到1000万美元。2001年4月公司董事会决定将该公司作价8500万美元，为美国硅谷著名的IDT公司并购，该项并购被列为2001年全国十大并购案之一。该公司的经营标志着上海乃至全国的高科技产业开始走出了一条新路：在国内首创了吸收国际风险投资，利用留学人员的智力和经验，成为在留学人员创业园区里创业的成功范例，在一定程度上推动了国内通信产业的发展。这也意味着漕河泾开发区留学人员创业园培育的企业得到了国际大公司的认可。那时我刚退休，杨崇和总经理还邀我参加了他们在金茂大厦举行的并购典礼。

第三个是上海新立工业微生物科技有限公司，成立于2000年3月15日，注册在开发区科技创业中心，创办人钱志良原为上海市工业微生物研究所的一个党总支书记，该研究所建立于1960年代初期，长期从事工业微生物研究与发酵研究。在1990年代，研究所隶属于上海冠生园集团，是集团的技术研究中心。但研究所技术人员的研究方向与公司的产品并不完全一致，以致有许多科研成果被束之高阁，更不能实现产业化，一些研究人员难以发挥其长处。作为研究所领导的钱志良和领导班子成员几经慎重思考，大胆将一部分从事工业发酵的科技人员从研究所剥离出来，组建了一家民营科技公司。我向他介绍了北京中关村联想方正集团也是由国家单位领导干部率领技术人员下海创业的情况，鼓励和欢迎他们到开发区科技创业中心，并可享有较多的优惠政策待遇。他想，在关键时刻群众总是看着我们党员、干部，党员干部如果能带头转变观念，敢冒风险，将是无声的号召。当时一位科技人员就说："要不是钱书记和胡军副所长、姚淞芸副书记3位领导带头，就不会有30多个人报名加入民营企业。"他的想法得到了上级部门的支持。冠生园集团同意将部分成果让他们带出去转化，并提供部分科研设施。于是他带头下海，带领一批科研人员走上了艰苦创业的道路。新立公司毅然投入开发区的孵化区，是漕河泾开发区里创业中心重点跟踪的企业。我向报社记者介绍说：这是我们第一次孵化国企党员干部下海创办的高新科技企业。创业初期，公司资金缺乏，创业中心为其联系了银行；研发需要人才，创业中心为其联系了人才市场，并协助其申报科研项目。公司资本全部由科研人员出资参股，每个员工都是股东。新的体制激发了科研人员的创业热情，他们克服了各种困难，在很短的时间里，就向黑龙江肇东市一家玉米制品公司转化了年产 7 000 吨 L- 赖氨酸生产菌株及糖化、发酵技术，获得第一笔技术转让费。他们还研制出"家用手持式血糖仪及试纸"，获得上海市高新成果转化项目证书。当年还引入一家风险投资公司一笔 1 600 万元的投资用于该项目的生产和发展。公司参与国家"十五"攻关项目的竞标，与清华大学、南开大学等大学和研究所同台竞争，最终获得国家 200 万元项目的研发基金。经过几年的发展，新立公司已被认定为上海市高新技术企业，它的多个项目被认定为上海市高新技术成果转化项目，在全国多个省市建立了自己的技术产业基地。经过几年的发展，公司在黑龙江、甘肃、浙江、重庆、广东、四川、宁夏等地形成了技术产业化的基地，拉动的项目投资逾 10 亿元人民币。现在公司在全国和上海青浦有 7 个公司，在国际上已经与美国、俄罗斯、伊朗等国家有了项目的合作。

第四个是美国 Rockwell 公司自动化上海研究中心，是世界五百强之一，1999 年 4 月进驻漕河泾创业中心，这是首家跨国研发机构入驻国内开发区的孵化器企业。在此前，他们已在外高桥保税区有了自己的分公司，由复旦电子工程系陈教授介绍来创业中心。美国公司的副总裁专程来我们创业中心商谈，并和我签约。他们因这里的人才环境条件好，可以找到优秀的人才，并落户上海。该中心主任为南大电子系主任，是国内第一个引进国外大公司的研发中心。我陪同科技部长徐冠华专程去视察过。当时曾问及他们员工的工资时，回答为月薪在 1 万元以上，比当时国内教授的薪金高 1 倍以上。徐部长听了以后说，这体现了知识的价值。

第五个是康巴赛特高压容器制造有限公司，为推广航天复合材料技术，由开发区科技创业中心和上海航天局下面的企业在 1998 年联合投资建立，是一家国企联合投资的新科技公司。我任首届董事长，航天局新光厂潘跃光厂长任总经理。它进口美国缠绕机，突破了巴统的限制，投产后在消防市场上很看好，需求量大。在 2001 年，由上市公司上海航天汽车机电股份有限公司集团以 888 万元人民币溢价 11%，优先并购康巴赛特高压容器制造有限公司，使得这家以研发生产复合材料轻质高压容器的科技公司有了更多的资金注入和更好的发展。

第六个是市经委在开发区科技创业中心设立"上海市电动车产业发展中心"。1996 年由于上海城市建设发展，居民动迁住得较远，上下班使用 50 万辆燃油助动车（单缸汽机油混合），其排废气污染浓度高，致上海儿童血液铅含量超标，徐匡迪市长在市环保工作会议上要求发展电动车替代。上海市经委为加快发展上海绿色交通工具并形成产业，改善城市环境总体质量，于 1996 年 12 月 31 日发出：关于成立"上海市电动车产业发展中心"的通知（沪经科〔1996〕644 号）。"中心"主任为市经委副总工程师巫延满，我任副主任，委员为经委有关处室处长。"中心"办公地址在漕河泾开发区科技创业中心。我们还邀请已退休的市科委工业处长陈筱林担任秘书长。"中心"在开发区科技创业中心，运用孵化器的理念和方法对上海电动车产业分析研究，重点抓电动自行车，电力助动车的标准和主要部件：动力电池、电机、控制器技术攻关，展示宣传，及上牌照运行，并将开发区道路开辟为各企业电动车的检测场所。市经委徐志毅主任亲自到现场参加全市电动车发展产学研大会动员。在市经委、科委、公安局交警大队的支持协调、配合下，使这一产业在上海健康持续发展，为广大民众提供经济、便捷、绿色的交通工具。上海没有发生类似北京、广州等大城市禁止使用的情况，并坚持对外省市电动车开放上海牌照，也激励兄弟省市的发展。这是一项没有国家投资，而由上海带头各地民营企业发展起来的大产业。全国有2亿多人在使用，并成为数百万快递哥的谋生工具。

我们的科技创业中心，已经被国家科技部批准为国家级科技创业中心，经科技部和联合国共同认定为国际"孵化器"，由上海市教育局、人事局认定为上海的留学生归国创业园，上海市政府还认定我们的创业中心为市科技成果转化基地。

我们漕河泾开发区从1985年开始到现在，已经经历了从初创期抓基础设施建设，创造投资环境条件，到招商引资和技术创新，向高新技术发展这样一个过程。通过10多年的实践，取得明显的成效。1999年在上海召开全国经济技术开发区工作会议，吴仪国务委员讲，经济技术开发区要实现两个转变，即从单纯的土地开发、房地产开发转向经济技术开发的转变；从单纯地提供优惠政策转向功能开发的转变。这个发展是经济技术开发区自身发展的客观需求，也是社会经济发展梯度转移的需求。

根据刘振元副市长意见，要把开发区每颗企业的明珠串联起来成为珍珠项链，我们成立了开发区企业联谊会（即现在的开发区企业协会）刘振元为名誉董事长，公司的总经理为理事长，我任副理事长兼秘书长。各企业领导任副理事长或理事，并派人员参与秘书处工作。这样就加强了开发区与各企业的沟通和交流，可以共商开发区大事。如在开发区初期，企业对灯不亮、信号不通、车不到意见较大，我们就及时与有关方面反映协商，邀请公用事业局洪浩局长来开发区商议，解决路灯照明，增加电信线路，并在公交公司的支持配合下由开发区出资购买120辆车，开通公交线路，在开发区里建设港湾式停车站、终点站，将205路公交线延长进区。我们还组织培训讲座、报告会。我还登门邀请请市党校教授前来开发区授课，讲解中央全会的精神；邀请严东生院士做世界科技发展报告；邀请华东政法学院曹建民院长做中国申请加入世界贸易组织（WTO）专题报告等，这些都是大家所关心的热点问题，深受开发区各企业干部和员工的欢迎。

4. 走向国际合作的漕河泾开发区

1991年10月，太平洋经济合作理事会科技委员会在上海举行"科技园区研讨会"。国家科委朱丽兰主任专程来上海调研，要我开发区作重点接待、介绍，为此开发区总公司在用于接待的新园大厦旁突击建设了"贵宾厅""会议厅"，并协助组织了参观、接待工作。这是我国首次举办的科技园区国际会议。

1992年，上海有3个由英国资助赴英培训的名额。之前，由市委组织部推选，经英国文化委员会考试，我和陆家嘴金融开发区公司总经理王安德等考试通过。我选择赴英学习考察的主题是：英国促进科技成果产业化的科技园区和孵化器。当时，组织部长罗世谦很关心，找我谈话说：市里外派培训干部一般要在50岁以下，你已55岁，但因正好有名额，漕河泾开发区也需要培训外向型干部，你本人又一贯好学，就确定派你去。因你是三个人中年龄最大，向市委常委汇报讨论时，担心你身体是否适应。我当即表示，身体没有问题。罗部长还问我在英国有无亲友，我说没有，他即告诉我如果有事，可找在伦敦我国驻英大使馆商务处商务参赞，因这个参赞曾任上海外经贸委主任，罗世谦时任外经贸委书记，他们很熟悉，说是他介绍来的即可。后来，我回国的国航机票就是托商务处代订，并用车送我到机场的。

1992年年初，我到英国后，由英国文化委员会负责接待和安排，曾先后进行英语进修，在伯莱福特大学主修"投资计划评估与管理"课程，这是世界银行、联合国工业发展署、英国文化委员会专为发展中国家培训投资开发机构负责官员安排的。课程内容有政府经济发展投资政策、项目评估、市场和技术预测、资金筹措与财务管理等20余门。我并先后访问了伦敦、伯明翰、伯莱福特、曼彻斯特等10多个城市和地区，参观考察了企业、大学、研究所、科学园区创新中心、开发区公司、银行、商会和地方政府机构等共28个单位，通过参加研讨会、座谈会、查阅图书馆资料，较广泛地接触了英国各阶层人士，学习和了解到一些有益的知识和经验。我曾向市委组织部和公司写有《赴英进修考察汇报》。

在1992年7月下旬，我在考察英国威尔士New Tect新技术科学园区和创意中心时，与该园区的主管兼英国科学园区协会主席阿伦博士（D. AIEN）探讨了双方合作意向，一致认为建立长期合作关系对双方将是有益的，并讨论起草了《中国上海漕河泾新兴技术开发区发展总公司与英国威尔士New Tech科学园区及创新中心合作意向书》。合作领域包括：信息与经验交流、人员互访、学术交流和培训、以及园区企业之间的合作、技术转让、市场营销和合资等。

这份合作意向书经电传回公司总经理室审阅同意，我即代表公司邀请阿伦博士在他8月份访问南京浦口高科技园区举办讲座后，于8月14日访问我公司，与齐敏生总经理签署了双方合作意向书。英国文化委员会和驻沪领事对此表示赞赏和支持。这是漕河泾开发区第一次与国外科学园区建立"姐妹区"的合作关系。1992年8月14日在上海开发区与英国威尔士科学园区及创新中心签订合作意向书，这是我国高新区第一个与国际科技园的合作，也是开发区走向国际合作的标志。

1993年英国威尔士该园区主任阿伦博士根据双方合作意向书，应邀到开发区创业中心，培训在孵化的科技企业主管，讲授科技企业的技术开发和经营管理。

1994年叶孙安被国家科委推荐为中国太平洋经济合作全委会科技分委会委员。

1997年上海市漕河泾开发区创业中心经国家科委和联合国UPDN联合认定为上海国际企业孵化器（基地）单位，并成为向APEC成员开放的机构。

1998年上海漕河泾开发区科技创业中心被国家科委认定为"国家级高新技术创业服务中心"，被上海市科委认定为"上海市高新技术成果转化孵化基地""上海市高新技术企业"。

1998年10月，上海漕河泾开发区科技创业中心受国家科委委托，成功举办首届"企业孵化器管理人员国际培训班"，来自10个国家的孵化器经理参加了培训。

1999年世界500强之一的Rockwell自动化上海研究中心落户上海漕河泾开发区科技创业中心，成为国内首家有跨国研发机构入驻的国际企业孵化器。

2000年3月下旬，应德国技术和企业孵化器中心协会的邀请，由中国国际科技合作协会组织的中国孵化器代表团赴德考察企业孵化器和科技园区，上海漕河泾开发区科技创业中心董事长叶孙安为六人代表团成员之一。

2000年4月，世界企业孵化器与技术创新大会在上海举行，会议期间与会的中外代表分路参观了上海市科技创业中心、漕河泾开发区创业中心的孵化器等。

2000年12月，上海漕河泾开发区科技创业中心在全国同行业中倡导并率先通过ISO9002国际质量体系论证，其规范化、系统化的服务，进一步提升了上海漕河泾开发区科技创业中心的服务水平和效益。次年又首次荣获"上海市文明单位"称号，并以后连续10年5次蝉联上海市文明单位称号。

我们做了孵化器的工作，与国外的同行就有较多的交流。与美国、英国、澳大利亚、韩国、法国、俄罗斯等国经常有互相交流。1998年，中国科技部在我们的开发区举办了首届第三世界企业孵化器管理人员培训班，因效果反响很好，积累了经验，1999年举办了第二期，2000年第三期，先后在兄弟高新区举办，都是为发展中国家做孵化器管理人员培训的。我们先后集中为以色列、土耳其、捷克、波兰、俄罗斯、韩国、柬埔寨、泰国、马来西亚、南非等20个国家30多个学员提供了培训。一期两个星期，教材是英文的，每次有10天的课程，资金由财政部拨款，但是不足的部分，我们开发区还得支持。除了请中国大陆的专家来交流讲课，也请中国香港、台湾地区做这方面的专家来讲课交流，我本人也参加讲课，效果不错。一方面培养了境外的人员，也培养了我们搞孵化器的中方人员。

发展到现在，我们开发区创业中心的功能已深化扩展为："孵化器+X"、"苗圃+孵化器+加速器"。漕河泾开发区与科创中心成为上海名牌，范围扩展到浦江、临港、松江、桃浦、康桥、南桥，甚至走出上海——浙江海宁、江苏盐城、海南海口，为国家的创新创业作出了贡献！

我在2000年底退休，回过头来看看，我深感幸福生活在改革开放新时代，很幸运有机会参加创建漕河泾开发区，成为一名开发区的开创者、建设者、见证者。漕河泾开发区创业中心发展到今天是很不容易的，是开发区全体员工艰辛奋斗的成果！现在我们应担负起时代赋予的新使命，迈向更美好的未来。

5. 他山之石　可否攻玉

我在漕河泾开发区工作了16年，其间曾多次出访考察美国和欧洲的科技园区、孵化器，在英国做访问学者，学习到很多的好经验、好做法，如学习组织管理；辅导培训科技企业；"工作午餐会"；与科技企业家沟通等。

但是限于体制和机制和时间的关系，国外的有些成功做法可否能为我所用，值得结合我国实际情况，深入思考和研究。

（1）美国北卡罗来纳州三角科学园区

北卡州原为农业州，种植烟草，生产骆驼牌香烟。美国的硅谷兴起后，州长组织州内3座大学、各银行行长到硅谷学习考察，总结硅谷的经验和存在的问题，以3座大学为顶点，建起三角科学园区。它被国际誉为必须朝圣的科学园区圣地。我在1987年参加上海科技代表团，1991年率领漕河泾开发区代表团两度对其访问、考察、学习。

① 学习型园区和学习型企业

他们的观念是园区的兴旺活力取决于区内企业，企业的兴旺取决于他的产品市场。但是产品是有生命周期的，因此产品需要不断创新，否则企业和园区会随生命周期而衰亡，如底特律汽车城就是一个例子。而产品创新需要企业管理人员和员工的观念创新，要具有全球化的科技、经济视野才能组织领导企业的技术创新，产品创新、管理创新。使企业充满活力，园区也有活力。我们虽然也组织培训，孵化科技企业，培育懂技术、善管理的科技企业家，也组织两院院士、党校教授、政法学院院长等讲课，也组织产学结合的讲座，但不及他们系统、全面。美国北卡州三角科学园区的学习型园区和企业，每年由杜克大学、北卡大学、北卡州立大学负责对园区内企业的全员培训，具体时间为每年5~10天。对一般员工的培训内容为企业产品性能特点与操作的技术理论知识和新发展。管理人员按其不同的具体职务，如劳动人事、财务经营、市场营销、公共关系等分专业来培训。企业领导层分为2个阶段培训，约10天。第一阶段介绍一年来全球经济市场的发展和变化与特点，全球科学技术创新发展和高科技产业的动态。第二阶段，由企业的CEO介绍过去一年企业的一件成功或失败的案例，并分析原因、互相讨论和交流。使领导层有全球化的观念、世界的眼光和不断创新的观念。这是它成为科学园区圣地的关键所在。我国还缺乏这样的学习培训的观念和组织机构。

② 以企业为主体，产、学紧密相融合的创新体系

美国北卡州的大学教授多数在企业里兼职，学校规定教授每年可有3个月到企业兼职，做咨询服务，发现企业生产的问题，与企业商议攻关课题项目，并取得企业的课题费，不少课题由教授指导所带的在校中国研究生承担，一般1~2年课题完成后交给企业，该研究生并可在企业就业。学校对教授每年从企业取得的课题项目和费用是要做考核的。而我们的企业、大学、科研机构各自有单独的行政系统，大学科研院所又各自办

企业。1999年年底，我在北京开会曾与北大校长许智宏院士交谈，我说曾参观美国斯坦福大学，没有看到挂有公司的牌子。许校长说，北大的企业资产有数十亿元，他是法人代表。实际上管不了这许多，也不利于加强教学工作。党中央十九大报告提出，建立以企业为主体，市场为导向，产学研深度融合的技术创新体系，加强对中小企业创新的支持，促进科技成果转化。在深化科技体制改革中，北卡州产学融合的做法值得借鉴。

（2）英国政府从宏观财政平衡观点出发，支持科技园区孵化器培育科技小企业，给予小企业技术创新补助金。

1992年我在英国做访问学者，考察学习英国科技园区、孵化器，了解到英国政府每年拨款3 000万英镑交由科技园区和银行，对科技小企业的技术创新项目给予支持，项目可以申请占项目总需资金50%的政府补助金。最高金额为2.5万英镑，可用于购置固定资产的经费可达1.5万英镑。政府补助金批准后，项目须先使用自有资金30%～50%后，政府补助金才给拨入使用，补助金不作投资，不需偿还，并且不付息。对科技企业，银行贷款除创业者以个人财产抵押担保外，政府还向银行承担总贷款额70%的担保。我曾和威尔士发展署官员交流，他说从政府角度看，孵化科技小企业可振兴经济、增加就业和税收，减少失业救济支出，总的财政增收与支出补助金可以平衡即可，如不能平衡，则会适当减少政府补助金总额，但这样做多年来从未减少过。该项目的申请具体由园区代企业办理申请，批准后拨款由银行监督使用。我国也有各级政府科技基金，但申请审批手续繁琐，开发区总公司虽有资金，但属于国企由国资监管，承担效益、利润指标的压力，还有被追究投资亏损的责任。虽有担保基金，还要企业的反担保。我们往往只算企业盈亏小账，不像英国算整个社会效益的大账。当前我国倡导大众创业，万众创新，英国实行的这些观念值得我们参考。

科学园对创业者进行有关市场营销、财务资金、经营管理、质量保证等培训，使其向科技企业家的转变，培训费用全由政府拨给。据企业需求，组织有实践经验的退休经理、企业家到企业深入调研，进行咨询指导。一般为期3个月，帮助企业制订经营发展计划，费用约为5 500英镑，为鼓励企业积极采用咨询服务，企业仅需支付1/3，余下的2/3由政府支付。企业如有需要可再延长一期3个月，后则可由企业聘用。我国目前提倡的创业导师制度，由一些名人、CEO担任企业的创业导师。表面上很好看，但是形式主义的，著名企业、CEO都很忙，很难有时间下沉到企业调研指导，而小企业培育需要有时间，有全面的调研和辅导。英国、德国、比利时组织退休的科技企业家作小企业的咨询、指导较为实际。我国的创业导师应可使用广大退休的科技企业家、厂长、经理和经营管理人员的宝贵人才资源，全国退休的老科技工作者上千万，这也应该是人才第一资源的主要组成部分，应可充分发挥辅导小企业创业创新的作用。

（3）英国国有企业股份制改革为公众企业的启迪，值得研究借鉴。

1992年，经市委、市政府批准我赴英国作访问学者学习考察，其中有一个专题是英国国有企业股份制改革。当时我们都称它是撒切尔政府的私有化改革，其实不然。

英国也有不少国有企业，如通信、铁路、煤气、电力、电话等企业，企业负责人总经理由政府委任，只对上负责，普遍存在官僚主义，低效率，低效益。如有人想提高效率，提高效益，精简员工，则会引起失业者不满，影响执政政府的选票。为此，英国政府对国有企业公司制度实行股份制改革。以 BT 公司为例，具体的做法是：

① 按原始每股 1 英镑，不溢价。

② 按每人（据居民证号）限购 200 股，体现公众均富公平性，上市后可自由买卖。

③ 政府持有企业的"黄金股"（即拥有 51% 绝对股权），因属公用事业企业，独家经营，无竞争机制，政府需有管控。

由于转变为股份制企业，总经理由公司董事会聘任，并采取提高收费精简人员以提高效益，并大量更新增添设备，使英国各地电话通信极为便利。而裁员、增加费用更新设备等的社会矛盾，因股份制使原为国有企业与政府的矛盾转移为与股份公司的矛盾，政府则能主动、超脱，仍提供失业救济。且持股的大多数公众支持公司提高效率、效益的措施，可多分红利增加财产性收入，使社会矛盾缓和，致使保守党在大选中连任。公司改制后，两年共获利 30 亿英镑，并按期公布财务报表和分红，保障股民权益和公众的监督。这类企业在英国称为（Public Corp.）意为公众所有的公司，与私人公司（Private Corp.）是有区别的。2010 年英国石油公司（BP）在美国墨西哥湾发生漏油事件，英国首相担心 BP 公司被美国过度罚款而影响广大英国持股民众的红利收入，专程赴美国与美国总统沟通。

英国政府对于申请发行股票的公司有严格的规定，如必须 5 年以上并连续 3 年获利，每年的资产负债表需经审计后公布，批准发行后，需按期（季、半年、年度）公布财务报告等措施，以保障股民的权益和公众的监督。股市应是资金的投资市场，不应成为圈钱的投机市场。这些做法，对于我国目前国营企业转换机制，试行股份制可予以研究借鉴。2010 年我曾撰写《扩大内需与国企改革》一文（见上海市退（离）休高级专家协会秘书处编《老专家建议》第 149 期），其中我就引用了以上的资料。正如我国农村集体所有制改革开放推广的安徽小岗村创新经验，实行了家庭承包责任制，国企全民所有制也不应该是虚拟的理论概念，也应探索其适用性、实体化。

四、不忘初心　继续创新

我有幸自 1985 年参加开发区创建工作，到 2000 年底退休。在 10 多年工作的实践中，得到锻炼和提高，学到了很多知识和积累了经验。学得了开发区集成创新的精髓、真谛。即思想观念创新推动体制机制的创新，促进了科技的创新。

我的体会是开发区的任务是创新，创新是发展的第一动力，创新首先是思想观念的创新，推动体制机制的创新和制度的创新，才能有科技的创新，核心就是创新。创新要依靠人的集体智慧和力量。正如习近平总书记指出："推进自主创新，最紧迫的是要破除体制机制障碍。要破除一切制约科技创新的思想障碍和制度藩篱。要坚持科技创新和制度创新双轮驱动。"

退休后，我不忘初心，牢记共产党员的誓言，参加上海市离休高级专家协会，这是老有所为的大平台，被推选为化工冶金专业委员会第五、六、七届专委会委员、副主任、主任，及协会第六、七届理事、常务理事。老有所为，继续创新，运用在开发区学到的集成创新的思维和方法，深入调查研究，献计献策，撰写建议 8 份：

① 2003 年，《上海市电动车产业和电动自行车动力电池发展和市场前景》（叶孙安、陈筱林）

② 2006 年，《关于"发展锌空燃料电池城市客车，用锌储存城市低谷电能开车"的建议》

③ 2008 年，《关于"推广超级电容公交车替代进口有轨电车"的建议》

④ 2009 年，《深入企业为节能减排科技创新服务》

⑤ 2010 年，《扩大内需与国企改革》

⑥ 2011 年，《合同能源管理期待金融创新支撑》

⑦ 2013 年，《金融创新有力支撑合同能源管理发展》

⑧ 2016 年，《关于在上海高速道路上安装双面双玻光伏声屏障的建议》（化工冶金专业委员会）

以上③⑥⑦⑧获得市领导批示采用 4 份。尤其是 2011 年 11 月经深入调研漕河泾开发区节能服务企业以节能技术产品为用能单位提供合同能源管理服务，由于投资是以分享节能效益抵偿，资金回收期长，又不能向银行抵质押贷款，影响节能减排项目的扩大推广，就撰写《合同能源管理期待金融创新支撑》的建议，获得时任市委书记俞正声高度重视并作重要批示，市发改委接连两次邀请我参加有关部门座谈会，研究具体落实措施。"推进落实合同能源管理绿色信贷工作"写入市政府〔2013〕21 号文件。当年 4 月 20 日市经信委与 13 家银行签订《合同能源管理项目未来收益权质押融资百亿授信合作备忘录》，"十三五"期间增加至 500 亿元，对缓解节能服务企业的资金压力，促进上海节能项目实施起到了积极推动作用。2016 年 7 月国务院推广上海这项金融创新成果，在国办发〔2016〕57 号文件中提出："大力发展能效信贷、合同能源管理未来收益权质押等绿色信贷业务"，使全国节能融资上千亿元，有力地促进了节能减排和节能服务产业的发展。

我还组织有关专家和民营企业、相关大学一起集成创新，获得发明专利三项。

① 发明名称：《一种使用超级电容器的新型节能电梯》（发明人：施宏基、叶孙安、钱人杰、沈国兵、袁永弟、华黎、龚正大、相恩东 8 人）获国家知识产权局 2014 年 3 月 26 日授予专利权，颁发明专利证书。

② 发明名称：《一种尼龙铜钢复合丝及其制备方法》（发明人：刘新宽、梅品修、陈更新、马玉馨、叶孙安、刘文友 6 人）获国家知识产权局 2018 年 11 月 20 日授予专利权，颁发发明专利证明书。

③ 发明名称：《一种尼龙铜复合材料、制备方法及其应用》（发明人：刘新宽、陈更新、梅品修、马玉馨、叶孙安 5 人）获国家知识产权局 2018 年 11 月 20 日授予专利权，颁发发明专利证明书。

以上使用超级电容器的新型节能电梯平均节能 25%，已经在国展中心使用 100 余台，如在全国推广使用，每年可节电 50 亿度。后二项关于尼龙铜钢复合丝和尼龙铜复合材料的发明专利已经在东海和南海的围网养殖中扩大中间试用。

2018 年由上海市退（离）休高级专家协会推荐，经中国老科学技术工作者协会评审、社会公示审定，中国老科学技术工作者协会在"关于表彰 2018 年度中国老科学技术工作者协会奖先进个人和集体的决定"中指出："荣获中国老科学技术工作者协会奖的先进个人（168 名）和组织（24 个）是我国上千万老科技工作者中的优秀代表，是学习的榜样。"我荣获 2018 年度中国老科学技术工作者协会奖的先进个人，获得颁发的荣誉证书和奖章。

后记

开发区是改革开放的产物，是上海城市发展的重要组成部分。漕河泾开发区是上海第一个高科技园区。上海改革开放由浦西 3 个开发区发展到浦东新区，自贸区，临港新片区，正带动长江三角地区发展。此篇漕河泾新兴技术开发区创建史的事和人，如能反映出上海改革开放风光发展历史缩影的一角，则甚荣幸。

图 2　上海漕河泾新兴技术开发区（受访者提供）

我从上学到结缘上海市历史博物馆

潘君祥　撰稿

图1　潘君祥部分国家项目成果书影（本人提供）

一、上海解放那年我上的汇师小学

我是上海解放的一年上的小学。1949年的5月，因为解放军将要打进上海，局势极为紧张，我们还曾经在一个晚上躲进过当时一家工厂的用很粗的木料架起的临时地下防空洞，在里面还听到过我从来没有听到过的部队吹军号的喇叭声。不过，上海一解放，一切就归于平静了。我上的小学叫汇师小学（后来也被称为徐汇区第二中心小学等），那是一个建立于1870年的名副其实的法国教会办的小学，是一家较早接受西学东渐浸润的小学，也是上海开埠以来文化底蕴最为深厚的百年老校之一。去年就是汇师小学建立150周年的纪念日。

学校东面靠漕溪路，那里有圣母院、孤儿院、若瑟院等与宗教有关的场所，学校西面就是著名的徐家汇气象台和徐家汇天主堂，小学的校门就是对着气象台的。北面就是徐汇中学的南校舍了。那时汇师小学和其他小学相比，学校规模可称大而全。一进校门学生们就可以看到专为迎接他们的滑梯，它的一个奇特之处就在于爬上滑梯准备从滑道滑下的平台没用任何木柱支撑，而是架在一棵巨大梧桐树的树杈上，滑梯和梧桐树融为了一体，整个滑梯被梧桐树的树荫遮盖着，夏天也不受阳光的曝晒。学校的教学设备齐全，光教学楼就有2幢，南面一幢2层教学楼全是教室，建造在用水泥和大石块垒砌的平台上，显得高爽了许多，由于建造的年代较为久远，称老教学楼，楼的样式比较老一些，它的南面就是一片大操场，足以容纳全校大部分学生做早操用。它的北面有一个蛮标准的篮球场，再北面就是一幢式样更加新颖的新校舍，那时是校长室、教导处和各个实验室和教室的地方。学校还有自己的大礼堂，可以满足开会、下雨天学生可以在那里上体育课，也是一个宽宽敞敞的室内场地。我清楚地记得，有一次我们上自然课，专门讲到热气球可以升上天空的原理。老师就用较薄的白绵纸糊了一个重量很轻的大纸球，底部又做了一个可以点火燃烧加热的装置。我们一个年级几个班的学生全部集中在礼堂里上课，亲眼看一看加热后的纸气球慢慢地升上礼堂的顶上。可见，我们那时上的自然课就是非常讲究让学生获得自己的亲身体验。

中华人民共和国建立以后，原先教会管理学校的印迹已经基本消除了。但是教会的活动和影响还时隐时现。那时每天放学后，有不少家住在堂界西（徐家汇大天主堂以西的民居地块）的学生就会涌到汇师小学北面的教会活动室里参加教职人员组织的活动，那里有学生喜欢的游戏、看幻灯片、听讲经等，参加这些活动后他们就能当场领到奖票，并用积累的奖票换取学生所喜欢的铅笔、簿子、小尺子等，教职人员就将宗教的影响不知不觉地传布到学生的头脑中了。那时堂界西的学生在汇师小学的比例是蛮高的。

我上学、放学都要走过土山湾。有一些学生知道，在靠近土山湾那里的泥地里，能挖到长短不一的断头铅笔芯来，有的还是蛮长的。这样一来，铅笔芯还可以当铅笔用，他们连买铅笔的钱也可省下来。后来听大人们说，原先这里靠近土山湾有一条连着肇嘉浜和蒲汇塘的小河，后来要修筑漕溪北路，就把小河填了。原先附近有家铅笔厂的废弃垃圾就填埋在小河里，一些穷苦人家的同学就在这里挖呀挖的，废物就成了他们收获的不花钱的铅笔了。

那时，从徐家汇往南渐渐地开出了漕溪路，路以西学校的东面还有一块较大的空地，人们都叫它是江北大世界。南面一点常常有圈在布篷里称为山东马戏团的表演，要买票入场。在空地的北面还有上海小热昏的表演，一个叫小福人的表演者一边敲着小锣或打着竹板的节奏又说又唱，边讲一段一段的故事或新闻，还边带卖梨膏糖，不少人站着听他的表演。此外杂七杂八的算命摊、拆字摊都有，我就见到过一种叫"衔牌算命"的算命摊，会算命的长者会根据要算命者的要求让他豢养的灵巧小鸟当场在一堆折纸中用嘴衔出一张写有很多内容的折纸，据此告诉你将来的命运。沿着学校东边还有一条颇具规模的买卖旧家具等的货摊街。

二、舍近求远读了日晖中学初中

我读中学就转到路远很多的日晖中学。因为家里有个亲戚已经在日晖中学读了两年书，父亲想让他好好带带我，就将我安排去那里读书。那时，我家住在靠近漕溪路裕德路东面的三角东街1号，要到枫林桥路最南端的日晖中学读书，先要从东南方向沿着联华影业公司穿过殷家角地块走到斜土路上，再顺斜土路向东走过天钥桥路、谨记路（现宛平南路）、东庙桥路（现东安路）、枫林路折向南到底，走一次就要花上50分钟左右。如果乘公交车43路，则可以从裕德路乘到徐家汇、也要穿过天钥桥路、谨记路、东庙桥路、枫林路，共有5—6站，再折向南走到日晖中学。由于那时的公交车发车间隔较长，乘车加上走路到校也要近1小时，所以乘车上学在时间上也不划算。但是，不久我就发现日晖中学校门西面不断有同学从小路走来。一问原来从斜土路一过天钥桥路后，在科学教育电影制片厂向南走绕过一个小湖塘，就有一条乡间小道可直达学校，只是这条小道完全是一条乡间的泥路，一路上还要走过两条分别架设着石桥的小河，那时乡间的石桥都还没建桥栏杆，其中一座还相当高。于是，只要天气好，我就抄近路走小路上学，一是时间上省了一点，二是我也喜欢这段充满生机的田间小路，它有河有石桥，小路两旁一年四季种植着不同的蔬菜。那里冬天有越冬的盖着白雪的麦子、菠菜、大白菜，春天开着金黄的油菜花，夏天有一垄一垄扎着棚架的黄瓜、丝瓜、茄子、扁豆。秋冬天不仅有人们爱吃的塌棵菜、荠菜、萝卜、珍珠米（即玉米）和甜芦粟，还种植着农家纺织土布所需的棉花。走完小桥后，还有一段很有乡间风味的农家院舍，好多家多用植物编成的篱笆围着，显得安静和有野趣。那里的小孩用小河边拔来的小芦苇秆，秆尖绕上一张拇指大小的白纸片，苇秆对着飞舞的白蝴蝶摇动，一下子就能引来蝴蝶跟着他的白纸"蝴蝶"舞动起来，有时候竟会引来一群蝴蝶。我们几个也试了一下，马上就掌握了引蝶飞舞的技巧。那时，在这一段乡间小路上，我们还时常可以见到菜农家放养的小羊，他们常常用一根绳子牵着一只小羊，绳子的另一头接在一根较长的竹签上，将竹签朝田边和沟渠旁一插，就让羊去吃草了。以致我后来也念念不忘这种距离市区最近的放养小牲口的田园风光。穿过了这片殷实人家充满着古朴乡村风味的院舍，日晖中学就在眼前了。不过这种走读的愉悦，那是要每天花费上小学时三四倍长的时间换来的啊！还会遇上

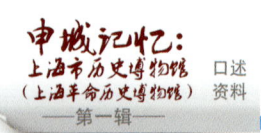

下雨天那湿滑可怕的一大段泥路呢!

日晖中学是一所全新的学校,新造的教学楼采用了中国式的大屋顶式样,建筑和教学设施也一应俱全。只是新办的学校自然也缺一点传统老学校的那种味道。不过我初中毕业后不多久,还是很新的日晖中学摇身一变,竟成了上海仪表局下面的上海无线电十八厂,生产起市场热销的飞跃牌电视机,建成不久的学校就此消失得无影无踪了。

三、报考复旦历史系的原由

1958年我报考了徐汇中学高中班,上学的路又近了,走路时间从家里走出土山湾起,只要20分钟就到校了。它是上海少有的百年老校。因为是一所老牌的学校,师资力量就非常强,在这批老师的调教下,我感到学生的学习兴趣大增,完全没有那种死读书的弊病。徐汇中学的同学都有自己的兴趣爱好,同学中爱好数学、物理、文学、外文的样样都有。喜欢体育的、民乐的、搞编剧演戏的、弄摄影的、装无线电的都各有所长。那时,吃完中饭,爱看电影学生还能抓紧时间买票到衡山电影院看上一场自己所心仪的中午场短电影,散场以后马上赶回学校里上下午的第一节课。

现在常常听到中学、大学的政治课很难上好,学生不喜欢听。但是当时的徐汇中学,我在高中听的政治课却一点也不感到枯燥,还上得很有劲呢!高中老师能把《中国革命与中国共产党》讲得活灵活现,政治课成了当时许多同学的爱好。那时我们班级的高中政治课由周撰天老师担任,他讲课的具体内容就是毛泽东的著作《中国革命与中国共产党》。照道理,这是一篇毛泽东主席在抗战时期发表的阐述中国革命基本理论的经典作品,涉及中国革命的对象、任务、动力、性质、前途的理论分析等,要跟一班高中生能讲清爽这些革命理论是非常不容易的。

老师以中华民族的内容开讲,一开始就以地图上中国在世界的环境和地位讲起。讲中国是世界大国之一,其国境在东北、西北和西方的一部和苏联接壤。北面和蒙古接壤。西方的一部和西南方又和阿富汗、印度、不丹、尼泊尔接壤。南方和缅甸、越南接壤。东方和朝鲜接壤,和日本、菲律宾邻近。这个国际环境,有利的是和苏联接壤,和欧美各国隔离较远,周围的国家许多是殖民地半殖民地国家。危险的是日本帝国主义利用和中国接近的关系,时刻都在迫害中国的生存。据他这么一讲,我就感到老师一口气就将中国在世界上的政治处境分析清楚了,既有北邻的好友,也有四周命运相同的近邻,还有一个东邻是虎视眈眈的潜在对手。

接着老师又粗线条地给我们分析了中华民族的开化史,阐述了中国历史上曾经产生的许多伟大的思想家、科学家、发明家、政治家、军事家、文学家和艺术家,以及丰富的文化典籍。在很早的时候,中国就有了指南针和造纸术的发明。在1300年前,已经发明了刻板印刷。在800年前,更发明了活字印刷。火药的应用,也在欧洲人之前。所以,中国是世界文明发达最早的国家之一，从而点出了中华民族深厚的文化底蕴，激发了我们的民族自豪感。

自从1840年的鸦片战争以后，中国一步一步地变成了一个半殖民地半封建的社会。自从1931年"九一八"事变日本帝国主义武装侵略中国以后，中国又变成了一个殖民地、半殖民地和半封建的社会，他又一下子把学生拉到了近代的现实。

在论述中国革命时，老师在教课中突出分析了中国革命的对象、任务、动力、性质等，指出了中国现阶段革命的主要对象就是帝国主义和封建主义，就是帝国主义国家的资产阶级和本国的地主阶级、官僚资产阶级。

这种理论著作采用专题的讲解方式，剥笋式的层层推进分析，听得我们学生如醉如痴，大呼过瘾。所以就有了我在高考填写志愿时一下子就报考了复旦大学历史系的由来。

高中毕业前，我原先是有自己的兴趣和志愿的，那时农林医科是我的最爱。一是来源于对建设祖国的向往，当时社会上建设祖国的宣传翻天覆地，建设的天地不分天南地北、各行各业。那时热血青年是不惧怕任何困难的。二是来源于国家政府建设边疆的号召，那时城市的初中生毕业就可以就业，我的一个弟弟就是听到是军垦农场，唱着我们新疆好地方的歌声就报名到新疆去了。原因之三就是生活实践的启示，我那时曾经生过一次盲肠炎（也称阑尾炎），当时流行种种神奇的中医针灸治疗办法，像开刀不用麻醉药，用针刺来镇痛等。我的阑尾炎发热发烧就不开刀了，用打金针来治疗，一个多星期热度全退了，炎症消了，它的神奇使我产生了从医的念头。四是我读书时期兴趣的延伸，比如我当时就从学校的图书馆借来了一本据苏联科学家发射人造地球卫星编写的《飞出地球去》科普读物，介绍了人类对宇宙空间探索欲望的产生和发展，具体实践的手段和原理，探索宇宙的具体步骤等。当时的苏联是中国的老大哥，社会上时兴着一种苏联的今天就是中国的明天的美好向往，既然老大哥苏联1950年代就发射了人造卫星，那么中国人飞出地球不也是几年就能实现的理想吗？在那时青年的头脑里这是顺理成章的。总之，在中学时期我的志愿和向往是比较模糊和朦胧的。

不过，真像一句俗语说的那样，"理想很丰满，现实却很骨感"。在高考的体格检查中，结果把我一棍子打进了只能报考第三类文科大学的行列，原因是我心脏跳动中医生听出了杂音，还说是一种先天性的心脏病。于是在填志愿的时候，就爽爽气气地填上了第一志愿复旦大学历史系。后来的升学考试也没有那种过关斩将的紧张经历，我就顺顺当当地进入了复旦历史系。

四、在复旦我向往用马列主义理论来研究历史

考取以后的报到手续，家里是有人送的，因为毕竟是要带上一些零零碎碎的生活用具，要扛扛弄弄的，不过余下的事情就都能自己做了，我还没有那种"四体不勤，五谷

不分"习气。我记得十分清楚的是，那天接待我的是后来名气响当当的学长王知常。他个子不高，矮矮的身材，但活络非凡。从打招呼、帮助拎点杂物、一路领我到学生第六宿舍，途中还不断地给我介绍学校的概况，他全都包了。因为是住在同一个宿舍，慢慢就认识了。后来才知道，他是一个从部队来的调干生，刚好他们是高我们五年的毕业班，于是就做起了义务志愿者。论起他的学习成绩和水平，那就勿要谈了，他一毕业留校，就成了教师中的骨干。当我们临近毕业时，他已经一路被提拔培养，成了市委的写作班子"罗思鼎"（螺丝钉的谐音）的人员。除了部队调干生这一条不能模仿，他的大学学习到留校培养的轨迹，当时是我们同学向往的榜样。只是后来因为上海"四人帮"来搅局的关系，他们一批冒尖的老师在"文革"中一齐被拉上了"四人帮"的贼船，走上了与人民为敌的不归路，毁掉了自己的业务和前程。

由于我是因病考上的学校，开始时我的体育课是免修的，学打打太极拳就可以了。但是时间一长，我觉得别人上的体育课我也能考出来，我能照样考及格，于是我就放弃了这种免修，上起了体育课。

我进了复旦以后就在前三年基础课程的学习中分析了复旦大学历史系的整体研究状况，我观察的结果是总体认为复旦历史系已经开始形成了一支以马克思主义为研究理论的中国历史研究的队伍，其中感触最深的是以陈守实教授等为代表的一批教师用马克思主义理论来研究中国的土地制度史和其他断代史，因为他们的研究的方法和研究方向是新的，我认为他们都可能在中国的古代史、近现代史等领域会有所突破，将来会成为复旦历史系的希望和力量。我也渐渐地下决心朝着这一方向努力。那时，系领导还根据国家的安排，希望发展一些国家发展需要的研究方向和年轻力量，如拉丁美洲历史的研究等。在我们班里也计划安排了杨崇庸、雷绍英、冯丽蓉和我等几人参与系里拉丁美洲历史研究室的见习培养，我也被列入其中，因为有这些见习的需要，我们几个还有可能被免去毕业论文写作的优待。但是这些都在以后大规模社会运动的冲击下，没有实质性的进展而作罢。先是农村开展的社会主义教育运动，以后是"文化大革命"的前奏《海瑞罢官》的讨论已经铺天盖地开展了。

五、从延安串联开始的十二年教师生活

不久，"文革"的惊雷隆隆作响，全部学生均被裹挟进社会的运动中，一个也没有落下。由于上级领导刻意要将"文革"朝前推进，有意识地将一些运动对象抛出来让大家批判，学生很快地就分为两派。一批是造了原先领导反的造反派；另一批是想维护原先学校领导意见的被扣上了保守派的帽子，学校就成为两派斗争的是非之地。除了两个极端的派别外，另外一大批同学成了中间派。由于两派的意见是不可调和的，中间派常常就会两面吃"夹头"，两头都不是人。那时，我也曾经根据领导抛出材料，参加炮轰过那

些"反动的学术权威",由于都是领导运动我们的结果,所以连大字报的文字内容都是千篇一律的格调,至今想来还是懊恼不已。所以后来,我和方企铭、郭庆华想出了用串联的方法离开学校的一些是非争论。我们设计了一路向西,经过郑州、洛阳、西安等城市的串联线路,我们借此可以看到众多的高校动态,继续了解"文革"的动向,再转到革命圣地延安,这条线路可以满足我们了解中国革命的转折和胜利的由来,没有忘记自己还是一个学历史学专业的学生。至于延安以后的路线,一时谁也说不准,几个人认为可以由那时的形势再讨论。说定了这一个大方向,我们就在系里开具了革命大串联的介绍信,每人各自都带一条被子打成的背包就出发了。前几个城市我们均在大学住宿,那时每个大学都设有接待站,伙食的费用和上海差不多,住宿和铁路的交通费是不需要的,只是火车上一直拥挤不堪,反正我们都是学生,能忍受下来。白天就以看大字报为主,加上一点当地的主要景观,像郑州的工人运动遗址、洛阳的古代遗址、西安的秦汉、大唐盛世、近代的遗址,当然包括了兵马俑、白马寺、华清池等景点。西安参观好后我们就直奔延安,那时从西安到延安先要乘火车到铜川,从铜川到延安就乘部队提供的没有座位的篷布卡车,我们席地而坐,车开了一整天延安就到了。一到接待站我们就直接分派到居民家住宿,12月份那里的冬天家家都睡炕,我们都是第一次睡炕,晚上一点都不冷。第二天,我们就从红色革命旧址枣园、杨家岭、王家坪、宝塔山、清凉山、凤凰山、南泥湾、鲁艺旧址等一个一个参观过来,那都是在别的地方看不到的,充分地满足了我们对革命圣地的向往。我们回到西安,郭庆华向东折返回上海,就和我们分开了,我和方企铭选择了走西南成都、重庆、广州等返回上海的路线。到广州以后,那时上海的"一月风暴"已经开始,形势变化很快,我们就途经杭州停一下,快快地赶回了上海。

1967年后,"文化大革命"更是铺天盖地地呼啸而来,我们的毕业分配也没有了音信,原先的毕业分配方案统统作罢。到1967年夏,绝大部分同学不管学没学过教育学专业,全部分到教育系统做起教师来。

1967年,我被分配到徐汇区教育局报到,安排在新开的汾阳中学当教师。那是一个建有一幢火柴盒形状的教学楼和只有两个篮球场大小,还被分隔为两块"操场"的微型初级中学。好在由于我们在复旦已经待业了一年,加上我班还有一批同学还被分到全国各地,更一时还不知道自己将来的职业方向,所以我对学校的大小和设备感到无所谓了。

学校是新的,至于教师当时有3个主要的来源:一是区里陆续为学校配备了一批党政领导的骨干和办公、后勤人员,学校还接收了一批复员军人,作为新办学校的教师。二是从徐汇区学校调配来的老教师,他们是一批有多年教学经验值得受人尊敬的老同志。在"文革"的初期,他们就或多或少地在原来的学校受过一点冲击,给他们在心灵上留下了难以抹去的阴影,他们现在愿意调出老学校是为了调节一下自己工作的环境。三是毕业分配来的新教师,有复旦、上师大、北京体院、上音附中等专业学校的学生以及原先老校中的部分年轻老师。汾阳中学的这一教师队伍构成基本上是比较好的,不过在当时"文革"运动迅速地铺开的条件下，不可避免地产生了一些问题。主要是原有上级派来的领导骨干教师没有真正到位并发挥作用，反而在运动中被一部分复员军人所取代，后来又加上进驻学校工宣队的掌权，骨干教师缺乏权威。第二，部分老教师的作用不但没有充分发挥，反而在清理阶级队伍和触及灵魂的思想革命中一再受到冲击，甚至还波及部分年轻的教师。那时教师队伍正如当时人们调侃的阶级成分的序列：地、富、反、坏、右，加上叛徒、特务、走资派以后的第九类"臭老九"，教师的地位一落千丈。

汾阳中学是1967年秋季招生的。那时学生在社会革命运动的鼓动下都成了红卫兵革命小将，学生按学校组织成兵团，把握得好是进退有序，组织不当也会产生破坏力。像搞运动就先要搞清理阶级队伍，新学校开始没有现成的革命对象，就先从老教师中间排队清理，在老学校里已经触及过的问题就重新再来一遍，革命就变成了斗老教师。新的学校只有一个年级，教师还没有满员，被拉出来批斗的就有好几个，关在一起的地方就叫牛棚。激进的学生在学校里斗教师，回到家里就斗自己的"走资派"父母，至于为什么叫"走资派"他们是不懂的。在汾阳中学初期，一共来了20多个教师，被批斗过的教师就有好几个，交代的问题不多，于是就搞抄家、逼供讯。一个小小的学校就有3个老师因反复遭批斗，弄得筋疲力尽，一时寻了短见，可见当时批斗的严酷。后来终于熬过了"文革"的艰难时期，学校终于渐渐地走上了以学为主的正道，后来由于课堂教育的恢复和强化、学工学农、拉练军训等活动等社会教育、发动学生进行自我教育等样样都搞得不错，汾阳中学有点上得了区里的光荣榜了。特别是在"文革"被拨乱反正以后，学校教育更是迅速地走上了正轨。

六、从考研走上经济史和近代史研究之路

1978年党的十一届三中全会开始全面纠正"文化大革命"及其以前的"左"倾错误，实现了中华人民共和国成立以来党治国理政的伟大转折，开启了我国改革开放历史的新时期。学校也开始走上正轨，我从原先改教语文也改为专教历史，学校先是只有一个历史教师，不久就有3个历史教师了。由于历史是我大学的专业，所以有些专题我还是比较熟悉的。像世界史上关于工业革命的教材内容原本我就比较感兴趣，于是我就关于此课程教学的重点、难点、教课的思路、可以拓展的内容等写了一篇教学研究的文章，先是送到区里和市里，刊登在内部的交流资料《上海市中学历史教学经验选编》里，后来给了当时公开出版的《中学历史教学》（苏州发行，1980年第1期）杂志，他们马上就采纳发表了。于是，我更加怀念起复旦的学习生活，激发了自己对历史教材的研究兴趣，也参加了区里历史教研组的一些活动。

1979年我参加了考研，但是在考什么专业上我非常纠结，因为开设的研究生专业里很难有我大学里学过的专业供我选择，最后我选择了上海社会科学院经济研究所开设的

经济史专业。

考上研究生以后，有一个阶段我是有什么写什么，什么都要写。譬如我曾经跟同学武克全合写了一篇1万字左右的《光绪帝与戊戌变法》文章，发表在上海的《中华文史论丛》（1981年第1期）上。这是上海的一本较为著名的文史类杂志，而且在全国的文史类期刊中有其重要地位。该文章很快就被北京的人大报刊复印资料选登了。"文革"后上海的世界史研究也开始苏醒过来，像关于"二战"史的研究中就有反法西斯国际纵队的研究，这就要求有关于反法西斯国际纵队的新资料，我们就结合原先学俄文的条件，既帮助了研究团队的资料补充，又提高了自己原先的俄语水平。我和武克全合译的《国际纵队在西班牙》一文刊登在北京的《世界历史译丛》里。

除了"有什么写什么，什么都要写"之外，我还是有重点地进行了突破，选择了近代史作为主要研究目标，因为近代史一般都比较有现实感，容易联系实际。这就导致我在研究生毕业论文的内容上大胆地选择了一个有关近代史的选题：当时大陆上还没有人做过的"近代台湾洋务运动"。当时关于"洋务运动"的研究在史学界炒得非常热，不少研究者都认为"洋务运动"是中国走上近代化道路的开端，非常值得研究。在对台湾地区的历史进行了初步的梳理以后，我发现在19世纪70年代开始，随着日本对台湾的觊觎，中国的一些有识之士开始警惕日本对中国台湾的野心。他们与朝廷的颟顸治台政策相反，主张努力开发台湾的落后经济，重视台湾的海防。于是就有了近代台湾先后有以钦差大臣名义巡台的沈葆桢、主持台湾政务的干练洋务要员丁日昌、首任台湾巡抚刘铭传等著名洋务运动领袖的连续经营，使得台湾的建设获得较快的发展。当时台湾的洋务运动还获得了4个全国第一：即1877年首先建成了中国最早的用机器产煤的基隆煤矿；1877年台湾建成了中国第一条电报线路（旗后—台湾府—安平段）；1888年台湾建成了中国第一家自主的新式邮政；1891—1893年台湾建成了近代政府倡导的最早的国有铁路线（基隆—台北—新竹段）。据此，我认定了原先还是中国比较落后地区的台湾在近代中国的洋务运动中一跃而成为一个先进的区域。这四个全国第一和几个重要人物的事迹我都写成文章予以发表。事后，我就发现这些研究成果不久就有人将它编入了新版的中国近代史大学教材里。由此可见，研究的课题选择是非常重要的。

七、在上海图书馆我发现了最早的《台湾府志》

我做台湾洋务运动研究的课题，首先获得的资料是来自上海社会科学院图书馆收藏的台湾地区出版的《台湾丛刊·台湾方志汇编》，该书共收集了台湾地区各种地方志共27种。那时，上海社会科学院图书馆管理图书采购和流通的杨康年先生是很会买书的，在初览了上述资料后，我就转向上海图书馆（当时在南京西路黄陂北路口）进行资料查询，在上图西楼的古籍部的目录中我发现了一本没有编入《台湾丛刊·台湾方志汇

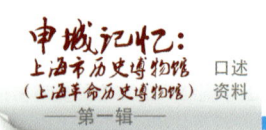

上海诸方面变化发展之轨迹……为振兴上海得尽一份力。

《上海700年》出版了8年以后，该书早已销售一空。在历史迈入新的千年之际，鉴于该书的内容和体例已经赢得了读者的认可，另外由于八年来上海城市一年一个样，城市的建设也突飞猛进，八年来已经积累了较大的变化，有必要在四大板块里补充一点不足的内容，充实丰富一点新的内容。鉴于上海城市人口有着海纳百川、人才辈出的特征，也有必要增设"人物篇"的内容。于是该书幸运地获得了一个修订再版的机遇，上海研究中心决定将原先的四大板块增加为五大篇章。

鉴于原先的作者有两位当时留学在外，遂决定由我负责修改、补充政治篇、经济篇，陶冶负责修改社会篇、文化篇。新增加的人物篇内容由施宣圆负责组稿、审稿、定稿。全书最后也由他负责统稿。结果，第一篇我们约请了上海市历史博物馆（以下简称"上历博"）的范文海同志加写了"会审公廨——上海近代司法主权的沦丧"一节，补充了近代中国司法主权半殖民化的内容。那时我馆在东方明珠所做的近代上海城市发展历史陈列馆里，就有会审公廨设计的内容，也是由他负责统筹策划的。此外我们还请了社联的邹荣庚同志加写了"'一年一个样，三年大变样'——邓小平同志与上海改革开放"一节，作为全篇的压轴收尾。第二篇我约请了上历博的傅为群同志加写了"东海有大利"——古代上海的制盐业；上海的"母亲河"——吴淞江和黄浦江两节，分别补充了上海古代的手工业和水利事业的发展对上海地方经济发展的作用。我加写了"亚洲第一大钟——近代中国海关主权的丧失"一节，补充了近代上海城市半殖民地化的伤痛。又约请了顾柏荣同志加写了"'申'字写新篇——市中心快速交通干道的建立""浦东的开发与开放——带动长江三角洲和长江流域经济的龙头"两节，一是补充了上海城市的交通建设，二是增强了全篇的收尾压轴力量。

该书的社会篇和文化篇也相应进行了补充调整。人物篇加入了39篇，全书的字数从原先的28万字增加至46万字。该书主编施宣圆在世纪之初还特意邀约了胡道静先生为该书的出版写了序。胡道静先生在2000年"申城历史之佳作"的修订本序里说，人是历史的动力。了解了人物对于历史的贡献或造孽，才能把政、经、社、文贯串起来。补上这一编，收画龙点睛之效，不可忽视，充分肯定了上海研究中心在该书策划中的用心。

这样一来，我也有幸成为一个两编《上海700年》的作者之一，上海人民出版社还很乐意出版这些市民群众喜欢的书。

九、我参与了四个国家社会科学基金课题的研究

1982年，我研究生毕业，进入了上海社会科学院经济研究所工作。1985年时的经济史研究室由丁日初先生任主任，我和沈祖炜任副室主任。1989年研究室分为一室、二室，我和徐鼎新同志分任一室正、副主任。1992年研究室又合并成中国经济史研究室，我任

研究室主任。这一时期,我们正好遇上了1986年,全国哲学社会科学规划会中国近代史学科组提出加强策划中国城市史的研究的好时机。第一批进入研究视野的城市有上海、天津、武汉、重庆等4个城市,上海社会科学院承担了《近代上海城市研究》的课题,并被列为国家"七五"规划的重点项目。上海社科院于是组织了以历史研究所和经济研究所为骨干研究力量,合作攻关研究。到1990年10月,全国哲学社会科学规划会全国"七五"规划最后一年的会议上,上海社科院承担项目的总结报告和成果样稿均送交给国家社会科学基金会和中国近代史学科组审阅,他们对这一难度较高的课题能提前完成表示赞赏。

由于有了"七五"规划城市史研究的基础,在全国哲学社会科学规划小组会在制定"八五"规划时不失时机地将区域城市研究列为课题的重点,开展对东南沿海、华北、长江流域等城市群的研究。于是就有了上海社科院继续申请《东南沿海城市与中国近代化》("八五"社科国家重点项目)的设想。该项目还是由张仲礼研究员领衔,后来获得上海市哲社会科学优秀成果奖(1996—1997)著作二等奖,我也参与了课题的规划申请,任该书的副主编之一,参与了全书的总论、第一章、负责第十二章"国货运动与东南沿海城市的近代化"的撰写。

1982年我进入上海社会科学院经济研究所工作,不久我就发现研究人员在业务工作上有忙闲不一、苦乐不均的现象,以至部分研究人员在科研项目上被边缘化的现象。我担任经济研究所经济史研究室副主任后,引发了改变以前仅单一依靠领导组织研究项目而转向社会要课题的念头,有了自己带头策划研究项目的动力,并以项目来带动研究的想法,为研究室进一步倡导一种理论联系实际的风气。那时,国家社科基金发布了一批研究课题,其中有近代中国经济社会研究,我感到凭借经济所现有的研究力量完全有申请成功的可能性,于是我提炼了课题的主题:近代中国国情透视,就组织了一支老中青相结合的研究团队,大胆地进行申报。我提出了近代中国国情可分4个方向进行分析论证:一是近代经济、社会本体的研究,分农村经济、近代工业经济、台湾和东北的殖民地经济、新民主主义经济的研究;二是近代经济、社会水平的研究,分别对中国的商品流通和市场发育、中国的城市化水平的研究;三是近代经济、社会发展的环境研究,分别对政府经济政策和近代战争与中国经济的关系的研究;四是中国近代的阶级、阶层和团体的研究,分别对中国的商会、资产阶级和其他社会阶层的分析。我的这一内容设计,有些地方没有采用传统的经济史研究的写法,但是对近代中国国情的主要方面都有比较仔细的分析,项目的最终成果《近代中国国情透视——关于近代中国经济社会的研究》终于赢得了社会的认可,在上海市哲学社会科学优秀成果评奖时获得著作三等奖。

1992年我还申请了一个《近代中国国货思潮与国货运动》(国家社会科学基金项目)。这一项目我根据研究资料的收集要求先出了一本资料书《中国近代国货运动》(近代中国工商经济丛书),我任主编,中国文史出版社1996年出版。本书为全国政协文史办、中

到市有关领导的首肯，文管会的通过，有关专家学者的好评，市民群众的认可，历博的工作就能上一个新的台阶。

那时我就十分认同文管会给上历博定下的工作方针，在上历博先搞上海近现代一段历史的陈列，这反映了上海近现代城市发展的特色。上历博的首次陈列应该体现上海城市发展的内在规律，特别是近代迅速崛起的特点，要能为今天上海重振雄风提供相应的历史经验。新的陈列不是只根据博物馆的现有力量，更不是根据个别同志的兴趣特长，上海市历史博物馆本质上是一个城市博物馆，或者讲是城市史博物馆。

近代上海城市的陈列既要讲清近代上海人民反帝爱国的斗争，激发人们的爱国主义精神，又要讲清在近代被迫开放的条件下，上海怎样能获得迅速发展，成为国际大都市的，为今天我们的主动对外开放和改革提供历史借鉴。这样，我们的陈列就根本不同于以前的通史陈列、阶级斗争史的陈列，可以为今天的社会提供新的、可供思考的精神产品，为人们了解国情、学习市情提供场所和课堂。

不几天，他们已经决定开会定在5月4日。9点钟我先在上海博物馆与文管会领导见面交流，10点钟与上历博的领导见面交谈。下午由文管会领导陪同我们到上历博开会见面，宣布对我的任命，聘书上写着："兹任命　潘君祥同志为上海市历史博物馆馆长　上海市文物管理委员会　一九九三、五"。

那时，我的一个直觉是感到接受了一项富于挑战性、开拓性的工作。我实际上是转了一个行，我的经济史研究会转入一个新阶段，博物馆成了我的主要工作方向。

于是，从这天开始，在一年半时间里我把陈列展览的工作一直作为馆的中心工作，直到1994年10月21日上海市历史博物馆举行开馆仪式，"近代上海城市发展历史陈列"正式开放。

《上海文物博物馆志》上海社会科学出版社1997年版中出现了一个"大乌龙"，它把1993年5月4日发生的事，写到了该书1994年11月3日的"大事记"中，足足推迟了一年半。书后我则被列入"历次参加文稿评审人员"中，我应该是参加过一些条目的审定，对"大事记"我是绝对没有审过的，不然就不会有上述的错误了。

上海市历史博物馆馆址落实亲历

张　岚　口述
严敏斐　整理

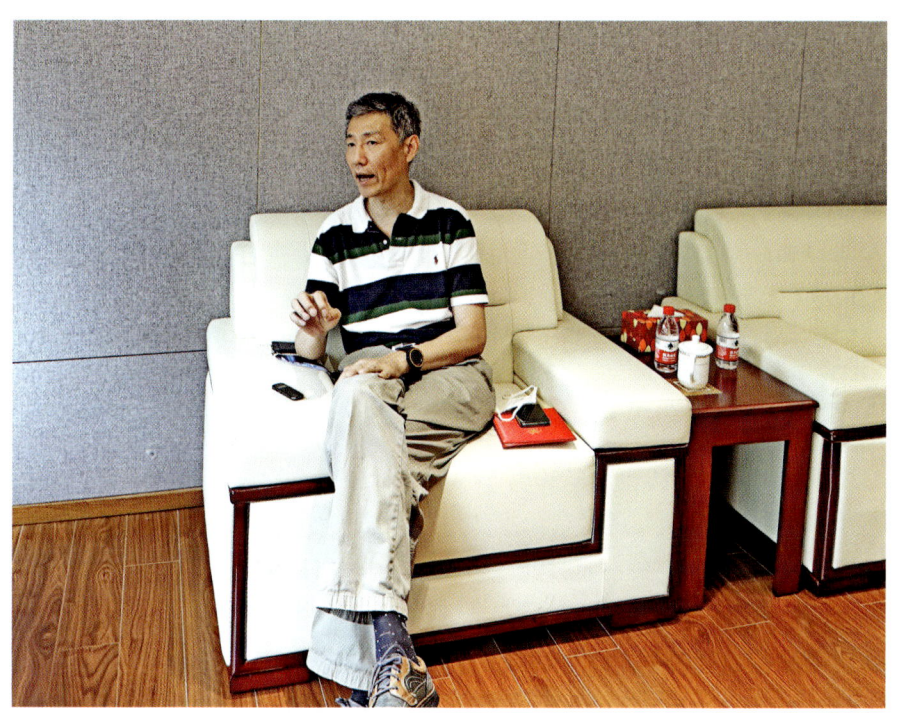

图1　上历博前馆长：张岚（采访人提供）

一波三折　多方相助

上海市历史博物馆在他整个历史发展过程中，实际上还是有很多波折的。上海市历史博物馆对上海市民及各界政府来讲都是非常重要的，但是一直没有它的馆址。从1954

年上海历史与建设博物馆开始,到2015年正式在原美术馆馆址立项,已经几十年过去了。在这过程中,老同志、各届政府领导一直是关心的。只不过到我这儿,把最后这一棒接到了,所以后来许多人跟我讲:"张馆长,你能把历史博物馆建成,是很不容易的。"但是从我的角度来讲,我觉得我自己是非常幸运的,在我退休前,我们上海市历史博物馆总算有了馆址,而且对于我们历史博物馆来讲,我们整个美术馆这个馆址确定下来以后,不光是一个空间,而且我们是拥有自己历史博物馆的产证的,这个前身美术馆,都是没有的。包括我碰到美术馆的几任馆长,他们一直讲非常羡慕,不光是作为一个文化场所,而且能让历史博物馆永久拥有自己的馆址。实际上,在这个过程中,我要讲一些许多档案中都看不到,也是我亲历的。

  这里面我要讲到一个人,是我们上一任的人大常委会主任殷一璀(曾任上海市委副书记)。她对我们历史博物馆是非常关心和重视的,馆址在选择的时候,殷书记在整个过程中一直是非常关心的。我记得在世博会结束以后,有一次,她把褚晓波(文广局副局长)和我叫到她康平路办公室,她有一个想法,就是把美术馆作为我们历史博物馆的馆址,但是在听取专家意见的时候,有许多专家有不同意见,专家也是关心我们上历博,当时他们就讲把美术馆馆址给我们是不是太小了,她说:"我今天就把你们请来,听听你们的意见。"这个时候正好是世博会已经结束,上海美术馆已经迁到中华艺术宫,这里的场所已经空出来了。当时在世博会的时候,我们历史博物馆正好做了一件事,这件事是出了大力的,就是出了一张光盘——集上海所有博物馆的一个电子书,我当时就和殷书记说:"小,没关系,这是整个上海历史文物收藏的一个地方;现在上海有许多小馆,而且都办得不错。我们可以有总馆和分馆的概念。我们已经把所有上海的博物馆梳理过,也出了一个电子书。"当时殷书记非常高兴,她说:"你这个总分馆概念是非常好。"我就讲:"我们上海市历史博物馆是陈列上海历史中一些精华的文物,一些专业、深入的,在我们博物馆里可以通过导览的形式来介绍给观众,许多观众觉得更有兴趣的话,可以去那些有陈列的专业馆去看。"所以后来我和我们宣教部也讲,新馆建成后,我们要做几条线路,比如革命历史的线路,当代建筑的线路,那就可以把整个上海的博物馆可以串起来。那时候殷书记说:"那好,我心定了。"所以我们的空间不是局限于我们这一块场地,可以扩散到全市,所以这个就是对于我们整个上海市历史博物馆能够奠定,能够把这块地拿下来的一个很大的助力,这个没有领导支撑是不行的。记得以前有一次,我们选址在"大世界"的时候,那时候也是我去汇报,韩正市长、殷一璀副书记都在,当时殷一璀副书记也一直在讲上历博的重要性。包括到后来,新馆落定,我们在做大纲展陈的时候,我们也专门到殷书记那儿去汇报,那时她已经是人大主任了。我们汇报时,(因为上海市历史博物馆还冠以上海市革命历史博物馆)当时城市史和革命史的展陈是扭合在一起的,对我们来讲是一个非常大的挑战,她也是帮我们出了一个主意,就是我们原来革命史是属于上海史的一部分,可能淹没在整个城市史当中,所以她就提议:"你们是否可以把革命史变成一个二级标题。"这就变成一个独立章节，这就可以做到一个非常好的平衡。所以在我们历博建设的过程中，除了我们自己的努力、专家的帮衬、领导的支持也是非常重要的，而这些细节我们通常情况是外人所不知道的。

另外我还要讲一个人。现在也是人大主任，他叫蒋卓庆。我是2007年3月到上历博的（小白楼），当时市文管委领导陈燮君和我谈话，讲道："你一定要把历博的新馆建出来。"我的工作目标就是建新馆。到了2007年12月份，我们已经把上海市历史博物馆的馆址定好了，就是在汉口路193号，而且发改委已经发文了，当时我到上历博的时候，实际上动用了很多社会力量：人大、政协，还有参事室，参事室有个我很要好的朋友，赵国通（原上海副市长赵祖康的儿子），他在参事室也给我们写提案，人大也有提案，政协也有提案，政协和人大的提案前两年一直在呼吁，那个时候赵国通也一直帮我们在呼吁，闵行区也在帮我们呼吁，帮了大忙的。当时闵行区在中山路外环这一块有个绿化带，希望我们能够去，所以当时我跟文管委领导汇报的时候，领导也说："你愿意到这个地方去建馆吗，有些远啊？"我当时也表态："如果我们不去做这个努力的话，我们是一直没有馆址的，现在人家抛了一个绣球，我们一定要把他接住，而且不管今后在哪儿，这个工作我们是要做的。"后来，我们定了汉口路，包括后来我们定大世界的时候，韩正市长在一次会上，真的表扬过闵行的，说明那时候我们这个策略是对的，他就讲："你看，人家区里面都有积极性，想要办市级这样一个大馆。"就是现在闵行博物馆这块地方，原来这块地空着，当时我还到这块地看过，虽然比较远。就是在这些综合的因素下，2007年12月份，汉口路193号就奠定了。后来我们馆里面围绕这个目标一直非常努力地工作。后来我们碰到曲折了，外面传"张馆长狮子大开口，造这个馆要花26个亿。"真实的情况不是这样的。这里面还要感谢一个人，就是我们老的副市长杨定华，我记得非常清楚，我们申办2010年国际博物馆协会大会，在上海召开，当时（2007年）杨定华副市长是代表上海市去（维也纳）接旗的，那次代表团我也参加的，就在聚会上文管委领导和我对杨市长说了这事儿（上历博新馆）。杨市长是管文化的副市长，回来之后动作非常快，所以在2007年的12月份，基本上就把汉口路193号定好了。

定好后我们全力推进，在这个推进当中也遇到非常大的阻力，这块地是上海市机关事务管理局的，当时实际上市政府让市里层面来参加推进工作的有3个人，一位是杨定华，一位是翁铁慧，她那时已经是秘书长了，一位是我们宣传部的陈东副部长，陈东副部长还是非常风趣的，第一次会上说："你看，我们三个女人一台戏。"她们真的是很厉害，所以2008年年初的时候推进工作是非常快的，当时上海市机关事务管理局就提出了要动迁，实际上26个亿里面有18个亿是动迁费，实际上我们改造费是8个亿，里面包括我们的展陈是两个亿，实际上比这个还要少。我记得有一次会上，机管局有一个处长，现在也做局长了，他提出来："卫生局要动迁，人事局要动迁，消防要动迁……"当时杨市长真的很厉害，她说："你这个动迁，可以糊弄他们，不能糊弄我。我是担任过机管局局长的，你们这个动迁是叫二次动迁，这个动迁卫生局市里我已经给你地方了，消防局我市里也给你地方了，人事局我也给了地方，你现在是因为这个房子几年没用，又把它搬回来，怎么又要市政府给你动迁呢？"几个处长都鸦雀无声，都不敢响了。所以我们要感谢杨定华。但是就在2008年，杨定华去人大做副主任去了，这样一来又新来了一个管文化的副市长，工作推进就缓慢下来。那我为什么要感谢蒋卓庆，那时就在世博会前，2008年5月份的时候，那时候是非常胶着化的，杨市长离开了以后，我记得是2009年4月—5月，一年推进基本就很难推进，到了后来机管局就抛出18亿的统建费，因为杨市长走了。当时推进的时候，王小明副馆长和我们陈特明主任也是一直盯着的，也是在5月份，当时蒋卓庆是市政府秘书长。他叫我到他那边去汇报一次，我去汇报的时候，蒋卓庆已经是完全清楚我们这个来龙去脉了，他就对我讲："星期天，我已经到你们工部局大楼都转过了。"我就觉得这种领导身上，就是有一种非常重要的品质，那就是调查研究，而且星期天来调查研究也没有对我们讲，每一个房间都去看过、推过门，他说："张馆长，你先给我汇报一下你们推进的情况。"然后我们就把我们的情况汇报了一下，他也把他了解的情况说了一下，他讲："你放心，他们要讲18个亿，实际上只不过3个亿。"他已一笔笔给我算好了，卫生局，消防局，当中只不过有个消防局的老干部居民的房子，还有其他一部分牵涉到药材公司，黄浦区的，所以我们当时面对的是两个比较大的，一个是黄浦区，一个就是机管局，他们是漫天要价。因为他们觉得我们文化单位肯定要花钱的，实际就和我们后来（南京西路造新馆）让银行搬迁一样的，但是都是市里的，那天蒋卓庆对我讲："张馆你放心，市里的我来协调，第二，黄浦区的事情你也放心，黄浦区改造市里给了许多支持，他们是欠我的，我讲话他们是听的。"后来第二个礼拜他在黄浦区开大会。这样一弄，真的像他说的那样18个亿变成了3个亿。我们那时候也是欢欣鼓舞。原来计划2010年要建好和世博会同步的，后来因为当时主要把最重要的民政局，要迁到普育西路老房子的地方，那个老房子为了世博会，用作武警安防住宿，民政局暂时不能搬迁，所以我们这个又搁置下来了。从这个事情上我能看到市领导对这个事情的重视，这种帮助是实质性的帮助，而且我觉得这些领导很专业，懂怎样来管理推进这个工作，当然随着时间的推移可能有许多变化，但是他们身上的这种工作作风是非常值得学习的，而且我们上历博整个馆址能落地，也是秉持了这种工作作风。我欣赏和喜欢实事求是的领导，工作走到第一线，能了解情况，在我的职业生涯上，凡是哪个领导能够深入第一线的，能够调查情况的，这些领导都是我非常敬佩的，而且是真的能解决问题的，我在鲁迅纪念馆也碰到过这样的市领导，这个以后再说。

就是我在上历博的十年中，我们经历过：龙华做过方案，杨浦水厂、大世界、上海展览馆、南市发电厂、城市足迹馆做过方案，真的在10多个地方做过方案了。就是这种锲而不舍的精神，我觉得这个很重要，同时，还要在工作当中不断摸索，怎样使我们的话领导能理解，这个比较重要，在与领导的沟通中是要把握重要性和可持续性，他也担心你们这支队伍能否撑得起来，这个实际上当时外面有很多传言的，"他们不行的……"领导也是有顾虑的，展陈内容是不是会走偏。我们上历博为什么这么多年一直曲曲折折，实际上领导一直是担忧的，对所有人来讲，一个地方，没有自己的历史博物馆，所有领导都是要主推的，但是他推动的时候，会一直考虑展陈内容撑得起来吗？队伍行不行？其实我听到不止一次两次，这个对我们来讲就是要锲而不舍，就是自己要把自己的工作做好，自己家底清，出来的东西对上海市民对整个上海市增光添彩的，他这样才会来帮你，因为领导不清楚你们情况，各种渠道声音是不同的，都是大专家，也的确在为我们上历博讲话，所以向领导汇报就一定要有一个我们自己对事物的看法，这样才能上下齐心把事做好。

殚精竭虑　不舍昼夜

我刚到上历博的时候，历博不在状态，主要是没有馆址，大家没有方向。我觉得我们馆要有信心，这个信心是从工作中来。实际上，我们能在这儿建馆，因为当时工部局如果在2010年开馆，我们馆整个展陈并没有今天这么理想，也因为这个周折，对我们锻炼有好处的，我们把家底弄清，7万件文物文献，光碑拓整理，就做了很多事，建仓库，理文献，当时我们为什么把张宇从办公室调到库房，为什么去搞信息化，就是为了后面奠定基础，不然文物都找不到。另外我们开始写展陈方案，当时我们没有馆址，但是不搞展览的话，队伍就锻炼不出来，那时候杭侃馆长的时候就开始搞了，通过展览，展览部人员，包括库房的人可以锻炼出来，当时文管委领导还批评过我，以为我们只是为赚钱。在领导支持下，我们策划了不少新展览，比如上海老照片展、年画展、昆曲展、旗袍展等，通过展览，把我们各个部门的职能调动起来。当时我对我们陈列部还是有要求的，带他们到各个公司去看新的多媒体，我们在陈列部已经积累了30多种多媒体手段，有些没用的淘汰，多媒体能和内容有机结合的才用，这些资料库中哪些公司有擅长都是掌握的，职工的生活是考虑的，对我们来讲是培养专业干部，培养他们业务水平更为重要。后来文管委是同意的。

我们馆址落地美术馆立项比上博东馆还要晚，我们立项是2015年12月，我们到2017年底基本能达到开放，虽然没到全部开放，但至少韩正书记来是能看到基本陈列的。在短短时间能达到要求，和我们同事这些年辛劳的努力分不开的，还是拿得出手的。可以说，到目前为止，展示的技术手段，方式、对历史的陈述，在全国历史叙事类的博物馆当中，还是走在领先地位的。这要感谢我们上历博的同事这么多年的积累。我那时候一直在讲，我们要做一个丰盛大餐，首先要把菜洗净，这几年我们把我们家底厘清，对社会了解的契合度都是基础。对展陈的内容来说，基本上由我们馆来主导的，现在很多新馆建设，专业人员很难讲上话的，专业团队和设计还是有背离的。我们是两个（形式和内容各一）盯一个部分，这对展陈质量有一个很好的保证，既有形式，又有内容。

并不是内容做出来了，形式怎样不管，这是不行的。我们这个团队可以讲，内容和形式主体的团队都是以我们历博为主的，对我们展陈来讲是非常重要的。

对整个新馆建设来讲，实际上是三块。展陈、修缮、为百姓服务的新建设施。

在拿到馆址后，当时市里只不过说给你一块地方，你们粉刷一下，维护，就可以用了，需要有与博物馆功能匹配的设施。展陈费用是财政出，如果要修缮和基建，钱是发改委出的。我们分析，如果这个建筑做一个博物馆，首先第一是为观众，包括自动扶梯，当时这个电梯是没有的。为了做这个电梯我和褚局跑了好多趟。试想，如果只靠两边的直梯，这个体量，今后观众如何参观？年纪大的人排队直梯上，年纪轻的人要走楼梯的。所以把这个东西坚持下来。有了电梯，我们展线怎么走，讨论了七八次。还有考虑流畅性，方案就有三四个，这些要做出来演示给专家领导看。第二个难点是两幢楼当中的通道，是为历博今后发展奠定基础。两幢楼已经给我们历博了，都是独立的，怎么把它们变成有联系的整体，所以必须有个地下连廊，雨天也可以通行。当然还要考虑多方的博弈，经费，领导认可，专家认可。最后，地下空间定了，原在北段就有一个地下空间，因为经费和时间关系，未能改造，这次我们把未来做好了，有需要今后可以打通。我们把基础奠定好了，这个空间也是个展示空间，原计划就是讲我们这楼的前世今生的展览。看完上去就是西楼的专题展览，这个是规划好的。当然在实施过程中也碰到很多问题。如这个电梯有地下空间，如何吻合，如何承重等，都是难题。

在我们建设团队当中，我是非常赞赏我们的上海隧道公司的，就是做我们地下空间的团队，做得真的非常好。我们这次装修分展陈、修缮、设计公司，隧道公司最好，体现了一个大企业的风范，不会因为暂时钱不到就不做了。第二个他们技术高超，碰到困难，会有技术方案，确保了地下空间施工安全包括地下镂空，水泥墙支撑等，在老建筑旁边挖地下空间，他们能够提出方案把控。后来我们和他们搞共建了，他们中有十九大代表，当之无愧。他们对工作的担当，认真负责精神真的能体现企业的风范。

第二块，修缮。修缮的时候碰到很多矛盾。第一，在设计过程中，设计公司对博物馆建筑还不是很了解。没有考虑博物馆建筑承重，我和他们设计师要讨论到凌晨2点，我说："你们有没有看过博物馆建筑规范，规范规定每平方米要达到700千克。"他说："我已经帮你们设计到每平方米300—400千克了。"后来我把规范拿出来。因为我们有沉重的玻璃展柜的。包括在我们白厅，上面的顶都是绿的，那是因为当时我们在拆的时候就发现了绿色的颜料，他们就认为这个是局部的，难看的。我们是保护是修缮，它有的东西我们一定要保留，总体来讲，他们设计和施工单位还是有这个概念的，但不像我这么执着，我是很坚持的，他们说不好看，我说："怎么不好看。"这个颜色恰恰在欧洲宫廷有的，像美泉宫，就是绿色和白色的。我说："你一定要给我们恢复。"这也是在我们坚持下恢复出来的。其他，比如落水管仿制，西楼发现地砖都保留，所以他们还是有保护概念的，他们还是接受我们意见的。在修缮过程中的确做到了修旧如旧。这次把我们的馆也做了一个典范，成为保护示范项目。这个我觉得也是在全国也做了一个典范。包括2楼展厅玻璃用的是抗红外的"Low-E"玻璃（低辐射玻璃），设计师也吸收了，他们还带我们去看了做过这个玻璃的效果怎么样。当然，现在更有新的技术，当时我打算把百叶窗做在玻璃里面的，但是时间又紧，技术也达不到，现在我看家庭也有了，这个时代也是在发展的。我走的时候，许多工作还没完成，今后领导愿意做的话，可以推进。在我原来的展陈中，总馆可以看分馆的，张宇他们都做好了。看到水闸、崧泽人在动。现在水闸部分就有个小的屏幕。这个真正是我和殷书记汇报的时候，总馆和分馆的概念，这个已经部分实现，至于钟楼，我们可以在下面看到钟是怎么转的。我为什么要这个设计，一个是现在的技术是达得到的；第二个是我是永远站在观众的角度来考虑问题。钟是怎么走的，人又上不去，所以有这样一个设计。现在有个安全监控，叫云台，可以操控，在楼下可以看到钟里面，镜头可以伸缩看近看远。看展馆也可以用无线的，今后有5G了技术更加方便。

再如我以前设想的口述历史室里面有一个大屏的，房间有PAD（小视屏）在放劳模、秦怡等口述史资料，可以下载。透过大屏，另一个房间可以看到我们坐在里面采访，我们看不到外面，但是外面看得到里面，所以采访不会受到影响，背景是钟楼花园，有我们传统的房子，原来设计好，今后电视台做节目都可以到这里来做的。我们可以收服务费。再如按胡劲军部长意见，我们原来设计的一个收藏家展览。要求展览部一年可展50个，一个礼拜一个，展览空间比较小。我们主要就是帮助收藏家按照展览的要求做展览。收藏家没有博物馆展示概念，他说我给你20件文物，文物先放什么，后放什么，什么章节，表述什么，我们协助他，这样弄出来就基本符合展览的要求。弄出来之后不是馆长决定的，要组一个专家团队评议，决定这个展览成不成规模，能不能办。老百姓都可以来办展览，只要有水平，有能力。我们另外还要准备一套可选择服务的收费系统，一个基本的老百姓可以接受的。所以当时宗明秘书长真的不容易，当时为什么把这个地方（西楼）的其他单位挪出去，就是尽可能把这些地方都搞活，让上海市历史博物馆成为上海市民的博物馆。这种口号其他类型的博物馆叫不出来的，哪怕上海市民家里藏了点粮票、奖状、毕业证都可以来做展览，上海博物馆就不是，不是每个市民家里都有古董的，所以市里是非常支持我们的，包括当初美术馆在这里的时候，西楼也是没有用于开放的。西楼为什么给我们，就是给我们做专题展览和临时展览，加上会场、学术报告厅、青少年活动中心、文创中心和咖啡馆。咖啡馆定调就是为了让所有老百姓都能享受到的简餐，和5楼的餐厅是有差别的，它是比较休闲，价位适当高点，当然我们对他们也有要求，价位不能设置太高，因为我们是公共开放场所。我们在整个展陈过程中是有理念，有想法的，所以在整个工程当中也比较顺畅的。当时设计团队，展陈团队，施工团队压力很大的，对我是有意见的，但是我的压力更大，只能碰到问题现场解决。我是非常幸运的，我们有新的建筑体在建，老建筑的修缮，当时我和黄勇书记是睡不着觉的，就怕出问题。我们比较幸运的，但还是出过一个比较大的事故，钟楼上的旗杆掉下来过的，还好当时还没进场。五月份周六刮风下雨，十几米长的旗杆掉下来。还有一次做的铝板，展陈公司没有粘住，一块掉下来，幸亏没有砸到文物。然后全部返工啊，他们问："张馆长，没办法，怎么做？"我说："这个三毫米厚的铝板了，你用螺丝啊。"第二天，他们开心死了，"张馆，你这个办法好啊。"这个用了螺丝，机械力是拉得住的，胶水热胀冷缩嘛就脱掉了。所以都是有情况的，但都被扼杀在萌芽中。每个步骤都要求好，虽然张馆凶一点，但是不出事情最好。包括展陈公司都说我这么和气的人也会发火。管理要跟上，还要严格执行。尤其是在赶时间，我也不怪他们，这个工程按照正常来讲，不是这么做的。后来我走了，没人盯了，如果我在，我肯定会盯到底的，展陈会更好。新的创意，新的东西，大家都没有经验，包括徽章展项，非常漂亮，背后是有技术支撑的，之前他们做的托座和抓钩都是很粗的，我要求一定要细，这样文物就突出了，精致了。展柜我是到厂里去的，解决了几个问题。第一，我原来设计的全是通透的展柜，但是全做玻璃，建筑承重不行，没办法了，那只能在后面用航空板，蜂窝铝合金的，这样是轻了，但是如果是一面玻璃三面板，又变成很传统的展柜，所以我觉得不行，太难看了。所以为什么我们边上留了12厘米的玻璃边，对他们展柜公司压力也大，就是我们后来坚持了。包括展柜的锁，我们有机械锁和电子锁，要锁看不见，有没有办法？包括上面灯光，我都是到厂里一个一个看效果的，调试、共同研究。这种东西就是越磨越好，其实许多东西都要磨出来的。有次他们老总说："张馆你干吗要懂这么多，我们很难做。"的确对他们压力很大，因为有些东西都是新的，所以就是这么一个过程。整个过程黄勇书记真的不容易，最多的时候有四五个团队在现场，他们天天吵架，我们还要去协调，你先做，我后做，因为时间紧，照理来讲，前面一个团队修缮好，清场，后面一个团队再进场，因为来不及，我们都是错位进场，牵涉施工前后问题，每个团队都是为自己的

图 2　上海市历史博物馆新馆建设外景（张毅拍摄）

利益考虑，所以吵架是不断的。黄勇书记帮了我很大忙，要协调的，协调工作是很大一部分工作。所以反过来想，这一段时间虽然工作非常紧张，压力很大，但是还是很有意义，像自己亲手培养的孩子呱呱落地了，辛苦还是没白费，很有成就感。

高屋建瓴　格局要大

我们现在是上海市历史博物馆（上海革命历史博物馆）两块牌子。当时我也有一点恻隐之心，因为把人家的牌子拿过来了。倪兴祥馆长那时候碰到我："你们把我们的牌子都拿过去了。"因为他们从1950年代这块牌子就是筹备的，这个背后是有故事的。我们在建上海市历史博物馆的时候，就算没挂这块牌子，也会有革命史部分的。因为上海首先是一座英雄的城市，比如有一大、二大、四大，还有国歌诞生地，这几条线就可以讲完整的故事。比如讲上海市政，一个城市发展过程也可以讲一个故事，讲我们建筑也可以讲一个故事，讲我们古代到城镇化的过程也可以讲一个故事。所以原本就是涵盖的。但是如果冠了这个名了，那么对我们馆来说压力是大的。老百姓看我们馆，不单单是看城市历史的部分，要求革命部分是不是讲透，这就为什么我们后面有专门一个章节讲革命部分。俞正声书记到上海来，他到"一大"去，一次讲"怎么上海没有一个专门讲革命历史的展馆"。所以政协一直在做提案，一直在呼吁："上海要建一个上海革命史的博物馆。"最后我们历史博物馆落定后，是市领导在我们上历博落定的报告上，批了一条，历史博物馆要兼有革命历史博物馆的功能，也是对政协提案有一个回应。当时中国历史博物馆和革命历史博物馆两个馆后来是一个牌子，可能领导考虑比我们深，所以给了我们两个牌子。经过考量，我们分了城市史，革命史，也有人提出，东楼西楼分开。我是否定的，因为我考虑到如果分开标注，两楼分开，那就是使所有的观众说我只看革命史，我就不看历史了，或者我只看历史部分，不看革命史了。不利于我们对城市的完整反映，也不利于我们对革命史的宣传。从我们专业的角度来讲要融合在一块，也得到了领导的支持。所以我们后来开专家会，两个方案都提，但是我们是有导向的，最重要的是考虑了观众，让他们在真正地了解历史的过程中来接受革命史，而不是把他们变成孤零零的概念化的，我就最怕这种概念化的，不利于我们真正的爱国主义教育，这一点最后专家是支持的。我们在革命史和城市史的整合过程中我们还做得不够好，但是我们已经尽了努力了，因为这里面有许多原因的。除了大纲原因，还有展品原因，表现为这个文物精彩与否，够不够支撑。我们以前革命部分如果是做在城市史中的，有突出的话，也会很饱满，但是如果变成一级标题的话，（以革命历史博物馆为要求的话）就不够支撑了，所以当时市领导也花了不少力在调动最好的资源，但是这一点我还是失败的，能量还是不够的，包括上海博物馆调动，一大调动，这个就留给新的领导。现在来讲我们已经尽了最大的力，我们这个名称也是名副其实的了。革命史在整个上海史中是重点描绘的，剩下的就看以后了。这个定位不是我们层面来考虑，是从上海一个大的文化格局来看的。包括讲解也是这样的，首先是讲馆名的，"上海市历史博物馆"，"上海市"表示我的展品收藏和展览肯定是和上海市有关的，哪怕间接的也必须要有关。没有关系的不是我的收藏范围，也不是我的展览范围。第二是"历史"，包括城市的政治、经济、文化、市政等，框架要立起来。第三是"博物馆"，是要用实物讲话的，不是陈列馆，用图片给你看看，许多人认为我们馆里面墙上挂的图片都是复制品，其实都是真品，凡是镜框装的，都是真品。我们镜框里都是无酸纸，已经完全做到保护的要求。所以定位是我们要坚守的，在全市要平衡的，所以上海最顶尖的要放在这里，上海博物馆是中国古代艺术博物馆，定位应该是全国的，但是他越做越小，做江南文化了，和我们抢文物了，所以这个是格局问题，我作为历史博物馆馆长再呼吁也是没有用的。这个是要市里层面出面了。包括我说总馆和分馆，这几年和区里关系非常好，只要我们馆不展的，我都会借给区里去展，何必藏在那儿呢？我们以前都有好的经验，包括江南制造局博物馆，我们每年都要借给他们文物，我们那时候没有馆址。现在我们有馆址了，上海的精华要留在这儿。我们不要求产权拥有，鲁迅馆、宋庆龄馆我每年借一件，常换常新，我们原来是有这个机制的，但是要人家呼应，而且上海博物馆有很多是建馆留下的文物，很多东西他们不用，就永远是藏在那里的。这个就需要高层对上海整个文化产业有布局，这个上下呼应了，事情也好办了。缺了哪一头总是疙疙瘩瘩的。在文广局的协调下，上博还是有支持的行动，南汇博物馆那批陶器给我们带来了。我希望今后各级领导有这个格局和打算，作为上海市民，我可以享受到。

对年轻博物馆人的寄语

这个时代肯定是往前走的，关键是我们过去的一些经历，还有一些目标没有达到，理想和实践还有距离，年轻博物馆人通过我们的经验来实现真正的理想。我们历史博物馆有今天真的不容易，今天有个家了，这个在全国的概念不一样了。可以安安定定地做些东西。那些年作为没有家的（中国博物馆协会城市博物馆专业委员会）主任单位，我们办流动展览，那些单位还很支持，这就靠我们还是有东西，还有馆长之间的相互关心，有共同理念，为老百姓服务。当初办那个外国瓷器展，捐赠者就对我讲："张馆长，我捐给你东西可以的，但是不要我捐给你，你就放库房。"我当时就对捐赠者讲："我其他都办不到，这个我肯定帮你办到。"基本上那个瓷器展，每年全国的观众要达50万人左右。我希望年轻人要有想法，有冲劲，有热情，不服输。风风雨雨不怕的，第一，要坚持做好人，为他人着想就是好人；第二，不做糊涂的好人，要做有智慧的好人，我们的专业，工作，工作的规律都是自己要摸索，学习的。有了这两个东西，总是会一点点进步的。

华山医院青年突击队抗疫见证

整理者札记

严敏斐

草长莺飞,最美不过人间四月天。2021年武汉重启一年之际,武汉同济医院门口的同济健康天桥的护栏上刻着疫情期间全国援鄂医疗队的名字及人数,武汉人称其为"感恩铭牌":"感恩你们为湖北拼过命。"其实不光是武汉人民难以忘记,那些出征武汉的白衣战士也把武汉这座英雄的城市当作了他们的另一个故乡,因为在那里曾经有过过命的交情!而作为中华儿女的我们更不能忘:所有生机勃勃的城市和熟悉的人间烟火的背后是无数英雄共同的托举。

在复旦大学附属华山医院有这样一支抗新冠肺炎青年突击队,这支队伍在上海各家医院中,当属创建时间最早、抗击疫情支援条线最多、投入青年人数最多的队伍。自2020年2月3日华山医院团委发布招募起正式创建,由190余名35岁以下参加抗击疫情工作的青年组成,平均年龄29岁,最小仅21岁,其中有164名队员驰援湖北省武汉市、7人支援上海市公共卫生中心、3人支援云南省文山州丘北县,并投身于院内发热门诊、急诊、隔离病房等抗疫一线工作,以及院内各项疫情防控志愿者服务。青年突击队的先进事迹被学习强国、共青团中央、中国共青团杂志等媒体多次报道。

2020年4月—5月,笔者有幸请到了复旦大学附属华山医院抗新冠肺炎青年突击队的11位医务人员来上海市历史博物馆(上海革命历史博物馆)参加口述历史采访。这十一位讲述人是来自华山医院不同科室、不同岗位的精兵强将:有肾脏科、有心内科、有监护室、有老年科、有感染科、有麻醉科、有护理部、有神经重症科、还有急诊室,因为执着的信念而携手同行,冲向抗疫最前沿。他们奋战在武汉同济光谷院区、金银潭医院、武昌方舱医院。照片中,你我甚至分辨不出他们在隔离服、护目镜、口罩下的样子,然而隔离服上手写的名字却闪耀着温暖的光。他们不仅是医生,还是父母眼中的孩子、是妻儿依靠的父亲、是幼龄孩子的母亲。他们不仅要照顾病患,还要关心队员的健康，因为说好了："一个都不能少，整整齐齐回家。"

这十一位讲述人，用他们的亲身经历，还原疫情最严重时期武汉的人与事，以及远在上海的家人、医院同事、社会各行业及志愿者们给予他们源源不断的精神支持和物质保障。有些康复是在身体，有些治愈更在心灵。

　　点滴萤火，人间星河。
　　英雄的城市背后，是一个伟大的国家。
　　英雄的人民背后，是亿万伟大的人民。

图1　援鄂第四纵队A组的一张集体照。
第一排从左往右：陆文丽、陈蓓妮、姚静丽、张雯、闵铜新、金琦、金莺、邓蕊
第二排从左往右：刘伟娟、张叶麒、陈洁、秦伟成、盛玉涛、蔡文静、杨孜雯、周敏、万亿

图 2　回到上海刚进到青浦卓越铂尔曼酒店大堂，大堂的背景欢迎回家。我们急诊出去的 16 名护士就拍了这张集体照作为纪念

图 3

图 4

一、坚毅与柔情谱写战"疫"之歌　汗水与温度延续生命之河

杨敏婕　**口述**
吴晨烨　**整理**

（一）成长：从国际象棋手到急诊医生

我的祖籍是宁波，父母都是普通的工薪阶层，目前有两个孩子，一个在上五年级，一个在上三年级。我是土生土长的上海人，从小在上海长大。儿童时期记忆比较深刻的主要是下棋，我从小是下国际象棋的，除了读书就是下棋，不是训练就是去比赛，基本上玩耍的时间比较少，从小是这样的生活。因为我父亲也比较爱好下棋，我3岁的时候他就先教我下中国象棋，到小学一年级的时候，我们小学开展了国际象棋班，我就报名参加了，从那个时候开始下国际象棋，一直到高三毕业。我在全国、上海的比赛都获得过很多奖项，是国家一级运动员。也因为下棋是特长生，读书成绩也还行，从小是直升的，从小学到初中，从初中到高中都是直升的。我是市北中学毕业的。高中到大学，我也有一个直升的学校，是上海财经大学，但当时我想做一名医生，所以自己投了医学院的志愿，参加高考。高中的时候看了一部电视剧《急诊室的故事》，看到了医生的形象很专业很酷，能挽救很多人的生命。另外自己的确也是想帮助更多的人，觉得能够挽救生命这件事情就非常非常崇高，这种感觉非常非常好，所以我对医生这个职业产生了向往，就很纯粹地想当一名医生。所以我报考了当时的上海医科大学，现在的复旦大学上海医学院，进入了临床医学七年制专业。

2004年我到华山医院进行硕士研究生的学习，在2006年正式留院，成为一名住院医生开始在急诊室工作的，2012年升为主治医生以后主要就负责急诊一些急危重症病人的抢救等诊疗工作。急诊室是非常繁忙的，每天工作节奏都很快，经常有一些应急的情况出现，因此我们在工作的时候是高度紧张的，常常因为病人比较多也来不及吃饭，来不及喝水上厕所，这些情况都是常有的。另外我们还有一个特点跟专科不一样，就是我们没有常规节假日，因为我们是翻班制的，所以我们可能休息在平时，节假日是上班的。特别是像一些7天长假的日子，我们的工作会比较忙，基本上是不会休息在家的，这个是我们急诊的一个特点。我休息在家，有空时可能要整理一些家务，因为家里事情也比较多。如果可以的话，譬如正巧周末休息，那么尽量多陪陪孩子，因为孩子还是需要陪伴的。我跟我先生是双职工，但我们想尽我们所能亲力亲为能够教育到孩子，所以我们有时间的话，尽量还是把时间花在孩子身上。

（二）驰援武汉武昌方舱医院

1. 白衣战士奔赴战场

1月份的时候，我们已经从各方面了解到武汉发生了这样的疫情情况。大年三十的时候，我得知华山医院有4名队员参加了我们上海医疗队第一批援鄂的队伍，他们是大年三十吃年夜饭时候出发的，当时感到非常为他们骄傲。同时也想到自己作为一个医生，我还是我们科室党支部书记，也想出自己的一份力。当时我们的急诊也在水深火热地搞发热门诊的事情，急诊的病人进来是不是要进行发热预检，我们在做这方面的流程改建，因为这个时候在流行病学上可能有进一步的要求，所以我们的工作其实已经开始了往这方面的重心转移。因此我觉得作为一个党员，作为一个医生，这个时候还是应该要到前线去的，所以在大年三十向我们医院的党委领导、科室主任都报了名，说有需要的话我愿意到武汉前线去。后来我是在2月4日凌晨收到通知说要到前线，领导在那个时候问了我一下，说你家里还有孩子，问我是不是要考虑一下，我说我态度是很坚决的，没有什么好犹豫的，我是一定要去的。我先生也很支持我，他知道我是医生，应该说这个职业有它的特殊性和使命感，尤其是在这个时段上。他说你放心家里我来照顾，有他这句话我也就放心了，因此我就毫不犹豫地去前线了。我是在下半夜打包，我们很多队员都是在下半夜打包，第二天早上就赶到医院。当天晚上比较晚了，孩子们不知道，早上是看到我那个行李箱才知道我要出发了。当时其实我没有跟他们多说什么，只是说妈妈要出去工作一下。因为当时也没有告诉我们具体的任务，也不知道要去多久，只是说去武汉。但是我是做好心理准备的，不可能短时间内回来的，因为当时武汉的情况我们知道是非常严重的，封城了，我们进去就是去支援的，我是做好长时间准备的，所以没有跟他们多讲。我不知道一早上怎么来跟他们讲述这件事情，这些是我到了武汉安顿下来之后，跟他们视频再跟他们具体讲的。父母这边呢，我的母亲也是支持我的，但是她同时也是担心的，我就跟她说你放心，情况还可以，就安慰了她一下。其实去之前肯定是做好了可能被感染的思想准备的，相信我们每个队员都是做好思想准备的，然后大家就出发了。在出发前也有一些感动的事情，大家都知道武汉当时物资非常紧张，因此去之前，科里同事们都会帮忙打包，因为过几个小时就要出发时间很紧张的，行李箱来了之后，科里同事会帮忙准备一些医疗物资。比如像我们科室的护士长，她在我走之前把科里她自己珍藏的N95口罩，还有一些防护服、手消液，这些很珍贵的物资塞在了我的行李箱里。她也是希望我能保护好自己。我们很多队员从各个科室来的，都是相同的情况，他们的行李箱里除了一些自己匆匆打包的生活用品之外，很多是科室里的人员从自己珍藏的一些防护用品里捐出来的，或者说是科室里面支援的，给他带到前线去，所以我们是带着满满的感动出发的。我们乘着高铁去武汉。在上海站，我们是跟东方医院的国家紧急医学救援队一起出发的，这列高铁一路经停了几个站，有些小站我不记得了，大站比

图 1　初到武汉站

如像苏州、南京它都经停，经停以后，上来的人员全部是医疗队。整列火车其实都是各个医疗队，所以这就是一列去往前线支援的列车，所以当时是很有感触的。在火车上，我的一些亲朋好友得知我要去武汉了，我的大学好友、我们班级的班长还发消息给我，她说：你放心，你家里如果老人有什么需要照顾的，小孩有什么需要照顾的，因为家里爸爸毕竟是男同志，需要我帮忙的尽管说。这样的消息也是让人很感动，我们一路上就这样到了武汉站。

我们是当天晚上 20:15 到达站台的，当时到站台，一抬头就看到"武汉站"3 个字。（图 1）我们排着队，身上背着行囊，穿着我们医疗队的队服，看到"武汉站"3 个字，一下子就感觉自己到了战场。心情是有一些激动有一些小小的紧张的，因为我们知道我们作为一名战士已经到前线了。这里要介绍一下我们的医疗队，我们是一支国家紧急医学救援队，本身就是一支每年要拉练，每年要搭建移动医院进行演练的队伍，它就是这种在应急情况下能够拉出来的像战时部队一样的医疗队。因此我们每个人都知道自己是上前线打仗去的。我们去的时候是公交车接我们的，司机都是志愿者。公交车上面都是灰尘，就是很久没有运营的那种状态，司机还让我们不要到处乱碰。因为我们从上海来，刚开始可能还没有这个意识，他就说有病毒的，你们不要乱摸，就坐在那里，气氛是相对紧张的。坐下来之后我们一路看着车外，武汉原来是非常繁华的，晚上 8 点多应该是很繁华的时候，但是外面看上去就是空空如也，除了路灯什么也没有，很凄凉的那种感觉。我们也看到路边的居民楼里，全是星星点点的灯光，人都在家里面隔离着。我当时感觉武汉人民非常不容易，大家都默默地隔离在家里面，外面没有一个人，也是为国家抗疫做贡献。然后我们就到了驻地，刚开始我们还以为是要住帐篷的，我们带了物资，带了一些吃的罐头，随队还有后勤人员。帐篷我们都是带着的。我们每年一到两次出去演练培训的时候，也是在山里面体能拉练、搭帐篷，进行野外培训的，所以我们以为这次去也要搭。结果发现我们是住在酒店里面，大家也是挺高兴的，大家还说是不是今天临时住一下的，明天是不是又要去住帐篷了，大家其实都是做好要去吃苦头的思想准备。当时驻地是还可以的，我们住在万达嘉华酒店，酒店的工作人员对我们很好。酒店里面的人员也是穿着防护服的，包括门口前台、给我们发饭的小姐姐、服务生，都是穿着防护服，戴着护目镜的。酒店也跟我们平时住的酒店不一样，我们平时住酒店是每天有人进来打扫卫生的，但在那里有专门的一套关于疫区的打扫流程，因为我们是医疗队，本身也有一个可能被感染的风险，所以酒店的工勤人员是不进入我们房间的。我们房间都是自己打扫的，所有需要更换的布单、矿泉水、牙刷、牙膏之类生活用品他们就放在每个楼面电梯口这个地方，我们自己去更换。脏的布单之类的有一个专门的箩筐给我们装，都是自给自足更换。拿饭也是，只在底楼给我们拿一下饭，客房服务是基本没有的。因为基本他们是不进房间的，除非房间有东西坏了。我们在酒店里也设置了一套消毒程序，从酒店门口穿着衣服进来，把门口地垫打湿，上面是消毒液，踩在上面消毒鞋底，然后用装84消毒液的喷壶把身上全部喷一遍消毒。进门之后工作人员要量体温，写你的房号，体温有问题的肯定是要进一步再看的。还有75%的酒精消毒液，那个味道第一天去的时候就觉得很厉害很冲的，后面每天用就习惯了。我们在门口消好毒，进去拿好饭，然后再上楼。电梯间也是像我们现在电梯间都有的，用纸巾来按电梯按钮，我们后面很长时间都习惯于做这个动作。因为在那儿已经习惯了，很习惯去拿纸巾按按钮。到楼上之后，我们队员自己在门口就辟了一个相对的污染区、缓冲区。比如把我们在医院里面工作的队服脱在门外，在房门口放一个袋子或者是一个箱子，然后把衣服、外裤都放在房门口，包括外面的鞋子，有的是我们穿防护服比较方便的高筒的套鞋，有的可能是跑鞋，鞋子要放在门外。在房门口放有消毒液，消毒后再进门。进门也有一个缓冲区，大家自己设置，什么样的东西你觉得是相对污染的，就在这里进行简单的消毒，也有手消物品，然后再进入房内的清洁区。我们在驻地里面也是分成这样3个部分的。

2. 武昌方舱医院从无到有

我们这一批是46个人，第二天2月5日一早，我们接到了任务，去武昌方舱医院支援。武昌方舱医院是当时武汉最早筹建完成，并且第一个投入使用的方舱医院，它是用了29个小时由洪山体育馆改建完成的。我记得当时早上去的时候，它还在做最后的基建，挖土机都在现场，所以它是抢建完成的一个方舱医院。当时这种情况下，方舱医院非常重要，武汉当时医疗系统已经瘫痪了，还有医护人员生病了、倒下了，因此很多病人是在家里的。但在家里病人本身也不放心，怕自己有生命危险，的确有小部分会转重症的情况，同时还会感染到家里的其他人，成为社区的感染，因此方舱医院的建立就起到了隔离病毒、救治病人的双重作用，非常重要。但是因为方舱医院以前没有历史经验，没有用作于这样一个传染病的诊疗，所以当时没有任何经验可以给我们遵循，一切所有的东西都要重新建起来，这个也是刚刚开始非常艰难的一个地方。

我们当天到方舱医院先展开了移动医院单元，要把医疗帐篷全部搭起来，做出一个预检的通道，把这个全做好。然后把我们从上海运来的医疗物资全部运下来，进行分类、转运，再运到舱内这些事情。还有我们的医疗架构要进行初步的建立，因为我们一共有

15支医疗队，有4支国家队，所以大家要进行一些协商，怎么来做整个方舱医院的组织架构，第一天是比较忙的。方舱它是一个体育馆，分A舱和C舱东西厅两块区域，还有个地下室，所以它共分ABC舱。A舱和C舱大概每个地方有250张床左右，B舱地下室有300张床左右。外面一圈是像广场一样的一个室外的结构，分为北门、东门、南门，北门是设置成病人进来的通道，东门是病人出院的通道，南门是清洁区，是医生护士进来的通道。我们是晚上6点钟接到第一个任务，就是当天晚上要收治病人进舱了。因为大家从来没接触过那么多确诊患者，当时方舱所有的流程也没有建立起来，包括院感流程、后勤人员，什么都没有。我们也是第一次进去，要摸着石头过河，所以我们第一次进去的5位都是党员同志。我们第一天穿的防护服还是自己从上海带去的，因为物资还没有完全到位。晚上6点钟我们就穿好防护服等在那里，因为也是第一次收病人，从社区过来当中还有很多衔接的部分，我们一直等到晚上11点钟病人才正式到来了，那时我们已经等了4个小时。当时心情还是有点忐忑的，因为没接触过，我们对这个病毒的了解非常少，只知道整个武汉情况很严重，大量的人感染，传染性很强，毒力到底强到什么程度也不知道，病人来了以后的确有点紧张。半夜里面，他们是救护车过来的，一下车就是大包小包的，还装了很多来过日子用的热水袋、脸盆等生活用品。他们一个个都很疲惫，带着那种求助的眼神，看到他们之后我就不紧张了。刚开始我们也不知道他们长什么样子，觉得这个病毒是很可怕的，但是他们来了以后发现他们也是普通人，不幸得了这个传染病，所以我们就想赶紧上去帮助他们，开始预检工作，这样一直持续到凌晨2点钟。我们医疗队第一次收了50多个病人，再交接给下一班医疗队，接我们的是湘雅的一个医疗队，他们接班，我们2点钟下班。

  刚开始病床都是空的，直接收病人进去就可以，后面是根据病人出院的情况收治，比如A区出了几个病人可以收进去几个。因为刚开始地下室还有很多消防通道的问题需要评估，在没有做好之前不能开放，主要开放的是上面东西厅，就是A舱和C舱，一共有500张床，一两天内这500张床就收满了。收满了以后出现了很多问题，当时天很冷，医院又是体育馆改建的，供暖各方面不足，病人的生活就有一些问题。当时武汉情况很艰难，很多保洁人员都不做了，开再多的工资都请不到保洁工，保安也没有，所有的工勤都没有，没有人给病人送饭，没有人送药，也没人做保洁，没人维持秩序，就是这个情况。病人有可能从北区可以走到南区，这个地方应该有专门的保安师傅在那里维持秩序的，但是当时也没有。在刚刚开舱的时候，主要是靠我们医生和护士做这个主力工作的。病人所在的病房舱内我们叫污染区，因为里面有病毒，我们是穿防护服的，清洁区是我们医生和护士还有行政人员工作的地方，那里相对来讲是没有病毒的，大家是不穿防护服的。这两个区域之间隔开来的门坏了，要找师傅来修，师傅刚开始也请不到，我们只能想办法把它封起来，否则在外面清洁区是没有办法防护的，就会有风险。当时武汉的物资、人员，各方面确实都是短缺的。后来用高价好不容易请到了一个师傅来修门，因为那个门很重要，是隔开清洁区和污染区的。的确是有过这样一段非常非常艰难的时间。这段时间所有的流程，硬件软件要做起来主要是靠我们每天10多个小时扑在方舱里面进行工作，工作手机也一直不停地有消息进来，大家一起在那里开各类的协调会、医务会，做队员与队员之间、队伍和队伍之间的磨合，因为大家是天南海北来的，肯定习惯不一样，要进行磨合。这样的情况持续了几天。这段时间我们其实也是感受到了我们整个国家的力量，是靠我们政府、社会、各行各业的动员，快速地就把资源调过来，我们方舱需要的很多物资都是从外面包括武汉以外的地区调过来的。其中还包括我们医生护士的一些生活物资。比如我们在酒店里面是不能开空调的，那我们是很冷的，那个时候热水袋、暖宝宝这些都是靠调运、捐赠这些途径来的，我们深刻感受到了整个国家、整个社会快速调动，大家齐心协力的力量。我们呢也是一起齐心协力在方舱里面没日没夜地干，那时候各种应急情况非常多，病人的需求非常迫切，他在里面要吃饭、要睡觉、要治疗，我们要尽量快地把这些事情做起来。我们武昌方舱医院是由武汉大学人民医院来主管的，我们方舱医院的院长也是他们医院的副院长，在没有工勤的时候，他要亲自给病人去送药。武昌区区长亲自负责后勤保障物资的运送，我们的领队马昕院长第一个带着我们进舱进行行政查房，安抚病人情绪，刚开始就是这样由领导带头，我们大家也跟着一起同心协力，情况才能在短短几天之内好转。病人供暖有问题，我们就先把这个应急的问题解决了，把热水瓶、热水袋、暖宝宝全部先送到，再看其他比如制暖设备可否调运。这个就是方舱医院从无到有这个过程，那个阶段的艰苦奋斗，以及大家齐心协力、各方支援以后，方舱开始慢慢有序起来。

3. 用坚毅对抗病毒与困难

初期这些流程建完以后，我们接到的任务是要主管C区，一共是249张床位，合作对象是武汉大学人民医院的医生团队。我们在C舱内建了抢救区域，有一张抢救床，配上了抢救车。因为我们的队长在做院感院长，所以我们进舱查房主要是7个医生。还有医技的老师，他们要在医技车上给病人做化验和做放射拍片的，我们团队就是这些人。武大人民医院医生有时候多一点，有时候少一点，平均大概是在20个人左右，由我们这些医生团队管理C区的这249名患者。刚开始病人一下子就收满了，当时方舱医院的情况跟普通医院不一样，它里面没有电子系统，不像我们在医院里能很方便地调阅病人的病史，诊疗情况一目了然。它分成舱内和舱外的，舱内和舱外的信息完全不对称，因为舱内我们穿着防护服，所有的物品都不能带出舱外，比如纸、笔，这些都是污染区的东西，不能带出去。所以在舱内我们都是手工书写病史，记录病人每一条信息，然后再通过工作手机拍照，传到舱外，舱外再根据工作手机上小小的字，再一个一个登记成电子文档，这样的一个运作模式非常费人工，工作量非常大，因为病人量比较大。前期有少部分的病人会转重症，因为好多病人是1月份发病的，已经有一段时间了。有的人情况是比较重的，有很小一部分会转重，这部分病人我们要找出来。当时有一个女性患者，她来的时候生命体征是好的，到了晚上突然就喘了，氧饱和度下降，吸氧之后也没有好转，只有85%，所以立即要转院，这样的情况让我们开始更加严峻地考虑到我们舱内的一些情况。如果我们不把这些病人找出来，病情瞬间转重，有生命危险会来不及抢救的，因为整个转运，联系定点医院，救护车来接他，这些都需要时间的，因此我们需要给病人预判，这个是我们在诊疗当中比较重要的工作。每天给249个病人查房，这个量也是非常大的。刚开始因为我们的队员是从不同科室来的，有一些也没有穿防护服的经验，大家对方舱的好多情况都不了解，比如它里面是怎么设置清洁区、污染区的，怎么来穿脱防护服这个细节流程也不是非常明确。好多护理人员是从偏远地区来的，他们对整个抢救流程，怎么做心肺复苏也不是很了解，我们就紧急做了全院医护的心肺复苏还有其他一些应急的培训。因为病人除了肺炎还有本身的基础疾病，有些有心脏病，有些可能会发生脑卒中，我们几个医疗队的组长就各自分工做了一下各个流程的培训。比如我们华山队是接了一个脑血管意外的流程，有的医疗队是接了胸痛的流程，我们就把这个应急流程也跟大家培训。这些都是在夜间进行的，白天因为都要上班，晚上就进行全院培训，这些都是每个星期紧急进行的。我作为小组长，每一个新去的队员我都会带进去走一下整个流程，他就清楚了。每一次进舱之前，我们队员都养成习惯，互相之间检查防护是不是到位了，然后再进舱查房。那时大家还有些耐受的问题，穿上防护服，戴上N95口罩之后人就会缺氧，虽然是冬天，但是还是会闷热，会缺氧，会头痛、恶心，甚至呕吐，有的人会有要晕过去的感觉，这些我们医生都遇到过。因此我们是需要克服很多身体上的极限的。一般我们是要求医生在舱内不要超过4个小时，因为N95口罩的防护作用到时限了，另外也考虑到身体的极限问题，查房时间基本上订好在4小时内。但是因为舱内病人量比较大，每个病人也有很多问题要问医生，我们的医生也耐心地给他们每个人做解答，因此时间也不是那么好控制的，可能不知不觉时间就超过了。

刚开始还没有秩序，我们是一直在那里的，没有休息的。后来有了正式排班，我们队员比如说安排他上午查房，那下午他还有一项工作，就是放射检验，需要临床医生读片。我们的检验老师主要是进去把一天需要检查的量做完，量是不固定的，少就可以早一点下班，如果量比较大，像刚开始我们做放射的量很大，可能就要做6小时到8小时，每天要把量完成。量不固定的话，工作时间就是不固定的。我刚开始工作时间也是不固定的，规律以后，我一般早上7点30分和我们第一批队员就到方舱去了，帮他把所有需要进去查房的重点先梳理一下。比如有些病人可能今天要出院，需要最后再把把关看一下，有些病人是不是有转重的可能，有些病人治疗上有困难，需要在查房的时候再多问几句，再看看情况。这些都帮他们梳理好，个人防护给他们检查好，他们就进舱了。有时候我自己早上要开个医务会，传达我们整个方舱医院的要求，包括要跟大家讨论一些医疗上的问题怎么解决，各个医疗队之间怎么来协调，这些开完以后我再进舱，跟着他们一起去看一下。有时候我也和我们的队员轮班查房，因为我们人数不多，所以如果轮到我主要去查房，我也要进去。我们吃饭是在清洁区。刚开始我们的办公室是在体育馆内部的，用预制板隔开来，没有天花板，我们也不是很清楚空气里有没有病毒，所以我们在里面还是比较谨慎的，都是不脱口罩的，同时我们也不吃东西。但是冬天不喝水，又不吃东西，体能上会吃不消，我们就想了个办法。我们医疗队带了两个油汀，取暖的同时我们把利乐包装的牛奶放在上面，我们张继明队长就想到，把它的吸管从口罩下面穿进去。这个办法很好，因为它是个流质又是牛奶，既补充了能量又补充了水分，所以我们基本上白天就靠牛奶。我们张老师是院感院长，后来他又提出体育馆的工作室相对来讲还是有风险的，希望把工作人员的清洁区移到体育馆外面，也就是外面那个空旷的广场上，就在外面做成像集装箱房一样的，做了两三排办公室，每个医疗队都在里面。从那以后，也就是2月底，我们搬到新的办公室以后才开始在那里吃午饭，因为吃午饭的时候肯定是要脱口罩的。前面也说了，一开始舱内舱外信息不对称，病人的信息不完善，对医疗安全是有隐患的。我就连夜设计了一个简单的excel表，把每个病人的情况都列进去，比如他几月几日查了什么、什么结果、现在进程到哪一步了、症状怎么样了、离出院还有多久或者是不是需要转院，都会把它标出来，这样的一张进程表。我们早上进舱查房的医生到下午会根据我设计的表格，对病人上午查房情况进行整理，在表单上进行更新，然后我会根据这张表上的情况做最后的汇总，包括第二天要做些什么事情、哪些病人需要出院。出院名单都是要提前准备的，因为出院的病人是需要经过社区安排的。刚开始他们是回家，需要社区能够安排他们回家，后来是到酒店集中隔离，也是需要联系酒店的，需要整个社会去联防联控去做这件事，所以我这边名单必须要出得稍微早一些，给对方时间去准备。它整个是一个联动机制，每一步都一定要在规定时间内完成，所以我们的任务每天也是很紧凑的。晚上如果有夜查房的话，就进去夜查房，如果没有，我就回驻地，把这个表格全部整理出来，名单全部列出来，第二天要做的所有的事情都列出来。跟武大的医生领队也要进行沟通，跟上级领导，医院医务处的副院长、医务处的处长进行汇报，我作为C舱的主管，要把这些事情都汇报上去。当天晚上都是要第一时间完成的，一天除了睡觉基本上都在做这些事情。下半夜一般手机是开机的，因为病人可能随时随地会有转重，如果下半夜有病人转重，就会有电话来，需要处理。另外就是有临时的预检任务，预检都是由我们的队员去完成的，我们也有一个排班，这个是临时任务。只要来电话了，我们就出队到方舱去，也是坐志愿者的公交车去，大概10多分钟路程，穿好防护服去预检病人。因为方舱是有收治标准的，所以需要我们医生去预检，这些基本上是我们一天的工作情况。刚开始整个方舱内部变化也比较快，我们的医疗小组就保证每天或者隔天有一个线上的医疗会议，我们几个人就开视频会，跟大家汇报一下情况。因为我是每天在那里的，我们队员要保证他们能够做一休一，保证他们有休息，那可能他休息那天并不知道方舱内发生了什么，我们就进行汇报、沟通，也听取大家的意见，大家觉得怎么做比较好。我们的排班也是弹性制的，如果今天这个医生上岗之后人不舒服下来了，那么他下一班的医生就顶上，并不是说固定今天、明天、后天就一个医生负责到底。大家也很理解，因为这也是大家一起商量的结果，这样弹性的工作制能保证大家不会有太大的问题，也能保障自己身体的适应度。因为每个人的适应情况不一样，有的人可能会紧张一些，有的人可能会觉得没什么，每个人个体情况不一样，所以我们就根据这个做大家的排班。我们整个医疗队每星期都要作工作汇报，首先是我们领队马昕院长作工作汇报，医疗组、护理组、后勤组，我们每个人都要上去作一周的工作汇报。我们的临时党支部，每个星期也要开会，来保证我们医疗队正常的运行以及快速的反应。除了每周总结，每天我们小组内再作总结。我们每个医生每天结束进舱查房之后我们都会跟他沟通，看看有什么新的情况，今天病人情况怎么样、心情怎么样、有没有新的隐患，包括医生自己身体怎么样、心理状况怎么样，经常地关心队员，来保证他们每个人状态都很好。大家虽然是一个医院的同事，但是从各个科室来的没有那么熟悉，我们也是在慢慢的过程当中建立互相之间的信任，互相帮助，最后我们这个小团队，大家就像是过了命的交情，是亲密的战友关系。

4. 用柔情温暖战友与病患

我们跟武汉大学人民医院的医生之间也是这样，我们刚到那里的时候发现他们的医生其实是心力交瘁，他们从12月份到1月份再到2月份工作已经2个月了，非常累，有一些他们的同事、同学倒下了，甚至过世了。专门的主力军，比如传染科、呼吸科、急诊、重症的，这些医生好多都已经倒下了，来支援我们方舱的医生有泌尿科的、有肿瘤科的、有妇产科的，他们都不是专科医生，因此一个是要跟他们进行进一步的培训，第二个是他们一下子看到那么多病人进舱，他们的工作压力非常大，心理又很疲惫，所以这种情况下，我们能做的，就是多帮他们一点。我们是国家队和地方队，接到的任务是去指导他们的，但是我们觉得能多做的就做一点，因为他们已经非常疲劳了，身心俱疲，所以我们就尽量多做。我们跟他们之间也是每周定期开协调会，保证他们有什么困难我们可以及时知道。我们能做的包括每个病人我们都自己查，7个人轮流把200多个病人查下来。他们就跟着我们，因为他们真的是没这个体力自己查了，有什么问题我们指导一下，他们也能学习到很多东西。就在这样的一个过程当中，我们慢慢互相之间也建立了一个很好的战友情。

病人方面，我们发现，他们除了身体创伤，还有心理创伤。我们方舱的病人和ICU的病人不一样，ICU很多病人是没有意识的，我们的病人大部分是轻症患者，有一定的活动范围，也有很强的心理需求。他们刚来舱内的时候也害怕，在家里隔离的时候不知道医疗是什么样的情况，有的病人我们查房时发现他家里人一家都过世了，就剩他一个。有的病人和家里人在不同的地方，有在定点医院的，有在不同方舱的。所以其实他们心理的创伤都很重。方舱初建的时候，有很多还没完全跟上的时候，他们会有一些不理解，但我们非常理解他们。我们能够做的不仅是克服我们自己身体上的一些极限，除了我们本身做的治疗以外，更多的要给他们医疗关怀和人文关怀。平时我们跟病人交流，是能看到对方眼神的，能看到表情，交流起来比较顺畅，很容易建立互相之间的一个情感的连接。但在舱内因为穿着很厚的防护服，戴着护目镜，有时候时间长了护目镜上都是水蒸气啥也看不见，口罩又非常厚，正常讲话的音量他是听不清楚的，特别是老年人。我们本身就已经很喘了，缺氧，每天还必须要很大声地讲话，病人才能够听得到。因此我们都是在保证自己的防护是做好的前提下尽量靠近病人，甚至去跟他握手，跟他拥抱，通过这些肢体语言上的亲密度来表现我们是跟他们一起在抗击这个病毒的。他们不是病毒，他们只是病人，我们是一起帮助他们把病毒克服掉。我们有一个王阿姨，我印象很深，她是66床。她刚到方舱的时候觉得这个地方什么也没有，根本不是病人待的，就砸东西。然后我们就慢慢跟她交流，我说我们是从上海来的，想来帮助你们，你看看我们还能做些什么，我们一起努力，她后面跟我们互相交流就非常好。休舱的时候，她因为有些肝功能的问题，也转到了定点医院去继续治疗。后来我们的张队长，还有我和我们的护士长都很关心她，我们前几天还收到了她给我们领队马昕院长的锦旗，马昕院长举了锦旗，拍了照发在我们群里面。的确他们刚开始可能是有些不理解的，我们是在跟他们沟通之后就了解到为什么会这样，因为他们的确经历了一段失望、绝望甚至是有点恐惧的状态，所以才会导致这样的，当你理解他们的状态以后，作为医生我们能做的就是尽量去帮助他们、理解他们、关怀他们。人心都是一样的，你对他的关心他会感觉到的。而且最不容易的是，他们也能理解到当时艰难的情况，还能配合我们一起把治疗做好，而并不是一味地责怪你没有把事情都做完美，所以我觉得他们非常不容易。在自己生病、害怕，身心都有创伤的情况下，他还能理解到你们从天南海北地来帮助我们，这点非常不容易。我们也做了很多事来建立和病人之间的情感。我们在防护服上画画，大家其实也看到过的，写上"武汉加油"、"祝你早日康复"，画些爱心。我们也鼓励病人在我们身上画画，互相促进感情。我们舱内有一个小患者，她年龄最小，只有10岁。她妈妈先进舱，是单亲母亲，进舱以后，她女儿按规定必须到酒店隔离，但是10岁的小姑娘一个人在酒店她很不放心，就以泪洗面，我们也不知道怎么安慰她。2天以后她女儿核酸阳性了，需要到医院去，我们方舱医院的院长就帮她联系，让小姑娘到我们舱里，安排在她隔壁床，她就可以看到女儿，天天在一起，就很高兴。小姑娘很喜欢画画，就给我们防护服上画画，这样就促进了我们双方之间的感情交流。大家还能看到我们跳广场舞，但是有大妈跳了舞之后就喘，所以后来改成康复操，缓和一些，大家一起每天做个操也挺好的。还有一次我们大家一起唱《我爱我的祖国》，那天是下大雪，冬天的晚上大家一起在舱内唱，那个氛围非常好。2月14日是情人节，舱内有6对夫妻，我们给每对夫妻送了鲜花和巧克力。那天我正好下午进去查房，有一对夫妻，太太就把巧克力送给了我，她说:"杨医生,这个送给你,你们在这边也没有过情人节",然后就送给我。我们按规定,所有的东西都不能带出舱的,戴着口罩也不能吃到这个巧克力,但是那份心意真的是很让人感动。这个就是我们在方舱内工作以后,慢慢和病人之间用真诚建立感情的过程,是非常不容易的,绝对是超越了普通医患关系的。

5. "闻着罐子就想到了妈妈的味道"

3月2日那天是我小儿子10岁生日。我们一般进舱之前,队员会帮你在后面写上你的单位、姓名。那天我就请我的队友包丽雯帮我写,写完我就进舱查房了。病人看到我就说,医生你衣服后面还有个名字,我说你拍给我看看,然后我发现她在我背后写上了我小儿子的名字,祝他生日快乐,心里非常感动,非常开心,觉得我们队员真的好暖心。(图2)查完房我就出舱了,没想到出舱以后我们的张队长还给我看了一段视频,是他们和我先生联系,然后找我小儿子拍的。视频里看到小儿子稚嫩的声音,说他过生日了,说他想我,还拿出了一个面霜罐子,他说闻着这个罐子他就想到了妈妈的味道。我走之前的确给了他一个面霜罐子,是刚刚用完的,他说这个瓶子很好看,你送给我,我就给他了,没想到他一直保留在身边,还说了这段话。我就是实在绷不住了,我在工作现场是强忍着泪水,但是当时就感觉好想好想他,我们的队友包丽雯还给我拍了小视频,她也是一位两个孩子的妈妈,她边拍一边也哭,我觉得所有的妈妈心都是一样的。那也是我第一次在武汉前线哭,前面那么艰苦我从来没有哭过。我想作为小组长我一定要顶在那里,大家才能够一起顶住,如果小组长都害怕了都倒下了,那队员们怎么办,所以我从来没有哭过。我只知道那个时候很忙,但我只要把这点工作做完就好了,一直是这样想的,就到那一天就绷不住了。晚上我还收到了上海电台发来的一个孩子写给我的一封信,他是一个自闭症儿童,他要一个字一个字写信是非常不容易的,我又哭了一场。那天回去之后我就一直在哭,我们从舱内回驻地一般要求要洗澡,我洗澡也在哭,还要继续工作,一边工作一边流泪,晚上的时候再看到这个星星的孩子发来的祝福,真的是哭了一个晚上,眼睛都肿了。前面真的是很忙,也跟儿子视频,但是真的没有想到我原来那么那么地想他。

6. 休舱大吉

方舱是3月10日休舱的,一共是运作了35天,

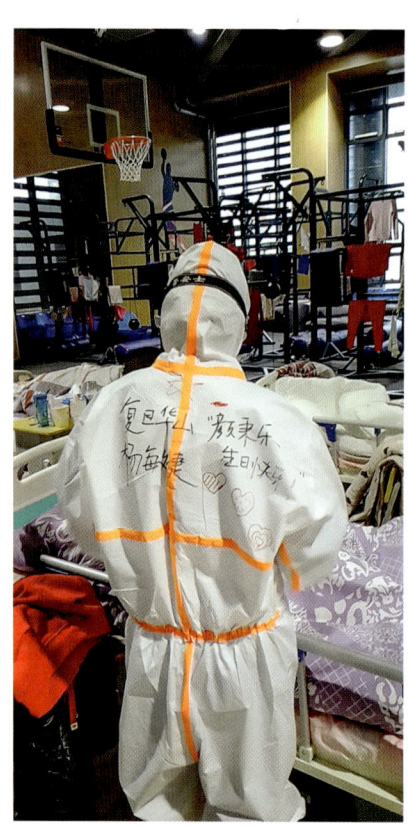

图2 惊喜与感动:
"颜秉乐,生日快乐"

图 3　休舱前夜与患者告别，依依不舍

在它休舱之前我一天也没有休息过，一直在那里工作，看到它能休舱大家是非常欣慰的。我们武昌方舱医院是整个武汉最早开舱，最后休舱的一家方舱医院。有部分还没好的病人就转到定点医院，那个时候定点医院已经缓过来了，有床位了。方舱只是一个临时医院，有定点医院收治普通的轻症患者，方舱医院就可以休舱大吉了，就完成了它的历史使命。休舱前一晚，我们所有的医技组的队员，还有我们张队长，我们一起到舱内，给病人做最后的查房，和病人话别，大家一起拍照留念。（图3）这里我想提一下，我们的马昕院长非常忙，但他也有好几次进行了舱内的行政查房，很不容易。他作为领队，亲自带领我们进去做行政查房，这给舱内的患者很大的支持，他们看到华山医院的领队进来查房，感觉很不一样，非常高兴，对我们的信任度也提高了，知道我们在，他们就安心了。还有我们的张继明队长，也是随时随地只要有需要他都会进舱。他作为院感院长，我们方舱的角角落落他都跑遍了，因为他要保证医生、护士零感染，对他来讲这个责任非常重大的，所以他是真的亲力亲为，经常进舱。我们舱内的病人看到张教授进舱，都非常欢迎，把他团团围住，问他好多好多问题。我们觉得在这里的工作也好，和病人之间相处也好，和其他医疗队、当地医院之间合作也好，这35天真的是非常不容易。我们在这个过程当中得到了很大的锻炼，也学习到很多，是一辈子也很难忘记的。

（三）驰援光谷ICU

1. 武汉的天气说热就热

经过短暂休整，我们又去支援了同济医院光谷重症ICU病区，因为我们的第四纵队整建制地在那里接管了ICU。我们的队员包括医技车上的还有后勤人员他们是先回上海，因为医院里面也不需要医技车这个项目，所以这一批队员就先回上海。我们所有的支援方舱医院的医疗队的医生和护士是继续自愿留下去支援了同济医院光谷ICU病区，融入

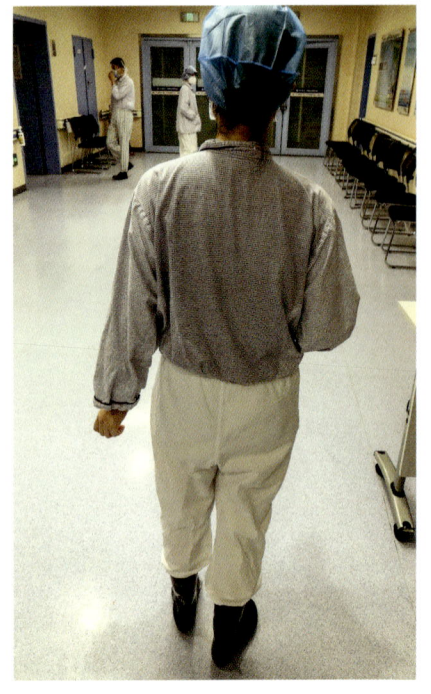

图4　出舱后湿透的后背

他们的集体当中。刚开始我们到武汉是冷，非常冷，后来就热了，3月份武汉的天气说热就热，非常热。他们是在ICU病区，穿的防护服比我们多一层，除了和我们一样的防护服以外，防护服外面还要再穿一个隔离，再外加戴一个面屏，多了一层。但是他们的房间里很闷热，他们是每个小隔间病人有个排风扇，但是走廊里面是密闭的，里面就很闷，又不能开空调，非常闷热，他们已经用了冰块，但在里面一个小时我就感觉汗流浃背，所有的衣服全部湿透（图4），就像水里捞出来一样，所以这个体能消耗是非常非常大的，工作是非常不容易的。

我们去光谷院区的时候，情形要比刚开始好多了，病人量已经比原来要少一些了，基本情况也控制住了，他们工作已经比较有规律了。我们主要是去帮助他们，有什么需要做的，我们就帮他们一起做一下。我在那边主要是跟着张继明老师做院感工

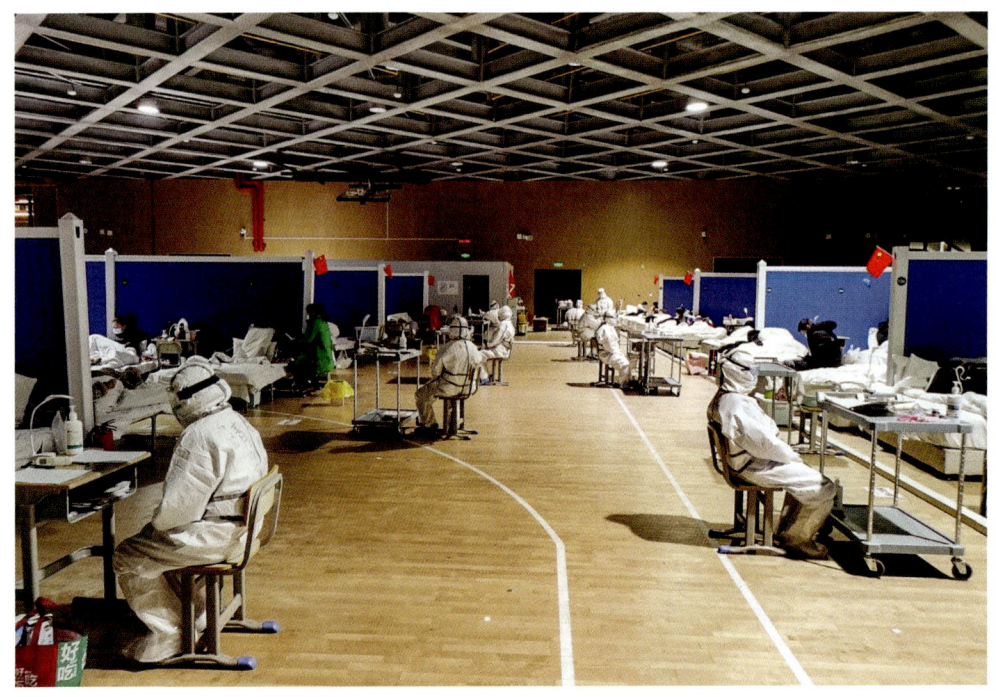

图5　在方舱内部工作时场景，忙碌而有序

作,作为一个ICU,院感工作还是很重要的。到后期ICU里会有除了病毒以外,还有耐药细菌感染的防治,它是院内的一种感染,在很多ICU里面是比较常见的,我们主要是进去做这块。我们过去之后,它们那里天气热了,舱内的情况就会有所变化,一个是要降温;一个是给大家做好防护的同时要保证不要中暑,这个很重要,因为医生一旦在舱内倒下,就面临职业暴露的风险。对病人要加强耐药菌的隔离,我们要经常进舱进行现场调查。之前在方舱也一样,在方舱我们是通过现场的调查做各种各样流程的建立,到了这边也是每天进去看,到底有什么情况。我们张老师提出了一个用喷壶进行消毒的方法,因为他们原来是用纸巾消毒比较费时费人工,用喷壶的话大家比较轻松一点,消毒面积也比较大。我们也跟同济医院的院感科建立了比较好的关系,他们院感科每天的会议也在我们病区进行,大家一起沟通相关情况。我们在那里支援了两周左右,也是每天在那边的。3月31日我们跟他们一起从武汉回上海。

2. 樱花盛开的武汉是一座英雄的城市

我们方舱的一个病人,他是一个警察,他之前就问过我,杨医生你们什么回上海,我说我们还不回,要到光谷院区继续去工作。后来他又问我,我就跟他说我们3月31日回上海,没想到3月30日他说要来看我们,问我们住的地址,我说如果你远的话就算了,他说我不远,然后就来了。结果他来了我才知道他是走了几站路过来,还给我们拎了武汉的特产周黑鸭。因为第二天他也不方便到机场送我们,就提前一天特地来看我们,

图6 樱花盛开的武汉真美

就非常感动。还有其他几位病人也是，出舱以后都说，以后你们到武汉来玩，一定要来找我，我要给你们做导游，我要带你们去吃好吃的，就是这样一种患难与共朋友的关系。我们回上海的当天，酒店经理跟我们握手，我看他就默默地回过头去擦眼泪，大家就是这么互相扶持着过来的。武汉所有的后勤人员都是非常非常帮忙，他们默默无闻地在各行各业付出，包括接送我们的司机，半夜打电话给他，他就半夜送我们去医院，他们是志愿者，不收一分钱，义务劳动，自己来帮忙的。我们走的当天跟志愿者之间也有一个小小的互动，我们唱了一首歌，《谢谢你》，然后就互相鞠躬，鞠一次躬就哭一下，鞠一次躬就哭一下。我们就是在这样的感动当中离开的。我们上车时，武汉市民都在欢送，有个小孩在下面摇旗，妈妈带着他，在那里抹眼泪。每个医疗队走，他们都是欢送，都是恋恋不舍的。在武汉这段时间也感受到，武汉其实非常美丽，我们酒店旁边就是东湖，还有武汉大学就在我们附近，我们没有机会进去看，但是外面还是能够看到的，我们离开的时候樱花也开了，非常漂亮的一个城市。武汉人民在这场疫情当中，也非常值得佩服，他们很坚韧、很乐观、很勇敢，感觉这是一座英雄的城市。我们也跟病人说，我们一定会来武汉再来看看的，因为我们对这里非常有感情，这里有我们一起患难与共的真情，有好多好多不可能忘的回忆。

（四）战"疫"归来

1. 回到上海，收获满满感动

道别过后我们就上了东航的飞机，一上飞机看到我们东航的服务员，我们感觉已经到上海了。东航的乘务员很不容易，因为我们医务人员回来也没有做过检查，她们也不知道你到底有没有可能被感染，对我们都非常亲切。我觉得所有的各行各业，包括路上的警察、保洁工、后勤、飞机乘务员都是非常非常伟大，在这种感动当中回到了上海。

回到上海隔离期间我们也做了一些工作总结，我们有些队员也做了PPT给大家分享。我们作为青年突击队，还给复旦的学生做分享，告诉他们在前线发生的一些故事。队员们都反映，大家在做PPT的时候，再回想起当时自己的工作场景的时候，回想起一些小的故事，都会流泪。包括我自己也是，基本上都是一边哭一边做的PPT。我们每天有一起外出活动的时间，在这半个小时里，大家都会互相交流一下。我们在隔离期间基本上是这样度过的。我们队员之间是非常非常地团结和友爱，是一种亲密战友的关系，这种感情我想是这辈子不可能忘掉的。我们第一批回上海的医技老师们也是这样，我们的一位外科正教授，一般是男儿有泪不轻弹，他也哭了，他说这个是真的扛过枪过了命的交情。

2. 火线入党，终生难忘

这次我觉得我们年轻的战"疫"青年，是用每天防护服下大把大把的汗水，用自己的温度，给了我们武汉的病人生的希望。当时他们对自己战胜疾病的信心是降到了谷底，我们给了他们生的希望，这个非常不容易。同时我们也在武汉前线，真正体会到了什么叫初心，什么叫使命。我们很多还没有入党的青年队员都提交了入党申请书，真的是发自内心的。我们方舱医院有一个火线入党的仪式，我们队里的高鹏医生是放射科医生，我作为他的入党介绍人也参加了他的入党仪式，他就是在我们方舱医院火线入党的。我们方舱医院临时党组织的领导主持了这个入党仪式，我想这在历史上是没有的，是非常光荣的，那一幕我到现在都历历在目。我们在洪山体育馆的门口挂了一个牌子，写了"入党仪式"，拉上了党旗，我们各个医疗队的党组织领导都站在那里一起庄严地宣誓，场面非常庄严，大家肯定是忘不了的。对我们高鹏医生而言我觉得对他也是最好的支持和鼓励，也会支持他在今后的道路上走得更好。另外，我觉得我们队员也是在前线的历练当中，对信念和理想是更加坚定了。回来以后，我们做分享的时候，当时也有很多人问我，杨医生你们在当初那个时间段，也不知道病毒有多可怕，现场情况又那么艰难的情况下，是怎么坚持下来的？我想了想，我觉得最重要的是，我们当时真的是信念很坚定，因为我们觉得只要大家在一起齐心协力，我们肯定能战胜这个病毒，战胜这个疫情。所以我们就是很坚定地往前走。其中还有很大的一个原因就是我们并不是一个人在那里战斗，我们深刻感受到是全国上下，从领导层到下面基层，我们每一个人民都在那里一起战斗，包括我们上海的大后方，有好多捐赠，有好多家书，上海人民给我们鼓励，给我们支持，我们时时活在感动当中。每个人其实在这场疫情当中都是战士，正是因为我们每一个战士一起齐心协力，我们才能够取得阶段性的胜利。当时我就是这样想的。另外，我觉得作为医生，不管是我们上海的医生还是去前线的医生，通过这次疫情都是有所成长的。其实去前线的医生我觉得是很幸运的，我们作为白衣战士能够上战场是非常非常自豪的一件事情，这个是我感受很深的。

二、只要平凡

包丽雯　**口述**
严敏斐　**整理**

（一）你我生而平凡

1. 千里姻缘

我出生在上海，长在上海，是地地道道的上海姑娘。我的先生是湖北人，我们是大学时候认识的，他是比我大一届的学长。

2003年高考那年，我们经历了非典，我们很多同班同学选择学医是因为那一年的非典。不过那时，我第一志愿是学新闻，到医学院学习是被调剂的结果。2000年，复旦和上医合并，2003年的上医，基本上还是老上医的校风。从我调剂到医学院学习到至华山

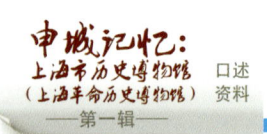

医院实习，想要调剂回新闻类或历史类专业的心一直没有安定过。

在医院实习的时候接触了心内科，一种"一见钟情"的感觉，让我立即决定选择心内科作为专业方向，从实习到住院医生到主治医生，一路上遭遇的各种医疗事件，把我的心安定下来。"做我所爱"，从医的心开始笃定。

医生这个职业让你天天面对不同的个体，不单单是跟治疗疾病打交道：因为无法挽救生命那种沉重的无奈和失落我们感受过；因为帮助病人康复，让一个家庭恢复生气的成就感，我们也体会过。我们心脏科会遇到很多急救的情况，可能对这种感觉有更多体会，很多感受发生在一瞬间，给你的冲击力也更大。从医的过程，不断完善你对人的同理心，每天也像"侦探"一样寻找病因，这些都不断让个人修养和能力逐步提升。所以当医生这件事我就觉得很喜欢做，也越来越觉得值得做。

我先生也是学医出身，但目前的职业不是医生。他一直喜欢经济历史方面的内容，毕业后转而做了一些与金融相关的工作。这10多年我和我先生都在自己的岗位上不断地积累、自省、领悟，到了一定阶段，我们通常能超出专业以外去交流一些事情。可能到了职业生涯的25年，这种交流又会不一样，很有意思。职业可以训练一个人，能让自己达到人生高度的一个路径，不同的职业，只要你选择沉下心，把自己喜欢的工作做好，人生也会抵达一个新的高度。

2. 小渔儿和小度度

我毕业后就结婚了，那时候我还是住院医生，以临床工作为主，没有很多科研工作，没有很多教学工作，还没在工作上"开窍"，闲暇时间多了一些。我个人特别喜欢孩子，很早就计划这辈子要生养2个孩子，因此在做住院医生的这段时间，如愿以偿，育有一儿一女。出乎意外地是，我没想到生养孩子的过程，给了我自己一个疗愈和完整的机会。

从心理学角度，父母早年的陪伴和家庭关系对孩子一辈子的个性养成都有至关重要的作用。0—3岁，我选择了给孩子们最充足的陪伴。2个孩子哺乳都基本快到2岁，这个亲喂的过程甜蜜而艰辛，你能从与孩子的亲密互动中不断治愈自己内心的伤。陪伴运动、陪伴阅读、陪伴欢乐、陪伴难过，一点一滴你都更近走进自己的内心，让内心更加平静。

现在姐姐快三年级了，弟弟开学了就大班了，2个孩子都挺独立的。我爱人很注重培养小朋友的独立能力，不单陪伴，也会引导。小渔儿两年级就可以自己独立地做功课，不用我们盯着，我去武汉这段时间把自己每天的生活安排得井井有条，学习、读课外书、运动、练琴都有进步，班主任陈萌凌老师给她评了一个"自主自律"的小奖，我爱人告诉她："只有自律才能自由"，我觉得特别好。杨度的成长一直有姐姐陪伴，孩子们间的沟通是一种很奇妙的学问，小度度的各方面能力都挺出色，他共情能力特别好，幼儿园老师说他"弹跳力"惊人，"音乐感"超强，中班的年纪可以自己认得很多字，自己读书，可以完成100以内的加减法，熟读一些古诗我们几乎在这方面没花力气，只是坚持每天晚上陪伴阅读。唯一我觉得奇怪的和无解的事情是，姐姐喜欢蓝色；弟弟喜欢粉色。姐姐喜欢舞刀弄枪；弟弟喜欢娃娃。

如果说研究生要考、要做实验、要答辩毕业，那么做父母的这个"合格"的过程应当需要更严的实践和训练，没有人天生可以做好爸爸和妈妈的角色，我们要努力在养育孩子的过程去自我成长，自我修炼。用心"养"孩子，不是"管"他们，而是更多"共情"，站在他们的角度去观察，去感悟，去思考，我心里的很多伤痕在疗愈，我自己的很多人生观在提升。最大的感受是自己的"重生"，一种更加平静和安定的感觉。

（二）握紧手中的平凡

1. 愿为险而战

我小的时候有英雄梦，可能我骨子里也有点男孩子气。从高中到大学，我好像就是和男孩子一起玩的，男性朋友多过女性朋友。我们大学的男同学大部分都在全国各地做外科医生，我们一直保持着联系，定期会小聚。我从武汉回来后，留在华山的普外科的刘骏和手外科的刘宇洲还给我接风。之前在医院里，只要医院里有报紧急救援项目，我都会报。汶川地震那年我也报名了，年资太低，没被选上去。去年如愿以偿，成了医院国家紧急救援队的队员，去年我们好多人还去莫干山拉练，分小队搭帐篷、爬山、定向比赛，我们体力都不错，我觉得因为我们团队协作能力强，我们小队拿了第一名。

今年年初知道武汉这个疫情，我就想去支援，有两个原因，一个就是我们看到新闻里武汉那些医生太苦了，压力太大，能感受到他们声嘶力竭，第二个是武汉很多人跟我们是同龄的，他们家里面也有孩子，也是有长辈，我的婆婆也在湖北。大年三十，感染科的徐斌副教授出发了，得知这个消息我就立刻跟院领导报名："如果再有机会，我一定要去。"后面就真的有机会了，太好了。

去武汉之前的一年半开始，我的工作开始"开窍"。孩子长大了，我分配给他们的时间慢慢减少，做科研，现在开始做教育，这些工作慢慢变多。在家里一般晚上10点钟左右我就跟孩子一起入睡，早上5点起来工作。2019年在医院资助和选拔下我和20余名年轻医生参加了哈佛大学的全球临床学者研究培训班，会开始做一些课题编写和随访患者的工作；当时还在读博士生，临床工作结束还要去实验室跟我们科的研究生一起完成一些基础实验的工作，确实很忙碌。通知去武汉的那个晚上，我正好在去急诊上夜班的路上，医务处贾波老师那头打来电话，我一看就知道肯定是通知去武汉的事情。"去武汉，没问题。"这是我们三纵队所有队员接到电话后的第一反应，其中很多是国家紧急医学救援队的队员。我当时就给爱人打电话，他很支持。但没和小孩说，他们睡着了。第二天出门前，我和女儿说："妈妈要去武汉了。"我女儿很冷静地说："你要去武汉了，你还回得来吗？"我妈妈很紧张，送我出门的时候哭得很厉害。

后面发生的事情大家都知道了。2月4日我们出征，2月5日我们建设武昌方舱医院，2月6日中午500个患者被收治进来。刚开始的时候我并没有感觉武汉对我的影响大于哈佛对我的影响，一年哈佛大学的课程学习重塑了我职业生涯的一个临床研究科研思路，这样的一个塑造让我觉得心脏医生不只是开刀，还有很多科学问题要去解决，要去考虑如何解决，这就是哈佛教我的一套思路。但走在这条支援的路上，一共56天，你才发现这一场支援，并不仅仅是所谓的逆行，你会发现，这依然是重塑你人生的一个重大事件。

2. 也许很远或是昨天

"方舱医院是什么？"当时真的不知道，全新的一个概念。直到看到篮球场里搭起了250张床位，后来在回上海交流的时候，知道这些工作应当是以宝武集团为主的人做的，中国速度，3天陆续盖起了14所方舱医院。

杨敏婕很辛苦，她是队长。医疗组8个人，分了4组，两两配对，杨敏婕总是冲在最前面，她什么事情都是自己做，很不容易。2月5日晚上，她和我们消化科张红阳医生两个人参加首批预检。方舱一共有4个国家队，湘雅、辽宁、福建、上海，后来福建队转战到其他方舱。刚开始最重要的工作是预检，病人轻的到方舱，重的不能收，因为里面没有抢救设备。第一个12个小时有点混乱，焦虑、无助的气氛蔓延开来。刚开始，舱里的病人是一种怎样的情绪，就是把我们的小护士逼到墙角都要弄哭了，那是一个江西队的小护士，因为病人没有吃的，又太冷了，热水瓶也没有，还没有热水洗澡，其实护士们也不知道怎么办，我们医生也不知道。虽然说是有预检，但是预检根本做不到区分轻重病人，因为一下子来了太多病人，要很快把他们送进舱，后来进舱的病人有氧饱和度都只有80多的，要紧急转走，转走的流程大家也不知道怎么做。2月6日下午2点—6点，我参加预检，不断往返于预检和舱里，协调患者收治。我记得就有个阿姨，就拿着这个电话，在医生旁边给市领导打电话："你是不是就把我们扔在这里？不要我们了？"因为工勤人员缺少，患者们用餐后的一次性餐盒放在门口堆成小山了。下大雪那天，放射科高鹏在临时搭建的CT室里面冻得不行了，脚冷透了。

所有流程都要不断优化。我们前面和武大人民医院的医生沟通如何查房（图1），完全不熟悉的2支队伍，带着普通人对病毒的恐惧，穿着隔离服坚持工作，我们每天查250个病人。其实对比一下我们平时在病房里一个早上查20个病人的话，这个工作量是很大的，两个人分开查，每人查125个，开化验单。杨敏婕会给我们做一个表，蓝的、红的、黄的格子，有什么问题，在这个表上完全反映出来，格子全绿了，病人就可以出院，还有问题的再复查，核酸持续阳性的，张继明老师开始给他们雾化治疗。

很快，这些恐惧大概在48小时以后都消失了，这是非常了不起的。连病人都知道他今天要做核酸、要抽血、要做CT，或者今天不要做检查要等报告，全部清清楚楚。护士也知道这个病人高血压，今天要监测血压，如果不好的话要给他发药；这个病人体温不好，要和医生沟通。医生知道每天查房之后，哪些患者是有问题的，重病人再和领导沟通。哪些患者需要转，比如高烧 40 ℃ 的，连续几天，氧饱和度持续下降，这个必须转，不转来不及。因为这个病急转直下就是急转直下。我们医生是一天隔一天去舱里，早上去舱里查房，下午就把舱里的事理一理，第二天休整，第三天再去。杨敏婕作为组长比较辛苦，虽然她不是每天进舱，但是报告、报表她都要自己过一遍。我休整的时候就在写文章，每天晚上也都会和家里视频。

3. 活着的勇敢

我们三纵队和患者的协调沟通、自我管理、自我调节的能力都非常强，就算遇到困难，我们队友之间互相讲讲、互相解压。（图2）

还有，刚开始没经验，护目镜都勒得很紧，由于勒得太紧时间一长可能压迫了哪个穴位，让眼压特别高，痛到不行，我本身就有偏头痛，再加上这个痛，真的完全受不了，李丽在里面也差点因为这个吐出来，孙峰有次也是，里面出来的时候脸色苍白。还有一次一个江西队的小护士，穿着防护服吐得一塌糊涂，全吐在防护服里，人也要昏过去。

有一次我觉得自己很危险。那天是晚上八九点钟，我穿了防护服，戴着 N95 口罩，在里面沟通事情忘记了时间，加上楼上楼下跑，当我从地下室跑到楼上的时候，我突然觉得呼吸不过来了，感觉自己氧饱和度在下降，缺氧加二氧化碳潴留，我当时就有濒死感，我都想把防护服扯下来，我拼命让自己深呼吸，让自己镇静下来，我那天衣服上名字都没写。最后一秒钟我缓过来了，再缓不过来我肯定要窒息过去了。

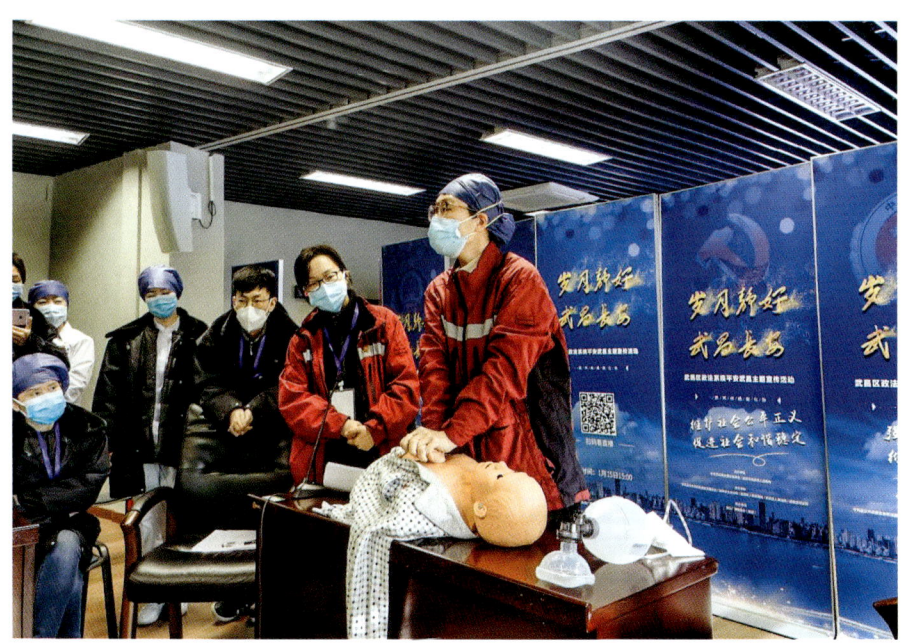

图1　与武大人民医院一起进行"急救培训"，保证方舱内患者生命安全

121

图 2　从方舱下班后，三纵队医疗队步行回驻地，在人行天桥上的合影。
由左至右：包丽雯，李丽，陈进宏，蒋浩琴，孙峰

后面就有经验了，护目镜要戴松一点，戴了 N95 口罩要先适应一下（图 3），再和病人讲话，不然这种感觉真的很痛苦，进去了以后就会头晕，无法思考。但我们要必须保证完成每天查房。

4. 长路辗转悲欢离合

每天查房，我都会和病人沟通，以询问病情为主，不然没办法 4 个小时完成 125 个病人的查房。武汉妹子其实都蛮厉害的。有一件事情很触动我。一个对我不很温和的女孩子，比我小，30 岁左右，她会一个问题反反复复问，我也耐着性子反反复复地回答她，后来有一次她问："包医生，我出院后还能哺乳吗？"我当时有点奇怪，在方舱里又不能哺乳，出院了怎么可能还有奶？她说她在方舱还是定时吸奶的。我的两个孩子我都是喂到他们 2 岁的，我很喜欢把他们抱在手上那种哺乳的感觉，但是后来上班，就没办法，但是也要吸出来放在冰袋里面，第二天让他们喝，喂奶、吸奶加在一起 3 年，所以我很清楚吸奶有多不容易。平时上班时我可以把自己关在小房间，门锁起来，不让男医生进来，他们也很照顾我。在方舱 250 个病人，根本没有隐秘的空间，她就找个小地方，背着众人，把奶吸出来。为什么她当时会那么咄咄逼人，因为她对自己的病情很害怕，我觉得所有的病人在里面都是害怕的，都会担心第二天自己的病情急转直下。武汉那么多新闻报道，那么多亲戚、邻里街坊可能都是因为这件事情人没了。他们心理压力有多

大可想而知。这个妈妈,尽管她那么咄咄逼人,那么担心自己病情,但是她还坚持把奶吸出来,就是为了出院以后可以给宝宝吸一口奶。她的宝宝才1个月大,那时候也在儿科医院隔离,因为他肺里面查出来有问题,就给他临床诊断进行隔离,只有医护人员陪着他。回来后我还一直有和这个妈妈联系,寄了一点零食卫生用品给她,她还把宝宝照片发给我,小宝宝长得白白胖胖很可爱。母爱的伟大让我动容,在自

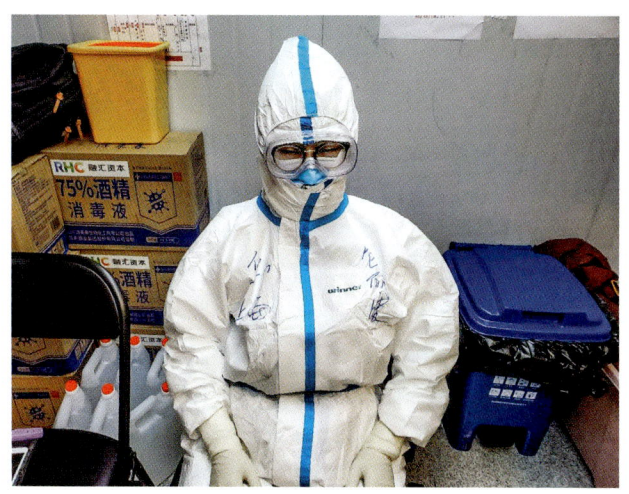

图3 入舱前,穿上防护服,在适应呼吸

己生命还没有保障的情况下还为自己的宝宝着想,这么嘈杂的环境,还坚持把奶要吸出来,我很感动。方舱里有3个妈妈都是这么做的。

我进去的第一天,一个女病人要离开方舱,她是一位小母亲,比我小,有一个一年级的儿子还是一个1岁的女儿。她的母亲前一天去世,这个小母亲在方舱,方舱第一天因为什么都没有,她就要跑出去,她说:"我不要在方舱,我要回去。"我说:"你要回哪里去?家里还有个宝宝呢。"她说:"我不要回家里去,但我就不要待在方舱,你们没给我希望。"这是她的原话,而这之后48小时的全体工作人员的努力,让这些焦虑都平静了下来。后来她也康复出院了。

5. 虽无言泪满面

那天医务处张昂叫住我:"包包姐,包包姐,今天杨敏婕儿子生日,我交给你一个任务,你帮我完成。"后来大家就看到了铁娘子杨敏婕的泪水了。她进舱的时候,我在她防护服背后把她儿子的名字写上去,祝她儿子生日快乐。然后赶紧和张昂汇报:"她进去了。"然后他把杨敏婕儿子的视频发给我说:"等她出舱的时候一定要给她看这段视频。"那个时候还有两个和我们关系很好的护士朱祺菁和刘若茜,她们下午要进去,我和她们说:"你们进去帮杨老师背后多拍几张照片给我。"她们拍了传给我,等他们出来了,张继明老师又正好在,正好带着电脑,我说:"张老师,你看,你看,等会儿杨敏婕出来,我们让她看这段视频好吗?"张继明说:"挺好的,来,到我电脑上来放。"然后杨敏婕出来了,我就很轻描淡写地和她说:"杨老师,张继明老师找你有事,你快过去。"她常和张继明沟通一些事,所以完全没怀疑,反而还有点紧张:"啊?找我干吗?"然后就把这段视频开出来,我在边上把这段录像录了下来,拍视频的时候看到杨老师流泪了,我也一起哭了。这件事对她来说非常意外和惊喜。张昂告诉我说,他和总院的急诊

科医干杨涛医生一起策划的，大家一起来完成。我觉得杨敏婕真的是铁娘子，一直以来很辛苦。她说她那天回到房间，一边看着这个视频，一边工作，一边在哭，停也停不下来。我后来把这个视频传给张昂，后来 SMG 也做了这个视频，我觉得是非常珍贵的回忆。

（三）只要你的平凡

其实在武汉后期，我们很多人都开始很想家。30 天是一道坎，所以到 30 天的时候，很多人已经想家想得不行，等到真正过了"第三十天"的这个坎就都好了。晚上和家里视频，丈夫、儿子、女儿 3 个人都在，女儿就在那边看看书，听听音乐，我哭，她也不来看我，弟弟就会看到我哭，隔着屏幕和我一起哭。我老公也知道不能在屏幕前哭，也不能哭，他要给我一点 BACKUP。

当我真的回到家我儿子把我从头亲到脚。我和 2 个孩子的亲子关系特别好，即使离开 2 个月，小渔儿这么大了，她也没有不安全感，因为我给足了她安全感。小度度也是一样的。

（四）生命的火已点燃

我觉得我们在武汉的战役还是打得胜利的，中央的决策非常重要。方舱不开，不把社区隔离的墙筑起来，全武汉人民都难逃这一劫。包括前后过去的 4 万个医护，整建制接手重症病区的，打重症的仗，保证新冠肺炎患者应收尽收，个体化治疗，提高救治率。到了战地，你会发现，当整个国家机器运转起来的时候，倍感自豪，我们所有的人都为国家而感到自豪。

第二个让我感受最深的是，武汉人民的坚强和牺牲。"方方日记"写了武汉人在疫情当时的现实情况，我没仔细读过，听我爱人说，在网络上引起了轩然大波。不过，在疫情风暴的中心，武汉人就是这么扛着，把这件事情扛过去了。包括进方舱的人，他们有值得敬佩的地方，他们可能是拖家带口进的方舱，有可能也是独自来了，为了社区其他人的安全，在这件事情上是作了一些牺牲的。方舱最后是胜利的，但刚刚开始的时候，你不知道你的未来在哪里。武汉的普通市民把自己在"关"了 2 个月，这在世界上其他任何一个国家都是不可能发生的。对这个病毒的认识，因为价值观的不同，中国人是这么对待的，也这么做了。

第三我觉得有太多志愿者在这里的付出。包括我们第一天去的时候，原本不知道我们是住酒店的，即使把我们开到酒店，我们还在想：只是今夜住酒店，明天还是住帐篷。然后酒店说不是的，你们以后都是住酒店，酒店给了我们极大的生活保障。陈进宏老师，徐瑾老师有次在路上看到一个快递小哥趴在助动车上一动不动，担心他有事，过去看看他，才知道他是因为太累而睡着了，没想到快递小哥抬起头来第一眼看到他们穿着国家

图 4　三纵队医疗团队在武昌方舱医院休舱前的最后一张合影（2020.3.9）

紧急医疗队的救援服，第一句话就说："你们是医疗队的，谢谢你，谢谢你。"然后就开走了。太多志愿者在武汉默默付出，这也是中国的力量。

　　因为太多因素，才保证了我们能把这场仗打下来，打胜利了，这是举国之力。我们这一代在城市里长大的孩子，接收的价值观都是很主流的。这场全球的疫情，让我们看到很多外媒的报道，用自己已存的价值观来判断。每个国家都在用自己的价值观应对这一个未知的病毒，举国之力抗击疫情，是为了国民的健康，这个主流方向，你可以看到党对人民的保护。我们对新冠病毒太不了解，它是一个新生事物，全身遍布ACE2受体，现在在我们大概知道它除了会侵害肺以外，会侵害心脏，肾脏，中枢甚至生殖系统，在没有知道它的危害性的时候，谈群体免疫，对人群的风险是很大的。目前来说，更重要的是我们最好早一点搞清楚这个病毒对人身体的伤害，有些国家把这个锅甩给中国，在我看来这个政府可能应当在现阶段更加关注自己国民的人身安全。《枪炮、钢铁和病菌》是一本充满哲思和逻辑的好书，里面谈到病菌是改变世界格局的一个很重要的因素，以前是如此，今天是如此，未来也会如此。每个国家都有自己的文化，这部分文化决定了他们的价值观，决定了他们用什么方式来应对病毒，也决定了这个世界格局的迁徙。我只是纯朴的认为，在我们对病毒一无所知的情况下保护大部分国民免受感染，不让下一代受影响，是一个智慧的选择。而且，我们做到了。

三、生命之重　我必担当

卫　尹　口述
严敏斐　整理

（一）为所爱之人择行医之事

1. 早年生活的片断回忆

我是1982年出生，我们"80后"基本上都是独生子女。我出生在虹口区，后来搬到了闸北区新客站北面，在那边生活了很长时间。但是我从高中开始就住校了，所以那块记忆已经逐渐模糊，只记得住过一段公房然后住过一段私房，私房在交通路这边，后来动迁了，之后就搬到了大宁这一块。

我在大学认识了我先生，我们2005年开始恋爱，2008年结婚。我先生以前住在小东门这边，所以我现在的大部分记忆就在小东门那边，南市区这一块。

大学我考的是二医大，护理系。那时候我们差不多都是调剂过去的。但是学医是我从小的志愿，我外婆在我小的时候得了肺癌，很无助，后来她的氧饱和度很低，家里人放弃了插管，意味着最后她是因呼吸困难而逝世的，后来我就想着如果我以后能长大做一名医生的话，就能够帮助到那些很无助的病人。初中的时候路过二医大那个天桥，在重庆南路上，就觉得以后要考这所学校，那时候就立下了志向。然后到大学就考进去了。

2. 华山医院老年科

我2009年进入华山医院老年科，在老年科11年了，经常跟一些老年人打交道，会更理解那些老年患者的想法。跟家里长辈也是，是比较容易沟通的，老年人其实就是老小孩。在医院，我们老年科病人的住院时间其实是蛮长的，不像普通病区可能两周、一周就有个出院周期。老年人有个多病共存的问题，有一些基础疾病如糖尿病、高血压、脑梗，这些是最常见的，所以他们会同时罹患几种慢性病，我们老年科的医生都是全科医生，患者一个住院周期一般要3—4周，工作强度相对于其他病区来说还行，行内叫"翻台子"，就是不停地翻病床，病房周转速度没有其他病区那么快。但是老年人心理方面要特别注意，他们担心自己的病情随时有变化。像我们老年科病房有的老人睡着睡着就猝死，这种情况下病人和护士精神压力都是非常大的，就要去关注到他们。虽然老年科是内科为主，但是病人病情变化还是很快的，所以工作时候精神压力很大，工作一段时间就会有临床预判的经验了。我们每天有3次查房——早中晚，因为患者一直在你的病区，可以预判一下哪些老年人发生变化了，比如说他的嘴唇为什么今天有点紫了，我们还要观察老年人指甲，灰指甲考虑患者真菌感染，发绀变白可能缺氧了，比如病人的脚，糖尿病足的伤口一般很深，愈合非常缓慢，观察他的足部，为什么今天足部是湿冷

图 1　国家紧急医学救援队：第一排从左到右分别是：王倩露，曹晶磊，黄静，姚志萍，卫尹，陈红，王兵，朱祺菁，潘洁琼，刘若茜，韩杨，蒋浩琴，杨敏婕，葛圣婷，包丽雯

第二排从左到右分别是：毛颖，周海平，王艺，孙峰，丁强，陈进宏，张继明，马昕，张文宏，焦杨，袁正宏，鲍紫龙，张红阳，冯圣捷，桂永浩，陈龙，卞凌俊，沈全斌，贾波，邹和建，张艳萍，伍蓉，徐文东，靳建平

的，足部的皮肤为什么有点苍白了，那么可能是周围循环不良，可能是休克早期，这样的话我们要及时观察到。对一个有经验的护士来说她是能够分辨的。

（二）用信念托起生命之重

1. 准备工作

我们知道武汉是从 1 月 23 日开始封城的，也是在 1 月 23 日世卫组织把它定为国际高度关注的突发事件。我们医院从 1 月十几日就开始有了支援武汉的志愿报名，最早的时候是在党员内，我们是护理党支部，组织问起："如果武汉那边需要支援的话，有没有人愿意去。"当时和家里人商量了一下，因为有两个孩子，我母亲那时候乳腺癌刚开好刀，化疗刚完成，但是家里人还是很支持我的，作为一个护士医务人员，自己也知道武汉那边应该很缺人，很多人累得倒下了，所以我第一时间就在党支部这里报名了。从十几日报名之后，一直没有答复，第一批是大年夜这晚走的，到了 2 月 3 日晚上 11 点突然接到电话，说："明天就要去武汉，早上 9 点华山医院集合，你有没有问题？"我就说："没有问题。"然后就和我先生说了一下，那时孩子已经睡着了。然后我们赶紧跑到附近的超市，那时候冬天，知道武汉很冷。我们去的时候是以国家紧急救援队的身份去的，带了很多移动帐篷，当时最坏的打算是，不知道我们要去武汉哪里，我们可能要找一块空地，搭很多移动帐篷，就和汶川那时候一样，然后病人就睡在你的帐篷里面。事实上我们在武汉第一天确实搭好了移动帐篷。所以赶紧买好很多暖宝宝，因为预计可能要在武汉待一个月，心里面估算是不止的,所以女性用品都带好,还有纸尿裤,食物没有带什么,就常规的防护用品比如口罩、帽子,叫单位同事都帮忙备一备。2月4日早上的时候,两个孩子在寒假阶段,还在睡觉,我走的时候没有和他们告别,因为真的有种前途未知,迷茫的感觉,因为我不知道能不能活着回来。想着去帮助武汉同胞,但是我有种不确定感,所以就不想和孩子们告别。后来我先生告诉我,我女儿那天晚上哭了一个晚上。

2. 集结号列车

9点到华山医院集合,我们做了一个短暂的培训。因为我是护理组的组长,赶紧把我们物资,如棉签、棉球、酒精、注射器、输液器等,反正护理要用到的东西全部配好,我们是以2 000名病人这样的规模去配的,然后下午就出发了。晚上到了武汉。我记得很清楚,我们坐的是G1176这趟车,上车时这班车上没有其他人,只有我们和东方医院医疗队,它其实当中停靠六七站,每一站都会有医疗队上来,陆陆续续,沿着这条线的医疗队带着物资上来了。大家上来之后都没有话,整个火车一直是很安静的。下了火车之后,华山医院是最后一个离开火车站的,可能也在等交接带我们的人,我们也做好了随时在空地搭帐篷的准备了,然后来接我们的领导说晚上住在驻地酒店,到了驻地酒店,我就问我们领队:"麻烦您问一下,我们是住一晚还是一直住下?"因为如果住一晚,我们当晚都不拆行李了。然后他们说一直住在这里,我一颗心总算定下来了。直到当天晚上我们才知道,隔天我们要去的是洪山体育馆,就是武昌方舱医院。

3. 武昌方舱医院

第二天,到了洪山体育馆,我们就花了9个小时搭建帐篷,那个时候体育馆里面500张床位已经搭好,地下一层的300张还没开放。我们搭帐篷的时候听说晚上6点第

图2　武昌方舱医院病友康复出舱

一批病人会来，其实大家都很想去，然后我和大家说："党员先上。"所以我们5名党员先去。二医三护，总共是5名。我们6点钟准备迎接，事实上一直到晚上的11点30分，才来了第一批病人，而且那天晚上特别冷，0 ℃还下了大暴雨。我们那个帐篷，两头是开放的，因为不能密闭状态，是新冠患者，大家说不恐惧是不可能的。我们不知道我们要面对的是一群情绪怎么样的病人。我们也不知道我们面对的疾病是可控还是不可控的状态，都不知道，就去迎接了。那天晚上预计是几十名病人，没有想到那天晚上一直到第二天中午12点来了500名，一下子全部收满了，应收尽收。之后我们就在武昌方舱医院工作了。

4. 方舱的一天

国家救援队那时候有3支，上海华山一支，湖南湘雅一支，辽宁中国医科大学一支，分别在ABC区驻扎。A区是湘雅，B区是地下一层交给辽宁队的，我们是C区。我们华山医院是在方舱的C区，总共250张病床。刚开始，病人的情绪不是太好，因为2月5日这一天，水电还没有全部到位，在0 ℃的环境下，整个舱内很冷。每个床其实都有电热毯，但是电供不上。还有很多病人从社区医院，还有当地医院转出来的，因为他们是轻症，医院里有更多的重病人需要治疗，所以他们就会闹情绪，第二天一早就有人说："我要走了，我不要在这里。你们这里什么都没有。"赶紧的我们就把饭给病人先送上，药都到位。第二天一早，工程队马上就进驻，很早，大概凌晨就开始做水电的工程，之后水电是供上了。病人也看到我们的努力。我们里面是13支医疗队，除了5支是武汉当地的，另外8支都是外地的。患者心里也明白我们是全国各地来支援的。那时候方舱医护人员出舱和入舱通道都没有完善，之后我们花了一周去完善这个通道，这个通道很困难，当时洪山体育馆整个设施并不是按照传染病医院去设计的，所以我们就把运动员进场和出场通道改造成出入的两通道，如果这个通道不改造的话，我们医务人员就会有感染的风险，因为我们是一起行动的，一个感染了可能我们整个舱内620名护士加100名医生全部会感染，那整个方舱就会瘫痪，因为疑似也是要隔离14天，方舱就运转不起来了，所以我们赶紧把通道做好。

我们每天要把250个病人查房一遍。还有方舱里面地面是不平的，有很多电线需要用缓冲板盖在上面，不让大家看到，也为了安全，防止触

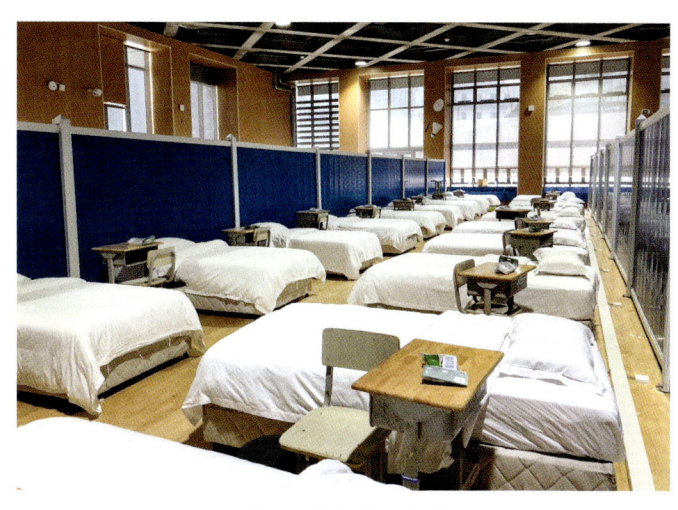

图3 方舱医院内景

电。到处都是这样的缓冲板，床也不是按照正常排的，旁边有水斗之类的。我们每天要做一个跌倒评估，给全部250个病人做，及时发现病人的需求，我们会按照舱内患者人数带洗发精、沐浴露、护发素给他们送进去，病人的药物也是我们及时跟医生沟通。舱内护士们是记录生命体征，病人如果有药物需求（有些病人有基础疾病，长期服用某些药物）会告诉医生，舱内医生查完房可能离开了，没有及时转达到当地托管单位的医生，舱内的药物不是每个病人定时发的，比如这个病人进来了，我先给你一周的量，连花清瘟8盒，新的病人就会说："我今天没有拿到，我要吃这个（阿比多尔，连花清瘟）。"我们就要和医生沟通，所有这些沟通就是我们国家队来做的，包括他们所使用的护理记录的所有表单都是我们设计的，包括舱内的院感制度，都是我们来做的，既然做好，就要告诉他们怎么去执行。总的来说就是做流程、做管理、做质控，所以工作时间说是4小时一班，但真的不定，我最初一两周在那边每天睡2—3小时，基本上都在进舱，反复进舱。武汉市政府给我们每个点都保证了充足的保障车，这个摆渡车我们过去大概5分钟左右。

5. 新问题新思路

那时候我们马昕院长就提出来病人太多了，那时候连地下负1层的300张床开放后，800个病人是十足的，后来就提出病人管理病人这样的思路。我们病人当中很多是武汉当地社区的基层干部，还有很多是党员，所以我们就在病人当中成立党支部，每个区都有，党支部这些病人，250个人的舱，每20个人一个隔间，所以每个隔间就设置了一个区域长，这个是党员担任。他帮助护士分饭，250个病人每个病人都要发到手上，一日三餐这个工作量相当大。病人的伙食是不错的，两荤两素，水果加牛奶，每个人都有。

但是这个量对护士来说非常大，因为护士穿着防护服的，首先有缺氧，还有护目镜，我们戴上后一个小时就已经看不清了，水在往下滴。所以我们有病人党支部成立之后，有这些党员帮我们护士做这些后就好多了。然后我们在病人中间开展了很多活动。你们可以在抖音看到的跳舞、唱歌、太极拳、瑜伽、还有我们读书报

图4　组织方舱医护人员进行院感培训

告会，还有其他一些活动就陆陆续续展开，包括病人的方舱满月活动啊、"三八"妇女节活动啊、情人节这天，我们也搞活动，那天我们和病人合唱了《我和我的祖国》，抖音上很红，几百万的点击量。到了2月11日，首批病人出舱了，3月10日我们方舱休舱了。到休舱的这一天，我们心里是有点不舍的，看着从一个空空的体育馆改造成医院，现在病人一个个都康复出舱了，又恢复到体育馆的状态。成就感是有的，因为那时候武汉建了15所，开了14所方舱，收纳了1万多名患者。我们这个方舱总共收治了1 164名患者，大部分出院了，一部分还在，因为要3次核酸阴性才能出院，一部分不能出院的转诊到各个定点医院去了，数量非常少。很有成就感，不舍也是有的。3月10日方舱这里结束了以后，我们11日、12日做了一个方舱的终消，因为空气里还是有病毒存量的，包括CT影像车、DR胸片车、实验室检查车，卫建委还有个P3移动实验室是专门检测核酸的，这些车辆都要消毒，因为病人都进去过。之后我们加入了四纵队——武汉同济医院光谷院区ICU，从3月13日至3月31日，两周后我们一起回来的。

6. 难忘的人和事

有两个病人印象非常深刻。一个病人是我们整个C区的区长，他家庭非常不幸，9年前他儿子出车祸没有了，他家里亲戚关系很简单，就只有爱人和老母亲这样一个家庭结构，这次武汉疫情暴发后，在他进方舱前的一周，他的母亲因为患新冠而去世了，在他进来的前一天，他看着妻子送入了救护车，来不及送到武汉六院在路上就去世了。他进到方舱之后其实内心很悲痛的，因为连续一周两个亲人都过世了，他看到我们很忙，就说我作为区长的话可以帮你们去做一些病人的心理疏导，他经常开导别的病人："你们有我惨吗？我出舱了之后真的变成孤家寡人，什么亲人都没有了。"然后他会给病人做一些心理疏导和心理建设，帮助有情绪的病人，去安抚他们。有一次，我们有很多医疗物资要送进来，后期有输液、雾化，东西很重，因为我们都是女孩子，然后区长会叫很多病情轻的男性患者帮我们用小推车推，分配到各个区域。包括方舱每天会产生很多生活垃圾，他们会帮忙整理垃圾，地面清洁，在舱内观察好病人，虽然是轻症患者，但是一旦发生炎症风暴的话，在四五个小时之内患者可能就会猝死。所以他也帮我们观察，还有我们戴着护目镜，有时候观察这个病情真的很困难，虽然定时监测生命体征，每天有4次的体温和血氧饱和度监测，但也不是每次都能掐得那么准，然后他就会告诉我们："那个老爷子好像胸闷了，你们去看一下。"我们就赶紧上氧饱和上血压，如果不行的话就立马转诊通知医生转到定点医院去。他会很热心地帮助我们一起工作。

另外一个我一直叫她"王大姐"，50多岁，现在微信也一直有联系。方舱一般病人住两周就出院了，轻症病人，潜伏期两周过了之后，经过治疗是可以转阴的。这个王大姐因为病毒存量一直比较高，她是从2月5日入舱的，一直到3月10日出舱的那天才走，住满了整个周期。之前说过，第一天进方舱，什么都没有，卫生间也没有，要跑到室外200米的距离，那里有20个移动的卫生间，但是当时只开放了2个，另外18个实在是来不及安装，通下水道。移动卫生间的目的是为了病人的排泄物经过有效氯的消毒处理后才可以排到下水道，所以工程比较复杂。我记得那天下着大雨，雨棚还没有来得及安装。当天晚上她就带头在舱里闹情绪，带着病人把我们的床踢翻掉，扔东西，做了一些过激的行为。她很不高兴说："我要回去，你们就想把我关在这里，也不想把我的病看好。"确实第一天药物也没有到。她说："那你们给我治疗。"我们说："药在路上。"因为我们那天没有预计到会收满500个病人。之后，她也看到我们护理人员和医生一点一滴的付出，医生每天查房，要把250个病人每个都查一遍，每天都要过一遍，哪怕每个病人只有1分钟的时间，也要4个小时。我们的防护N95口罩最多时效就是4小时，通常我们医护人员都是超时的，超时的概念就是"裸奔"，相当于口罩已起不到防护作用的状态。所以病人也知道，他们有时候也会说："医生我这里没有什么了，你先看下一个病人吧。"会很体谅我们。到后期，王大姐是区长，帮我们分发物资，关心女病人，比如哪些女病人生理期来了会和我们说，提前把这些生理期的用品都准备好，送过去。到我们走的那天，她拉住我和武大人民医院两个护士长的手，说："对不起，我要跟你们几位忏悔，我第一天晚上做错了。"这非常感动，我们医护人员回上海之后其实收到了她送给我们的一些武汉特产，包括锦旗，在群里逢年过节也会发消息，比如："谢谢我们的逆行者们……"非常有爱的这样一个状态。

7. 做好突发状况预案

我们国家救援队上午4个小时，下午4个小时，夜间不定时。在我们这个舱之所以晚上时间要备着随叫随到，是因为经常有病人晚上病情不好了，不稳定了，我们舱内的护士是青海和广西两个队的护士，他们各带了100个人，进行4小时轮值，但是这些护士很年轻，工作经历浅，只有1—2年，很多病人的病情他们判断不好，预判不好的话就打电话给国家队，国家队是起到指导和制订整个流程的职责还有日常的护理质控，病人病情不好的时候他们就会打电话："老师，我这边什么事情搞不定了，你要过来一下……"我们的护理人员每天排班，我们叫"on call"班，接到电话后"on call"班就过去了，我的手机是24小时"on call"的，凌晨每个点都会醒，确实在那边的话，我作为一个武昌方舱医院的C区的一个护士长，也是作为当时一个临时的总护士长，每小时都会有人打电话和我说："卫老师，我们有个护士在舱里晕倒了。"或者"老师，我们一个护士在舱内呕吐了。现在怎么办？"还有"我们护士在半污染区脱防护服的时候鞋子也滑出来了，这个脚直接踩在了更衣间的地上，一个有高度污染物气溶胶的环境里，所以这只脚怎么办？"都是这些很细节的问题。我说："先指导你们预处理一下，我马上过来。"就是这样一个状态。虽然说我们上下午4小时是定的，我们在里面是承担所有病人高危的一个评估，高危患者，我们会给他们做一个医学上叫作"危重病人评估"。方舱之内的患者一旦出现了体温、呼吸、脉搏、血压，还有呼吸症状有问题的话，我们就给他及时转诊，我们还设置了一个抢救区，因为在转诊的时候我们要等120救护车过来，在等待的过程中就可能发生炎症风暴，所以在这个区域里有除颤仪、氧气、心电监护，抢救车里面配的都是急救药，还有强心剂，呼吸兴奋剂等药物全在里面，还有一张病床和一张推床，这个区域是设在舱门口的，一旦120来了方便马上移走。我们有一个病人，他不属于呼吸困难，而是体温连续高于38.5 ℃ 2天以上，这个病人如果体温下不来就赶紧转诊。值得庆幸的是因为关口前移了，所以我们到关舱为止都没有遇到抢救的状况。

对于一些紧急状况，比如护士在舱内晕倒了，不能和平时一样完完全全抬出去，她身上都是一些病毒的存量，一个护理人员要防护服正常的脱，在武汉协和医院一个广西的护士是晕倒了，他们紧急做了个CPR，才把她救回来的。我们这边没发生，只是缺氧。这个流程很复杂，要一个护士已经脱去防护服，只剩里面的隔离服，另一个护士要在全装备的情况下从外围帮她脱，只剩隔离服的那个护士相当于半污染状态，从内层帮她脱，然后两个护士一起把她移出去，我们先紧急处理了之后，然后我们马上做流程做预案，让每个护士都知晓，大群每天把预案做PPT发群里让大家学习。有一次，一个护士鞋子掉了，一脚踩在地上，他们告诉我的时候已经把她扶到护士休息室了，我说："哎呀，你们这个怎么扶的？"还好，她那时候一只脚跷着的，后来那天我也请教过我们感染科的大神，张继明教授，他是负责我们整个方舱的院感流程设计，袜子是肯定不能要了，鞋子问她要不要，不要的话要焚烧的，在我们不远的地方就是焚烧点，所有东西都要焚烧。这个脚就用75%的酒精泡，她这一路过来的地方全部用2 000 mg/L有效氯消毒剂进行喷洒消毒，空气当中也全部消毒，然后她一到护士休息室，我们就对休息室做一个空气的消毒，然后被子、床褥，全部消毒，沿着她的活动轨迹全部做一个终消，有另外一名院感护士专门做这个工作。

（三）使命在肩不曾停歇

光谷的话，本来我们是想插到他们护理队里面去，但是后来还是成了一支院感队伍，帮大家把关，缓解一下压力。我们这支队伍是以"80后"为主的，光谷那群护理的孩子们都是"90后"的护士，一方面经验不够；另一方面心理承受能力要弱一些。我们是后两周才进去的，前两周的话ECMO已经上了，CRRT血透仪，呼吸机都上了，我们对于ECMO是陌生的，对我们来说是个新技术，可能没有这么得心应手，另一方面，之前大家已经磨合好了，你单独进去的话，你在不熟悉的情况下对病人的病情，比如危重病人和轻症病人是不一样的状态，可能对病人会造成不利的影响。因为我们方舱这边院感做得非常好，然后我们就把我们的12名队员全部划分到每个队的院感里面，每个院感里面配一个我们队的院感护士，做一个严格的院感防控，包括之前在方舱经常有广西队或江西队说："我们这儿有队员发烧了。"发烧就不确定是新冠还是疲劳了，那就要给他们做一个指导，单间隔离监测体温做好消毒等。那我们的工作就是要保证我们所有队伍的医护零感染。所以在管控环节我们就把得很严。我们去了之后，加强了他们物表消毒，包括在半清洁区，我们有电脑执行医嘱，电脑上可能有病毒，那时候我们每天用消毒剂擦拭3次，后面我们发现不够，4个小时一班，我们会擦2次，这样每天擦到12次，比之前增加了4倍，这个量都是我们在

图 5　武昌方舱医院最后一名出院的患者

做，加强了地面消毒。因为每个护士管1—2个病人，每个病房1—2张床管好，我们就看是不是定期消毒了，哪怕规章制度上是说4个小时消毒一次，但是我们知道频率越高越好，所以我们进去如果护士在忙的话，我们还会进行一个喷洒消毒，把可能产生的漏洞全部都堵上。

（四）心底最柔软的地方

2月5日我到了武汉之后还不知道，后来看了我女儿的日记（他们学校老师发给我的日记）才知道，因为我有2个孩子，姐姐和弟弟，相差2岁，一个四年级，一个二年级。我女儿的日记这样写："最早的时候，我们会发妈妈短消息，但是妈妈经常失联。"因为我们在舱内是不能带自己手机进去的，在舱内有专门的手机、PAD、对讲机用来联系舱外，但是不带出舱。病人纸质记录是烧毁的，不能带出以防污染，所以每天还要用PAD拍大量病案照片传到外围，然后在外面清洁区的护士把这个输进电脑，工作量非常大。医嘱也是如此，刚开始两周没有电脑，所以都是纸上写好一床要什么药，二床要什么药，然后拍照片，传到外围的PAD上，外围医生再把它输入电脑里面，紧急联系就用对讲机。中午我们不在方舱吃饭，因为考虑到有气溶胶产生，我们就摆渡回酒店，时间很赶，下午马上又要赶过去，所以我手机短信基本是不看的，我女儿日记说："和妈妈失联之后，就和她留言，然后发现每天是凌晨三四点给我回复的，我就和弟弟商量不要给妈妈发消息了，让妈妈多一点休息时间。"一直到3月10日关舱那天，我才能在正常的时间跟他们联系，因为其他时间段他们可能又在上网课。平时也都联系不上，虽然说好有紧急的事情留言，但是基本没有收到他们的留言，家里给我很大的支持，我的公婆和先生给都给了我很大的支持，让我安心地在前方工作。

（五）这座城特别美好

武汉是一座英雄的城市，他的人民是英雄的人民，真的是。并不是一句空口号。我们刚去武汉的时候，因为有4.2万名逆行者，我一直认为没有共产党，我们是不可能在这短短的2个月之内就控制得那么好，我们的中国共产党在以举国之力帮助武汉这个城市，武汉也是以全市之力，来帮助我们这42 600名医护人员。我们刚到的第一周其实伙食是比较差的，但是第二周开始我们有羊排和牛排，开始有荤菜了，我们这些逆行者有的，但当地的医护人员每天的饮食就只有土豆和白菜，其实保障是不够的，因为那时候整个武汉封城了，物资有限，东西都送不进来，一旦菜篮子车送来之后是不能出武汉的，要在武汉定点放置14天才可以用，那时候物资很匮乏，在如此匮乏的情况下，它首先保障的是逆行者，那武汉当地的百姓就更加艰苦了。那时候是每周配给1—2次，但事实上我们知道他们的配给量是远远不够的，所以后期的话，因为有一些定向捐赠给我们上海医疗队，有苹果、梨、橙子，我们会把自己一些食物捐赠给当地的社区，社区再上门分发。上门分发的时候印象很深刻，有个小区是特别高档的小区。老百姓住在里面平时的物质生活是不愁的，那时候他拿到苹果的时候，他说："你们知道吗，对我们来说，这个苹果是奢侈品。应该事先保证你们的，因为你们是医务人员，如果你们倒下了，我们武汉就不堪设想了。"整个武汉人民都觉得他们为我们提供种种便利是应该的，不止保证在食物上，包括我们的摇摆车（公交车），也是当地的武汉的司机，我们凌晨1—2点去的时候，真的是随叫随到，他们是住在这个酒店里面的，手机24小时开着，我说："张师傅，我要走了。5分钟之后酒店大堂见。"还有那些骑警，志愿者，都是当地人，还配了几辆4人以下的专车，如果人少就坐专车。这个司机和我说这个车是他自己的车，他都没想过有没有补贴，包括每次加油的油钱都是自己出的，整整1个月接送我们从没有想到钱的问题。

这些事情让我觉得这座城市特别美，这个城市的人特别善良。这次经历之后，肯定对我们国家公共卫生系统是一个考验，我们要建立起一个更加坚固的防御体系，包括我们上海公卫，我们张文宏教授也在牵头做这个事情。我希望做好之后，下一次不会再有这样的事情发生，有种说法：方舱医院再见是再也不见的意思。希望我们有能力保障我们人民的生命财产安全，不要再发生这样的悲剧了。无论是我们医务工作者，还是武汉人民，牺牲太多了。

（六）仿佛还在昨天

在天河机场集合的时候，太热闹了，和我们刚到武汉的那种冷清是完全不一样，我们火车去的武汉，整个武昌火车站安静得可怕。你能看到天是黑的，周围的灯是亮的，红色的滚动字幕在闪耀：武汉加油。居民楼的窗灯是亮的，你知道有人在等你们，在看着你们，可能抱着怀疑的心，不知道这些逆行者能不能救他们。我们离开的那天，武汉当地组织得非常好，组织很多志愿者给我们送行，一路上有骑警给我们开道，车上有横幅：欢送逆行者。居民不能出来，还在隔离，他们隔着窗在喊："谢谢你们。"非常感动。那时候武汉街上热闹起来了，私家车出来了，私家车集体停下来对我们鸣笛。到了天河机场，几十支医疗队都要撤了，那就更热闹了，3月31日要撤走7 000多名医护人员。除了飞机还有高铁都要撤，碰到认识的同伴也是互相拥抱，不管是哪个队的，都凯旋了。在飞机上太热闹了，和火车上的安静完全是不一样的，大家都很开心，在上海隔离14天后马上能见到家里人了。到了上海，市领导来迎接我们，我们院长丁强也来了，一边拍手一边说："终于回来了，回来了……"我们隔离在锦江集团旗下的酒店，把我们照顾得非常好，太温暖了，太用心了。其实对我们来说，只是换了一个地方工作，即使不去武汉，我们在上海也是这样的工作，逆行对我们来说真的不算什么，我们只是在正常工作而已，没觉得自己多伟大，被上海人民优待的感觉让我诚惶诚恐。

四、昨日少年　今日脊梁

毛日成　**口述**
严敏斐　**整理**

（一）昔日一少年

我出生于1981年，祖籍江苏扬州。我们家是个大家庭，兄弟姐妹4个，两男两女，我哥哥和我读书读得比较多，我哥哥很年轻的时候就是教授博导，我们都读到博士毕业，他是在大学里面教化学，我们差3岁，他因为比我大，所以会不断和我说到了什么阶段要注意什么，他一路读书一路指导我。我年纪小的时候母亲去世，对我影响很大，后来觉得读书是改变人生命运的一个比较好的机会，当时读书也认真，所以后来一路读下去。我是2005年来上海读研究生，后来在复旦大学附属华山医院读研，硕士博士，基地规培，后来留了下来。我在2008—2010年作为国家公派留学生去美国联合培养2年，2015—2016年去美国印第安纳大学做了微生物与免疫学系博士后。

在华山医院感染科的时候，接触各种各样感染的病人。平时我们在病房也接触过病毒性肺炎，白肺的。这次去武汉之前一个星期，正好收了一个华东师大教授博导，两肺白了，收进来一查是流感，其实流感和新冠表现很像，都是病毒，流感有特效药——达菲，治疗效果很好，一个星期肺里面情况就好转了，后来我去公卫的时候他就好了，回家了。后来随访这个人也是蛮好的。我们科病毒性肺炎收得也蛮多的，主要是收发热待查。所谓"发热待查"，就是发烧了搞不清原因的，比如细菌、病毒、真菌、血液系统、肿瘤表现，到我们这里就会给他搞清楚，再针对性治疗。科室以这个为特色，所以全国各地找不到发热原因的，都会到我们这边来。说到这个，我们科室的领导就是张文宏，这次公共卫生中心，我也是第一批和他一起去的。

（二）今朝始执弓

其实作为感染科医生，你可以看到，这次整个感染科医生感染没有的，因为感染科医生平时接触病人的时候我们都是戴口罩的，最基本的戴口罩、洗手这个平时工作中固有的习惯，其实就是这次预防新冠病毒最最重要的习惯，美国的话特别强调洗手，所以擦手纸、洗手液是紧缺的，到后来就意识到戴口罩的重要性。其实这些是我们平时生活一直有所注意的，眼睛只有在发生喷溅时才会感染，是小概率事件。有的医生本身也戴眼镜，所以基本上，防护是没有问题的，感染科医生没有暴露。暴露最厉害的是口腔科，嘴巴张开气溶胶就喷出来了，还有五官科，这次相对说暴露比较多，因为直接接触分泌物的，比较厉害。到后面第一时间新闻出来了，张文宏教授就说"这有什么搞不清的，我们二代测序测一测就知道了。"所谓二代测序就是我们测出它的序列和已有病毒做比对，已有病毒有，就知道哪种，其实当时已有病毒没有的，我们最后测出来它和SARS病毒是一个种类的，但是有些差别，所以这次是新冠病毒。

上海当年SARS时，上海市传染病医院整体搬迁到金山，专门成立了上海市公共卫生临床医学中心，其实从那时起，上海就制定出政策，重大的传染性疾病全放公共卫生中心，包括前面几次禽流感，也是放到公共卫生中心。这次也是这个传统。最早的时候是12月份，武汉他们是病毒性肺炎，序列没搞清楚，当时把这病人的血送到上海，在公共卫生临床中心，张永振教授课题组测序测出来了，上传到PubMed，这个其实是最早的，当时全世界轰动了，这是全世界第一个公布的这次新冠病毒的序列。12月份公布后，元旦期间，公共卫生临床中心业科科长沈银忠教授有写一篇《关于病毒性肺炎的整治》，是他专门写的一个述评，当时我们都不以为然，认为这个病毒性肺炎离我们这么遥远，当时大概是1月3日。1月20日上海就有了确诊的新冠肺炎，第一例就是武汉来的，第一例收进来后，上海就启动应急程序，上海市所有医院要派出专家组到公共卫生中心去支援。这次新冠肺炎，卫计委任命张文宏教授做组长。（图1）上海指定的定点医院就是公共卫生中心，只有公共卫生中心有P3实验室。P3是传染病等级，P级别越高就是越厉害，那么我们国内最高级别的P4实验室就是在武汉病毒研究所，其他地方等级最高的就是P3实验室，一个地方最多有一个P3实验室，全国也没几个，上海唯一P3实验室就放在公共卫生中心，而他们的病房是按照烈性传染病造的，如埃博拉之类的全部放在那边，所以这个病房一定要放在公共卫生中心，而且是远离市区的。公共卫生中心那里也超级大，也不用担心会对周围的居民造成影响，因为超级荒，没有居民。

图 1 这张是第一批在公共卫生中心上班的医生，中间是张文宏教授

现在它的建筑面积也就占了那块区域的 1/10 的样子，还有很大的开发空间，还有很大的院子，根本不用担心病人跑了或者其他，在里面跑来跑去跑几千米出去，还是公共卫生中心，跑不出去还会迷路，太大了。这次新冠病毒和以往病毒状况不一样，这次病毒累积到全身各个系统，根据已有研究报道发现，从上面头脑到内分泌系统，到各个脏器、肝脏、肺脏，都有累积，不仅仅是一个肺的问题。这次这个模式就发挥优势了，起了重要的作用，上海市所有 ICU 的主任都调过去，累积到心脏了，把上海各个医院厉害点的心脏科专家全调过去，集上海市整体力量来整治，而不是以往模式，就公共卫生中心一家。就是在公共卫生中心基于这样的背景下，每个医院抽调专家去，张文宏医生作为专家组组长，第一批我们医院去，还有我和呼吸科医生（张有志）、ICU 医生（李先涛）3 个专业，我们 3 个去。（图 2）

刚开始去的时候，病人也不多，就几例。大概过了两三天工作量大起来了，那时任何医院觉得有可疑的，马上和疾控中心（Centers for Disease Control，缩写为"CDC"）联系，CDC 只要测出来核酸是阳性的，马上启动流程，让专家组来会诊，所有的医院都检测，因为搞不清病人发热会去哪里，他只要去了这个地方原则上就不好动了，这个地方原则上全部要隔离的，所以政府说你到哪里去，就地隔离，全部要隔离。所以每个医院晚上 10 点往这边送。收病人的话，比如今天 5 个病人，最后一个病人来了就凌晨 1 点了。问病史很有意思，拿了一个视频，里面的医生和他接触，穿着防护服的医生拿着手机，把视频开着，我们外面的医生就问："你是什么人，有没有去过武汉，有没有去过海鲜市场，什么时候到上海来的，去过哪些地方跟那些人接触。"就这样视频问诊，之后制定套餐。所有病人来了以后，我们就一个标准流程：抽血，什么时候化验，什么时候做 CT，这个人的治疗方案，轻的病人治疗方案，重的病人治疗方案，其实我们早期就订了一个方案上去。当时其实抗病毒药也搞不清楚哪个有效，在公共卫生中心有克力芝、阿比多尔等 2 种抗病毒药，这两个药物都是治疗艾滋病的药物，一开始也搞不清，就一起上。后来公卫中心说还有新的中药，也有效果的，所以我们一开始想所有的病人都来一来，但是后来发现不行，很多病人抗病毒药物用得多了以后，产生的反应很大，就开始吐啊什么的。后来我们就分两组，一组用克力芝；另一组用阿比多

尔，这个后来发表在《中华传染病》杂志上，说这样做下来好像克力芝没有效果，国内最早研究就是我们上海这边做出来，克力芝没有效果，后来就换其他药了。后来，我们发现羟氯喹有效果，不管它有没有抗病毒效果，但是我们用下来，病人就不大会发展成重症。在上海我们尝试过很多方案，发现有些方案是有效果的，现在不管国外研究做出来它们究竟有没有抗病毒效果，但是我们是实实在在看到有些药对病人有好处，在上海总的死亡病人是少数，我们早期经过临床实践有效的药物都用上去了，没有发展成重症，就不要后期花费大量的人力物力去救治了。我们公共卫生中心去了两周，工作一周隔离一周。后面几批感觉工作时间会很长，就变成工作两周隔离两周或者工作两周隔离一周。原则上是隔离两周，我们当时刚撤的时候一下子面对患者大量增多，大量专家过去，是住在公共卫生中心专家楼，如果前一批人隔离两周，房间有点紧缺，后来就给他们早点测核酸，多测几次核算，两次核算阴性，一周时间到了，这些人都挺好的，就放掉。这样就腾出空间给后面来的，到后来专家越来越多，公共卫生中心专家楼住不下了，就住到金山区宾馆里，每天班车接送，所以后面隔离14天。这个时间也巧，我工作一周隔离一周，又过了两三天就去武汉了，如果我隔离两周，那武汉我也赶不上了，因为我去武汉是上海市第六批，华山医院第四批，（图3）之后华山医院也就没有再派了。

图2　1月21日三位专家进驻上海公共卫生中心
左起第三位毛日成、第四位张有志、第五位李先涛

（三）铁肩担道义

1. 出发前的小感动

援鄂之前一开始，我也没想到会很快去武汉。其实我援公共卫生中心回来的第二天，是华山医院第三批队员集结，当时我回来后想到第二天要上班了，也蛮累的，要早点休息，所以 11 点的时候我手机就关机了，11:30 张文宏教授给我打电话，关机没打通，11:45 张继明教授给我打电话，关机没打通。他们两个一个叫"张爸"，一个叫"张妈"，张继明教授今年 54 岁，是我的导师（感染科副主任，博导）。当时张文宏教授打我电话没打通，就给张继明教授打电话，说明天要去武汉，我的导师张继明教授是队长，他是那天晚上 10:30 接到通知的，他第二天要带队去武汉组建方舱医院。所以当张文宏和张继明说："小毛电话关机。"张继明说："我来打。"后来也没打通，后来他就通知了他一个学生（孙峰，主治医师），一起去了武汉。第二天早上我到了科室后，科里的科会就变成了送行会，就变成为我们科里张继明教授和孙峰医生送行。第二天早上我导师和我打电话，说"你看你昨天晚上关机，本来这一批是让你和我去的。这次你去不了了。"其实我那时候还有点懵，因为刚公卫回来，根本没有思想准备。我们张文宏医生说，大家要做好思想准备，新冠肺炎大概战线要拉得很长，男同志建议报名去武汉，选项 A，女同志建议报名去公卫，选项 B。短暂的时间里是沉默，任何一个人做决定都不是一蹴而就的，任何一个英雄后面都是有家庭的，不能什么都不考虑，当时一下子都是沉默的，我当时也有点内疚，前面表现不太好，我也没问家里人，就选了去武汉，报名 A，我报完名后，领导就和我们说，大家不要在群里报名了，就私下和我报名好了，不然就变成一种压力吧。后来我也不知道科里的都去了什么地方，反正报名去武汉的我也没问其他人情况怎样。报名后我想第一批走了没多久，应该不会很快走，第三批他们走的时候大概是 2 月 3 日，然后我们 2 月 8 日晚上接到通知，其实靠得还是很近的，一个星期等于正常工作的时间他们刚走。我其实当时想先不跟家人说，觉得应该还要很久，第一批和第二批隔了很久，第二批和第三批也隔了很久，这才第三批，我估计时间还很久，我还没跟家里说。如果跟家里说，总觉得他们会不放心，"你刚去过公卫，怎么又要去武汉了。" 2 月 8 日晚上 9:30，我们科室副主任给我发了条短信，"小毛，做好思想准备，明天可能出发。"我问："定了吗？"他说："还没有，还在开会讨论。"到了 10 点钟，他又给我发了消息，说"定了。"我就告诉家里了："明天我要去武汉。"当时我女儿就"哗"地哭了，她今年 10 岁，她说："爸爸，凭什么，你刚刚从公卫回来，怎么又要去了，你难道不要我了吗？"当时其实心里面觉得有点对不起女儿。因为当时来说，去公共卫生中心两周没有怎么陪小孩，又要离开了，而且这次离开我都不知道多久。人很多时候对未知有点恐惧，因为在公共卫生中心的时候，我没有直接和病人接触，我们主要外面制订医嘱，当时觉得你们第一批专家主要是制订方案，在里面的医生主要是公共卫生中心自己的医生。到了武汉，我觉得我肯定要进去的，虽然有未知的恐惧，但是对家里人说："不要紧的，那边物资充足的，防护物资充分的。"然后我女儿说："你看电视上说那边很多医生没有防护服，都套塑料袋。"我说："你放心，我们医院都自带防护物资去。"我老婆也不和我说话了，就觉得你怎么这么酷，不和我沟通就去了。主要觉得对小孩有点愧疚。后来在复旦的团课上面，我当时也把我和我女儿讲的说了一遍："每个家庭是一个小家庭，我们去武汉，每拯救一个患者就是拯救一个家庭。让更多的家庭恢复欢声笑语。"其实有时候，这就是医生的本职，你在上海治病人，在武汉还是治病人，而且在上海那段期间，病房里没病人了，空掉了，当时收的就是疑似的病人，病房就完全空掉了。还有一些不重的病人也不住院了，他们总觉得在医院里不安全。到武汉，也是治病人，当时我觉得去没问题，既然报了名了，也没什么好犹豫，就是时间比较紧。那天晚上是200多个家庭的不眠之夜。我听说最后一个接到通知的是凌晨3点多钟。我们通知第二天早上9:00在医院的门诊12楼集合，所以拼命在网上"饿了么"点到武汉要带的东西，比如靴子。第二天去24小时的"可的超市"采购生活用品。医院给每人准备一个箱子，但是刚开始箱子里面的东西是不全的。比如刚开始去武汉的时候，穿个运动鞋，外面套很多衣服之类的，总是觉得不放心，最好穿胶鞋，当时赶快在网上订这些东西。第二天到科里面的场面有点悲壮，就是一个个来给你送行，一个个把头发剃得很短，我在我们医院还碰到护士长（仝婕），我们护士长还说："本来没哭，看到你头上头发剃光了就开始哭了。"她就觉得头发剃光很悲壮。当时走的时候，很多人送行的场面其实都是很感动，我知道会有这样的感动，我就觉得感动归感动，心里知道就好了，千万别搞得感伤，千万别搞得哭得稀里哗啦的，因为我看到有很多人，"90后"的，我们这次去的最小的是1998年出生的，刚刚上班没多久，马上就拉过去了，爸爸妈妈去送行，网上有的照片爸爸妈妈带着饭：你再吃两口。对父母来说都是掌上明珠，就一下都被拉出去了，对父母来说他们也很紧张，武汉那边很多医护人员都感染了，心里面也有恐惧，离开了父母，父母也很担心。那天送行的场面夸张的，科里面所有的医护人员都来送行，我们护士长（仝婕）他自己买了点胸腺肽，"小毛今天我来给你打一针走，今天我们科里的都要打一针。"当时就觉得非常感动。他不是科里买的，是自己买的，他一接到通知就去买了胸腺肽，那一天走的时候给我们3个人一人打了一针。他说："你们一定要好好的回来。"不说这个话还好点，说了这个话感觉就有点悲壮了，就像不能好好回来似的。当时就和自己内心说：你要控制好自己的情绪，千万不要控制不住。我是觉得，有时候没有感觉到快要到泪点，但有时候就是一瞬间触痛泪点。就像去之前抖音上讲东航的空姐在飞机上说："感谢你们逆行"，说着说着，空姐哭出来了。这个场面就是太伤情了，所以我一定要控制住，我是男生不是女生，一定要控制住。所以那天很多人送行，心里满满感激之情，因为当在你离开家离开医院的时候，看到有这么多人送行，说明这么多人非常关心你，就和平时生活中一样，有时候要感受一下生活中的小感动，感受到自己被关怀着，

其实也蛮好的。后来坐医院的车去了机场。

2. 到达后的真感受

到武汉下了飞机后，我们坐大巴车，街上什么人都没。到处都看不到人，只有警察。当时看到社区有的灯亮着，有的灯暗着，还是蛮恐怖的，因为就会想灯黑掉的，有可能就是正儿八经的武汉人，然后家里人就去世了，当时就觉得蛮悲壮的。我印象深刻的是，当我们车经过武汉市中心医院，也就是李文亮所在的医院，灯特别亮，因为到处黑的，特别亮的就是医院了，酒店、超市基本上也都关门了。当时还有点困，因为第一天晚上没睡好，看到那一片灯，我还吓了一下，意识到自己真的到武汉来了。传说中的武汉市中心医院就在这儿，很多医护人员感染的就在这儿，感受真真切切的。

当天晚上到酒店下榻还是蛮冷的。我们住的酒店，位置比较偏，很荒凉的地方，晚上又是很冷很冷的。后来几天还下了大雪。刚去空调不能开，防止形成气溶胶，宾馆是一床被子，后来听说那天晚上很多人冻得感冒了。酒店条件蛮好的，风景也不错，但是这次去根本无暇欣赏风景，到那边去到处看不到人。我们第一天去，第二天病房就开了。

3. 开张时的高强度

我们第二天上午去看了一个病房，原来是一个康复科病房，临时改造的。当时去就碰到一个很大的问题，其实我作为感染科医生，被我们院感的组长（陈澍教授）拉到院感的群里去，当时说我们要做好院感工作，院感就是防止医护人员感染。当时去看病房，我们进去的通道和我们出来的通道是一个门。不是进出两个通道，是单通道，一扇门，所以在推门进去的一瞬间可能碰到有人过来。也就是说有风险的，当时想提能不能改造。凤凰卫视采访我们陈澍教授，我们陈澍教授说"为了确保医护人员零感染，建议通道重新改造。"但是后来根本没有时间了，当天卫生部开会的时候就说"不要提那么多条件，今天、必须、马上。"我一开始其实根本没有意识到卫生部为什么这么急切，就我们去的第二天晚上，当时是这样的，医生6个小时一趟班，护士是4个小时一趟班，我是第二趟班。第一组人是晚上8点去的，算他们到午夜12点结束，我是午夜12点上班。我晚上坐班车去，下来愣住了，当我到同济医院光谷院区门口时，一看全是救护车，大概有30多辆救护车。我去的时候，戴的是自己的N95口罩，跟我一起去上班的另外两个小伙伴，他们是普通外科口罩，然后我们要过去必须要穿过这段人流，我就和他们开玩笑："我们穿过去吧？"他们说："毛老师，你是N95，你没问题，我们外科口罩防护能力不行，我们能不能不要过去，再等等。"然后我们在外面看了一会，30多辆救护车刚过去一会儿，后面又几十辆救护车排成长队过来了。那时候我就意识到了，国家为什么不能等，在外面积压的危重症病人特别特别多了，最起码是重症的，容不得等了。这些人放方舱也不行，那时候方舱已经遍地都开出来了。但是这么重的重病人根本是来不及了。我们第一天去所有的病区全部开张，我们ICU收最最重的危重症的，普通病区收重症的，大家都在收病人。所以那天晚上的场面就是这样，然后我说："我进去给你们拿两个N95口罩吧，不然过不去了。"刚去的第一个星期每天晚上都是这种场景：救护车几十辆。晚上不停有病人过来。我们ICU 30张床位，几天时间就收满了。这个场面其实真的蛮震撼的，当时我没有拍下来，可能觉得影响不太好，亲眼看着很震撼。很多家属过来就说："不行了，不行了。"有的家属是儿子把父亲推过来，儿子就说："我也得了新冠，把我收进去吧。"我们只能和他说："我们这里只收危重症的，你还能说话，应该症状比较轻，去方舱医院吧。"这说明当时医疗资源的确非常紧张，所以国家为什么第一天晚上通知我们去，第二天到了那边，马上就要病房开张，病房虽然简陋，我们康复科病房又不是ICU病房，里面放一张床就算ICU病区了，但是依然在条件极其简陋的情况下开张。所以回过头来讲，我也能理解那时候从政府层面来说，他们顶受非常大的压力。

4. 经历中的大震撼

这次去那边，还有一个非常震撼的，包括这次回来，他们说我性格变了，以前我是特别开朗，话特别多的，后来有点沉默了，其实我觉得我没有变得很沉默，不过我觉得我情绪调整还需要时间，其实就是跟刚开始去有关系。刚开始去的时候，很多重病人来了非常非常重，来的时候你准备给他插管，当你在准备东西的时候，因为在ICU病房很多东西准备都需要时间运过来，呼吸机啊、插管的东西啊，还在准备中，前一分钟他还在和你说着话的："医生啊我不要插管，不要插管。"后一分钟心电图就一条直线，立马人就没了。我们说对于那些护士尤其是"90后"的护士，刚刚上班的，他们都没怎么碰到过人就这样走掉了，一下子就傻掉了。对于我这样工作也十几年的到那边去第一天，我也觉得内心有点难过但还不至于震惊，到后面是真的震惊。鲜活的生命，来的时候他还和你说话，当你下班回去，过了一会儿问问那边同事"那个几床怎么样了？"同事就会说那个人还没来得及插管或者刚刚插管上去，人就没了。这就是为什么这么多人去武汉，很多人回来后，在隔离期间做了问卷调查，显示很多人有心理问题。吃不下，像刚才那个小伙子（张叶麒）一样；睡不着，我去了之后没有用安眠药，因为我平时睡眠很好，自己也调整了，但是我知道我周围很多很多同事用，都跟我们借思诺思，问我："你还有吗，我的吃完了。"我说："你吃几颗？"他说："两颗不行，我现在要吃三颗四颗。"这个其实就是应激状态下造成这种场面。

我们有位"90后"医生，作为麻醉科医生，他是第一个控制不住的，看到那个病人没抢救过来，他自己立马哭得稀里哗啦，他自己就摊下去了，就在病人床边上。他在准备给病人插管的过程中，病人一下子呼吸心跳没了，他就在这个病人床边上，一下子受不了了，后来我们在监控里看到这个情况，立马说"过去几个人，把他拉过来。"几个人就去把他从地上拉起来，他就在里面大哭。当时就有个场景，纸头里面写着，"对不起，他很难过，尽力了"。（图4）这个是完全可以理解的，职业生涯中刚上班就碰到这种情况，其实对他内心是非常非常震撼的，把他带出来之后，他哭着说：他们小孩才出生没多久，他觉得每个生命真的是非常非常不容易，然后他眼前前一分钟这个鲜活的生命还好好的，后一分钟一下子就没了，这也是他第一次送病人走，他内心受不了。这次

143

图 3　华山医院感染科参加援鄂第四批医疗队出征

更多的时候看到的是救治任何一个病人的时候，根本不会去关心这个人有什么背景，都是一样的，对每个病人都是竭尽全力，当然我是觉得这里有运气的成分在里面，有些病人运气好，发病稍微晚一点，到了后面对于我们来说，经验也更丰富一点，病人救过来的成功率也会更高一点，如果我们早期刚刚收进来的时候，这么重的病人，我们以前也没有碰到过，而且这种强度，相对于前面这些病人来说的话，我们还是有些遗憾的。有时候就是这样的，你心里竭尽全力想去努力一把，但是这只不过是你自己的想法而已，事实结果的话不是按照你想的来的，有时候就是谋事在人成事在天，真的是这样，有的时候真的遗憾，早期的话，有些病人年龄不是那么大，但是就这样走掉了。这就是为什么这次回来很多人内心还是受到很大的震撼，有些人可能到现在还没有走出来。后来是有心理干预，但是心理干预是问"你有什么不舒服吗？"但是很多人我认为内心还是隐藏得比较深，他说："我没什么不舒服。"如果这个人是很外向的，愿意和人说的，相对发生这种概率会相对低一点，而本身就是内向型的人，受了刺激，你问他有什么不舒服，他也不愿意把心里这扇门敞开，他就说"我没什么。"其实有的时候就是这样，可能需要很长时间慢慢走出来。

5. 后方来的原动力

我们没有碰到物资紧张。我们去之前得到通知说武汉那边物资很紧张，我们医院自带物资，带了几百箱物资过去，我们这次其实把医院里的家底全部带过去了，（图5）去了以后发现武汉那边只要是一线医院的物资，他们医院里全部都提供，其实我们的物资没有什么用，我们走之前捐了一批给他们，还有点剩下的就带回来了，这样也不浪费。当时17支医疗队支援同济医院光谷院区，每个医院都带了呼吸机去。ECMO这个机器特别贵，一台有几百万元甚至上千万元，是同济医院自己的，医疗队的话主要是有创和无创呼吸机我们带的比较多，到最后的话所有医院基本上都不拉回来了，因为很重要的一点，拉回的话觉得这个都用过了，污染了，所有医疗队大家都当捐献，所以捐了好多台呼吸机在那边。

在那边每天会和家人报平安，也不是每天视频，也想掩盖，所以不会每天都说悲壮的事情，报平安为主，"挺好的，吃得挺好，周围环境挺好……"，甚至到最后家人不知道我进隔离区了。家人问我在那边工作情况，我说："我到那边运气比较好，我分在外面，主要在外面开开医嘱，我不进去接触病人。"我都是这么说的，对家里人保密，让他们放心一点，善意的谎言。

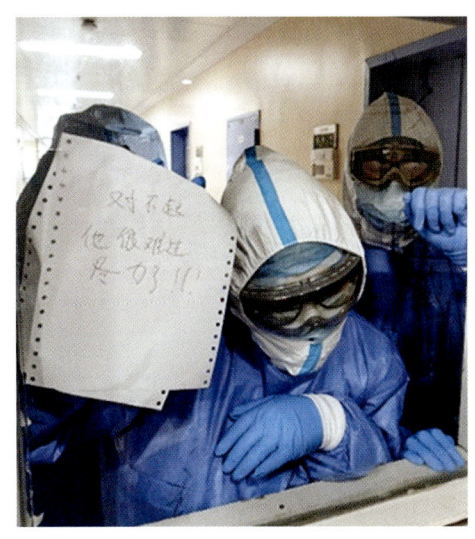

图4　中间是魏礼群医生。因一位患者没能抢救回来，他很难过

（四）妙手筑丹心

到了后期，情况有了很大的改变，因为慢慢有经验了，重症病人，就觉得这个病人很重，他还没有到需要马上插管的情况下，我们早期插管就给他插上去，不要等到最后一刻那个临界点，就早点给他插管插上去。这样病人的情况我们叫做关口前移，关口前移就是早一点积极措施用上去，早一点上呼吸机，早一点上ECMO（人工肺），所以我们这次最大的成功就是有5个病人上ECMO在我们手上治疗效果很好，在我们走之前，前面4个上ECMO的都出院了，包括很重很重的。所以最近我们微信里面最热的就是说，武汉有两个李文亮的同事上了ECMO，这两个人不是非洲回来，却像黑人一样的，为什么呢，这个人在上ECMO的时候继发感染，用了很多高级抗生素，用了药短暂性的黑，到后面都会恢复正常的。总的说来ECMO这个就是我们当时比较成功的。

这里面也有很多小故事。讲一个小故事，也是我这次讲得蛮多的包括去复旦团课也讲的，一个老爷子，姓胜，胜老伯，他是新冠和糖尿病，进来后我们很快新冠肺炎给他控制，慢慢就好起来了，他糖尿病平时控制得就不太好，然后右下肢就烂了，医学上称"糖尿病足"，就从腿最下面一点点烂，后来病房里的温度越来越高，因为不用空调又是封闭的，我们进他这个房间就闻到肉的腐臭味，那个时候大家都有点怕进他的病房。这就意味着不截肢人就要走掉了，当时跟他家里人联系，就想最好给他截肢，但是截肢的话在另外一个院区（中法院区），截肢了也不是说这个人就没有新生了，汶川地震也有人截肢，后来再装个假肢，生活没有太大影响的。所以和他家里人联系，他家儿子也是同

图5 物资到达希尔顿酒店

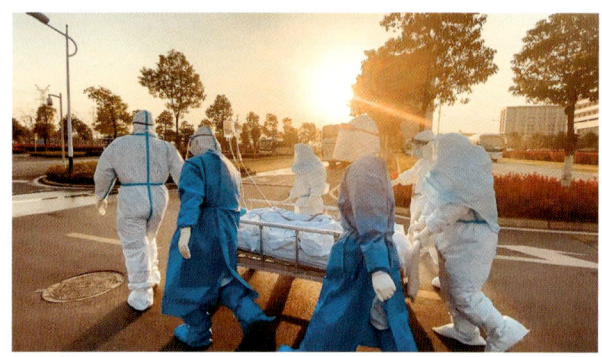

图6 3月10日，夕阳下医护将"糖尿病足"的病人从同济医院光谷院区转院至中法院区进行截肢手术

意的，后来把他转到同济医院中华院区，当时转院也是身上插了一堆管子把他送过去，有记者也拍了一张照：就是那张在夕阳下送过去的照片，我们说这个也叫作"人间值得"。（图6）这个老爷子到了那边给他做了手术，这个手术也是我们医院领队马昕副院长亲自做了，因为截肢是骨科常规的手术，所以当时马院长去做手术，包括我们医院血管外科，手外科还有另外两个医生一起去参与做这个手术。这个手术常规只要1个小时，那天这个手术做了3个小时，因为所有的人都戴了几层眼镜，穿了几层衣服，所以全身湿透了，最后出来所有人都累趴下了，衣服湿的一拧水好几斤，这个衣服早就湿透了无数次了。（图7）所以当时大家都觉得很辛苦，所有人都说，虽然很累，但是很快乐，最起码这个老爷子截肢截掉后体内就没有毒素了，新冠肺炎也好了，这个人还是有新生的希望。前面我们做了回访，这个老爷子也慢慢好起来了，后期的话再稳定一点可以装假肢，他也可以重新获得新生。

就这样一个普通病人，我们倾注了大量的人力物力上去，其实我觉得这就体现了对个体生命的重视。这个人没有任何背景，其实什么都没有，作为一个普通的中国人，我们这次是不惜一切代价，所以最后最夸张的时候，我们看到病人出院费用的时候，都惊呆了，ICU的平均住院费80万—120万元，这个其实都是国家买单的，这次真的为了这些病人，我们国家不惜一切代价。

（五）初心莫相忘

1. 回家

从上海机场下来，当时下着雨，华山医院院长也好，卫计委领导，市里领导都来了，这次的话我觉得全上海人民都极大的关注我们这些去武汉的人，把我们当成了自己人，所以其实最最感动的就是当时还没有回来的时候，看到他们第一批回来的有个视频，当时上海东航有一个乘务长，她在飞机上用上海话讲的那一段："……阿拉想侬了……"那段话讲得非常煽情，当时我看了心里觉得挺酸涩的。我们下飞机的时候，这么多人，这么隆重的来欢迎我们，还是非常感动的。我记得有个小细节是这样的，在雨里面，我们站了大概有40分钟这样子，有点冷，后来我们上了大巴车，一上大巴车，有个师傅过来一人发了一瓶奶茶，热腾腾的，奶茶上面印着"上海市医务工会"，我就觉得这些人做事情特别注重细节，他就知道你们在雨里站了很久了，凉凉的，上车后就一人发了一杯热热的奶茶，所以一下子觉得心里挺暖的。到了酒店隔离14天，这14天也不觉得内心很枯燥，因为回到上海了，心里的感觉是非常安定的。

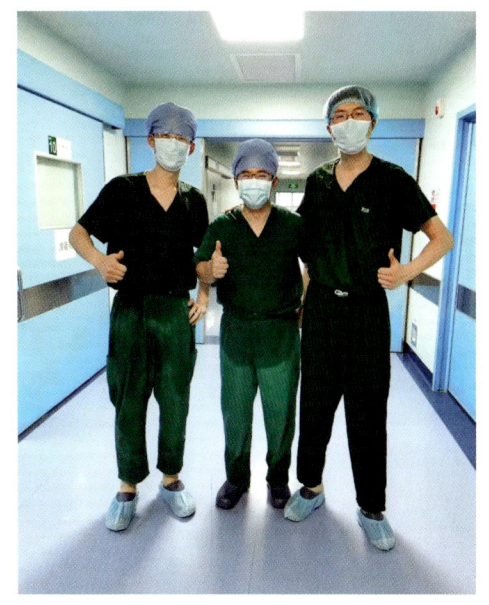

图7 参与截肢手术的医生，衣服都湿透了。从左往右依次是：援鄂医生沈云东、朱磊和一位同济医院的医生

2. 回顾

这次在那边最震撼的就是国家卫健委领导去看我们，他其实是这样说的："这次新冠肺炎中国整个卫生系统家底都快搭光掉了。"这次整个医疗物资的耗费是非常非常大的，包括呼吸机，这次去武汉，整个ICU，全国ICU的力量有1/10在武汉，一个城市一个专业，全国1/10的人在那边。一个武汉战役，中国集全国之力在那边。我们在那边吃的、喝的，包括锦江饭店给我们送吃的等，每个人后面都有一堆人在支持着，没有这样强大的后备的支持，是撑不下去的。这次大的疫情后，全国范围医疗系统对医院的基础设施、储备、重症抢救，感染科、ICU、呼吸科这三个学科国家可能后面会有比较大的投入，像碰到这种重大病毒疾病、重大传染病的时候，如果说没有很好的储备，可能很难面对再来一次这样的疫情，就打赢不了。为确保安全，这次国家层面会这样。

3. 回忆

对于我们医生来说的话，通过这次参加武汉战役，我对生命又多了一份理解。我有一张照片，一个夕阳西下的时候，我去酒店附近散步，平时很少会有闲暇时间看夕阳，那个时候看到夕阳落下就觉得特别美，真的是人间值得，要好好珍惜生活。（图8）这次去那边，跟病人沟通、治疗的时候，不用考虑钱的事情，医生最大化地帮助病人，跟病人之间沟通的时候也是非常真诚，包括后期锦江给我发的东西，我们都带到病区给病人

图8　2月15日毛医生在下榻的希尔顿宾馆附近拍的夕阳西下的照片，感慨要珍惜生活

吃，其实医生、护士、病人也好，感觉就是一家人，没有任何利益在里面，也没有金钱，就非常纯粹，我就喜欢这种非常纯粹的，我就希望你快点好起来，病人就觉得医生护士没有戴任何眼镜看人，这就是人和人之间希望达到的最好境界。这个体验对我们医生的触动，就是以后，对待病人，你要更多地去感同身受，更多地去关怀他，充分地关心别人，而别人感受到了你的善意，这是医患之间非常好的一个关系。对于我来说，对于生命多一份敬重之情。门诊上的病人也好，住院的病人也好，可能我会更多地去关怀。

（六）归来仍少年

去过武汉一线抗疫之后，现在看国外的形势，就像我们领导讲的一样："国外疫情取决于医疗条件最差的国家。"所以相对来说，现在最差的是非洲，这个战线可能还会很长，这个疫情目前也没有特效药，世界各地还在不断地播散，就一直延续下去，延续到疫苗出来。疫苗的话就像现在流感一样，每年打一次，最起码对当年的流感是可以起到预防效果的。因为现在我们研究疫苗的种类非常非常多，所有疫苗都在做临床研究，我们为什么说疫苗最快要到2021年春天，其实我们最新的疫苗二期临床实验已经做完了，二期临床做完了就三期临床实验了，为什么要这么长时间，这里面很重要的一点就是远期安全性问题。当时高福在接受采访的时候他说："当情况特别紧急的情况下，医护人员可能会优先接种疫苗。"为什么不是全民大家都早点接种，其实就是安全性的问题。有效性我不是特别担心，因为现在有很多办法制造疫苗，按照钟南山说5种方法，现在每种办法我们都用上去了，每种方法的疫苗都在研发路上，按照这个来说，临床试验马上就能结束，10月份。但是远期安全性我们要观察，这样观察的话最快要到明年春天。所以我个人认为我们的口罩要戴到明年春天，等我们有疫苗了，远期安全性也是OK的，哪怕他的效价稍微低一点，他不能保证100%，哪怕保住90%的效果，就全民接种，所以到那时，疫苗的成本会非常低，很多国家从这里走出来了，如中国、美国等，WHO会成立基金会，可能会免费给这些穷一点的国家去接种，从这样的角度来说的话可以终结。

  这个事情是百年未遇，2003年的SARS哪有这么夸张，哪有延续这么久，哪有全世界造成这么大影响，都没有过的事情。现在来说最好的方法还是疫苗。就像我做病毒的，我们碰到过很多乙肝病人，乙肝病毒感染的，如果有疫苗，就可以预防感染。一个道理，从根本上终结还是要靠疫苗，现在任何一个药物都没有说肯定有效果的，包括人民的希望"瑞德西韦"，效果也就这样。在中国研究停止是因为在中国的重症病人没有这么多了，入组太慢了，到国外去做重症的，它没有对照。举个例子来说，像那些重症的病人，你一组给他营养支持——吊白蛋白，一组不吊，营养支持的一组肯定比另一组要好很多，这就是对照。所以没有对照，他说（使用瑞德西韦）死亡率下降多少，其实不好说，讲效果多好肯定要对比，比如羟氯奎我们公认它还是有抗病毒效果的，可以延缓往重症方面进展，一组用羟氯奎，一组用这个药瑞德西韦，比较一下，才能知道哪个效果更好，没有比较，就目前数据来说也很难说。其实目前还没有看到有特效药，像流感一样，达菲有特效，但是新冠还没有类似流感这样的特效药。没有的话就很尴尬，如果瑞德西韦很好，美国也不会每天上升几千例，没有副作用的话全民每个人去吃就行了，大部分量产，成本就会很低了，取消专利保护，很快价格就会降下来了，老百姓都可以得到拯救了。如果有神药，这个事情就终结掉了，全世界范围不会蔓延。我个人觉得可能还是会蔓延很久的。国外我其实搞不清楚他们有没有这种思想，我在美国待过，他们很多老弱病残尤其黑人，经济条件比较差，对医疗负担造成很大的一部分人，有时有点像达尔文的进化论，自然淘汰，因为被淘汰的这些人肯定是经济条件差，平时身体差，一堆基础毛病，本身就是耗费国家资源的。每个国家发展到一定基础，就像美国这样，他的养老制度，医保制度到后面的体系是不堪重负的，通过这样一个自然淘汰，所以说他们有没有这样的想法，还真不清楚。其实每个国家都有这样的问题，所以他们负担重了，会不会这样，搞不清楚，所以目前来说我们看到，欧美国家为了防止对经济造成影响，也就随他去了，大家感染就感染好了，反正有抗体了，就觉得没问题，就可以去上班了，有抗体不代表已经完全康复了，有了抗体不代表你对这个病毒有感染力，你可能还在感染，再有的就是有了抗体，因为病毒在不断变异，对新的病毒还是有可能会感染上，还是得靠疫苗，其他解决不了根本问题。对于"80%新冠病人会自愈"的传言，目前来说还要等，换个角度说，像SARS一样，在人身上传来传去，后面毒性越来越弱了，最后一个SARS病人他的病毒片段很短了，过段时间就脱落一段，人不是它的自然宿主，所以它在人身上传播力、毒力是越来越弱的，我个人觉得新冠病毒也是属于SARS病毒组的，到后面，除非毒力越来越弱才会结束，不然目前来说毒力还是很强，到处传播，慢慢进展到毒力弱还有很长时间。

（七）后记

从2月10日至3月30日，光谷医院ICU病区共收治75人，迄今，5名上了ECMO的患者已有4人脱机，另有12名患者气管插管拔管，开展IABP 3人，开展合并症外科手术1例，下腔静脉滤器植入术1例，CRRT治疗138人次。医疗队两次视频连线孙春兰副总理，一次获总理竖起大拇指点赞，一次获盛赞"华山医院不负盛名"。医疗队所在光谷院区危重症救治成功率名列前茅。被评为"全国卫生健康系统新冠肺炎疫情防控工作先进集体。"

图9　2020年1月25日下午，上海市副市长宗明亲自来到公共卫生中心，慰问一线医务人员

图10　2020年1月24日大年三十晚上，华山医院感染科援公卫的医生始终坚守在一线，简单的晚餐后迅速投入到病人诊治工作中去。从左往右依次是：陈军、张有志、李磊、毛日成、刘丹、凌云、黄丹

图11　科室同事卢清教授给我送行

图12　凯旋上海的飞机上，左边时毛日成医生，右边是孙峰医生

150

五、从"保卫战"到"攻坚战"
—— 一名神经重症医生在武汉前线 ICU 的驰援历程

杨　磊 **口述**
吴晨烨 **整理**

（一）工作经历

1. 择医之路：从神经外科到神经重症

我实际上到华山医院工作才 1 年多一点点，我是 2019 年 3 月份从原单位辞职来华山医院的，当时华山西院刚刚成立，神经重症方面正好缺人。我是 2003 年大学毕业的，选择学医的原因，可能跟家里面一些事情也有关系。学医不是我的第一专业，是误打误撞，后来倒也觉得自己还挺适合的。因为我妈妈是很早生病去世的，在我 10 岁那一年，当时就觉得医生应该是可以考虑的一个职业，但是家里人一直觉得我很适合当老师。高三的时候我还在叛逆期，家里想让我学什么我就不想学什么，高考就报了跟这些完全都不相关的专业，结果第一专业没录上，第二专业录到医学院的。我在医学院待了 7 年，之后选了神经外科读了硕士，硕士读完之后直接出来工作。我原来是在江苏无锡的一家县级医院江阴市人民医院工作了将近 10 年，我们华山医院的胡静教授一直会去我们那边指导我们工作的。工作前几年当然很累，特别辛苦，一度想过放弃，但是后来把最辛苦的两三年熬过去了就好一点了。我本来学的是神经外科，那几年自己一直在摸索到底喜欢什么专业，觉得重症是我自己感兴趣的，所以后来就慢慢转到神经重症，花了几年工夫自己把重症的系统全部摸了一遍之后把两者结合在一起。现在亚专科分得那么明显，很多专科都开始有重症了，特别像我们华山医院神经科很强，神经内外科在全国都很有名气的，它需要相应的一些治重症人才来给这些有名的专科辅助，给它保驾护航。毕竟有时候会有病情很重的病人要到 ICU 里面去，那应运而生我们神经重症这几年就发展得非常快。当时胡静教授联系我，问我愿不愿意过来，正好我也挺感兴趣的，考虑了之后觉得还是过来试一试。到了上海之后待了一年，觉得这一年自己学到了很多。因为毕竟原来只是在县级医院，县级医院可能就是工作很辛苦，但是事后的一些学习啊、文献阅读啊、科研啊，相对而言都是比较少的。来了华山医院之后，这部分就给我很大的一个压力，也有动力。科室的很多年轻医生，本来学历就比较高，都是博士毕业的，他们的科研、业务、临床，包括他们的学习态度都给我很大的激励。在这一年当中我认为自己提高了很多，本来临床技能方面我年资高时间长，在科研方面我又跟他们学到很多东西，收获挺多的。这一次去武汉也是充分发挥了我近 10 年的临床工作经验，因为我一直干的临床一线。在武汉的时候，我们华山医院正好接手的是重症 ICU。要是接手轻症病房，可能并不能把我们的一些优势发挥到最大化。正因为接手的是重症医学科，那我们重症医学团队的专科医生可能更适合一些，发挥的作用更大一些。当然每个人都是很辛苦的，我们一个重症团队包括总院的 ICU 医生、急诊室医生、虹桥院区的和北院的医生，在这次抗击疫情当中在我们李圣青医生带领之下，把自己能发挥的东西尽量发挥到了最大化。关键在武汉自己也学到了很多东西，不仅是在帮助别人，自己也收获了很多。

我们目前在虹桥院区最主要是给神经外科做重症病人的抢救，和神经术后病人的监护治疗工作。神经重症病人可能大家不一定特别了解，我简单介绍一下。我们老百姓当中最常见的有脑中风、重症中风，很多人突然就不行了，一下子呼吸就没有了，中风的概率很高。脑出血、脑梗都属于中风的一种，车祸的脑外伤，很多脑子弄得一塌糊涂的，一块一块瘪下去的都是脑外伤。还有这几年的脑肿瘤、恶性肿瘤、多发肿瘤，一些脑血管病，动脉瘤这些都属于我们重症范畴。不管它是否需要手术，只要病严重到一个程度，都满足了我们重症监护的条件。这类病人，不管是做术前的准备，还是术后的监护，都跟我们神经重症密不可分。

2. 神经重症科医生的建议：养成良好生活习惯

以前在原单位的时候还是比较喜欢跑步的，因为我是易胖体质，而且在 ICU 里面普遍医生都会发现自己有一个共性，压力性肥胖，特别忙，就特别能吃，而且当时都是吃那种外卖，油很多，不是特别健康。当时还是坚持每天锻炼身体的，跑步，觉得身体很重要。不然一两年下来，血脂血糖三高都会上去。我自己因为面临这样的病人，脑出血病例现在越来越年轻化，我们收过十八九岁的脑出血病人，30 多岁正当年的脑出血病人比比皆是，他们正是上有老下有小的时候。近几年三四十岁的病人增多，特别是肥胖病人、生活不规律的、生活压力大的、本来就有高血压的病人、有家族性高血压的病人，这类病人实际上是脑卒中发生的高危人群。这部分人群如果发生脑血管意外的话，他们给社会带来的伤害，或者说给家庭带来的负担是非常沉重的。所以说近几年对相对年轻患者的卒中是我们关注的一个重点，也是国家层面关注的一个重点。预防建议的话，要把导致高血压以及脑出血的一些基本诱因降到最低，比如说抽烟，是血管伤一个独立危险因素；血压得控制好，血糖得控制好，血脂得控制好；肥胖，得把肥减掉，这些都是导致卒中的危险因素。然后就是生活节奏，要注意锻炼，生活方式很重要，我们能够改善自己的生活方式，包括饮食习惯。如果通过这些方式还改善不了血压的话，进行药物干预，定期的体检也非常重要。

（二）援鄂历程

1. "重症科那么多年，怎么也应该轮到我了"

我们医院在年前的时候还是比较忙的，病人当时并没有清空，一直断断续续有手术病人，有些重症病人也没走，特别是我们创伤组还收了不少病人。当时疫情每天都在关注，觉得国家应该能够控制住。因为当年非典我们也经历了，非典那一年我正好是考大学。当时我们高三就完全封闭在学校里面不让出来，对外地情况并不是那么了解。现在经过十几年的发展，医疗技术比非典那时候更先进了，因为我今年再去看非典当年的照片、视频资料，我就发现当年非典时期医务人员都戴的棉质口罩，没有3M或者1860这种防飞沫的口罩，现在都是这种口罩，国家医疗技术肯定是越来越好，我就想应该还好，可能就和当年非典一样。但是越临近过年，每个高速口开始设卡了，我们回江苏时，高速口开始设点查体温，工作人员全部穿着防护服，我们就觉得可能蛮严重的。再去翻最近的一些报道，看一些专业医学人才，就是我们关注的一些呼吸科重症科大佬们发表的意见，我们觉得可能真的挺严重的。我们全科人大年三十就开始写请战书。我们过年没去，是年后去的，过年我是回去老家的。我是大年三十值班，小年夜我们科里10多个小姑娘们还有小伙子们都写了请战书，然后我把大家的请战书全部交到我们西院赵重波院长、医务处邱智渊副处长、团委吴书记手里，还跟我们科主任请战。实际上小年夜的时候我们科已经去了1个人了，当时我们华山医院是作为国家紧急医疗队去了一批人，就是三纵，去了方舱，我们科当时去了1个医生。当时我们科另外1个医生已经剃头了，准备要去公卫中心了。我想第3个应该是我吧，我还跟老师讲，怎么也应该轮到我了，我重症那么多年，又是科室团支部书记，又是老党员了。老师说"嗯，下一个就考虑你"。我在大年三十回去在家待了3天，窝在家里面3天哪也没去，后来就回上海上班。8日晚上我在值班，21点左右接到科里电话，跟我讲明天到总院报到，但具体没说，就讲有可能去武汉，大家把东西全部带好。当时我也是从老家刚到上海没多久，我就叫我朋友帮我把东西先准备一下，把能买的一次性东西全部买好，第二天拎个大箱子就过去了。到了总院之后上午简单培训，下午就出发到虹桥机场直接飞天河机场，9日我们就已经正式开始接手同济医院光谷院区的重症监护室了。

2. 与时间赛跑：竭尽所能的全体医护

同济医院光谷院区针对新冠肺炎病人留了大概八九百张床位，一共有十几层楼，我们是在4楼，那层楼30张床给我们重症监护室。那个监护室就是一个很简单的康复科病房，康复科只需要器材，脚踏啊、手踏啊、跑步的那种器材，但那些器材已经全部迁走了，就剩一张床，一个床头柜，连监护仪都是我们自己带过去现装的。我们就利用白天时间把整个病房改造为我们简易的ICU，不能叫ICU，只能叫简易的监护病房，晚上就收病人了。我们这次抢救重症病人要用的设备里呼吸机是最基本的，后期还会有一些心脏支持手段、ECMO体外生命循环手段，还有一些超声机啊、血透机器啊，这些东西都是后面慢慢进去的。早期呼吸机都是各个医疗队运过去的，还不是整个运过去的，是全部拆掉的。到那边我们面临的第一个问题就是呼吸机谁来装，我们没有工程师。我第

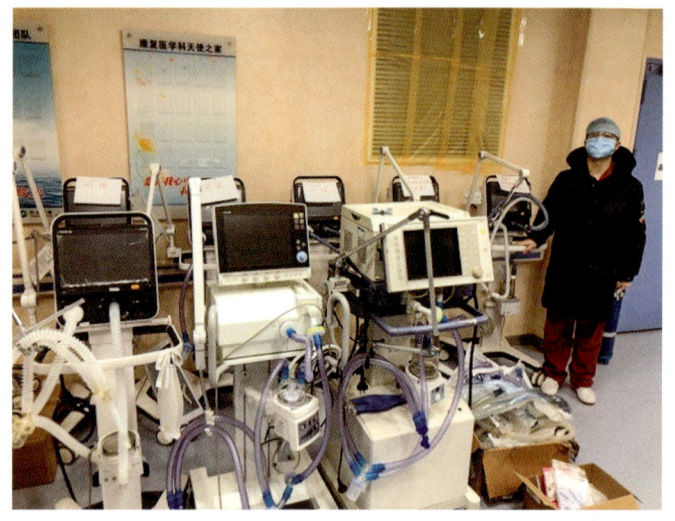

图 1　用最快的时间重新组装而成的机器

一天上班就申请我来装，我带着另外一个麻醉科的护士，用了一个礼拜时间，装了30台呼吸机。各个医疗队其实都做好接手重症准备的，全部带了呼吸机的，但是重症只让我们华山来接，那别的医疗队呼吸机用不上，我们就去把它接过来，所以说呼吸机的品牌各种各样。拿过来之后我们马上就开始组装，一个礼拜时间30台组装好之后就开始用上去。（图1）我们病房虽然只有30张床，但是最多的时候同时有27个病人在打呼吸机，是非常多的。实际上就算在我们现在的监护条件之下都达不到这样的比例。而且我们当时医护人员是很辛苦的，因为它那边供氧不行，全栋楼全部在用氧气，呼吸机又要高压给氧的，它氧源不够。怎么办？全部用氧气瓶。氧气瓶很重的，护士们全部都去推，很多人都拉伤了，他们平时在家里面可能啥事也不用干的。因为我们知道在上海的大医院，供氧压力总能跟得上的。但是在那边就全靠氧气瓶，我们有时候看到一排排了七八十个氧气瓶，因为一个氧气瓶只能

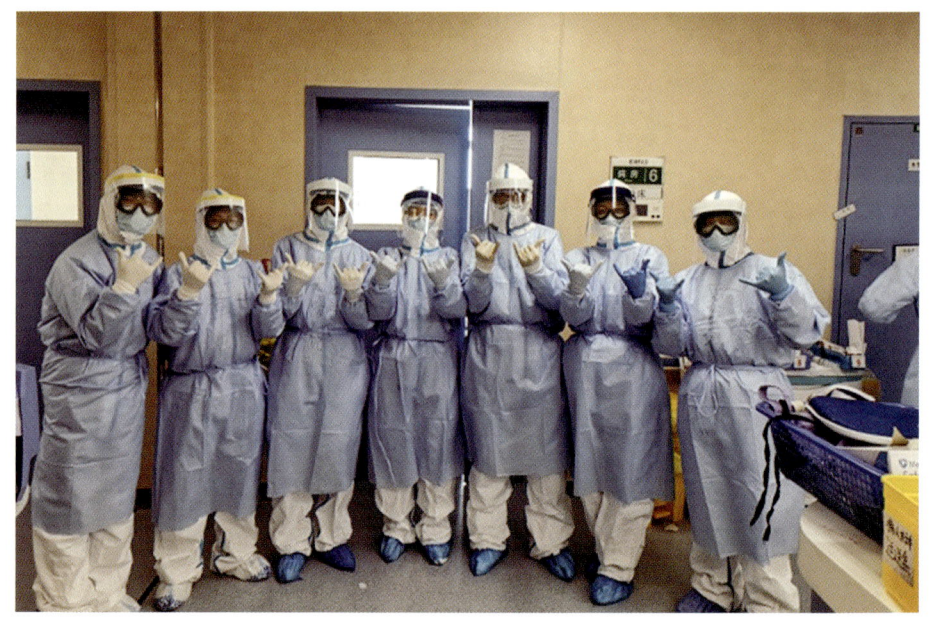

图 2　与战友们合影

用4—6个小时。我们一天一个病人通常要用4—6个氧气瓶,30个病人里有27个人在用,你想这个氧气瓶一天得花掉多少个。而且氧气瓶还要推下去重新充氧,这个工作量非常大。

早期医生是每天一班进去6个小时,因为到里面不能上厕所,上厕所防护服就浪费了一套,早期物资还是比较匮乏的,所以在我们进舱前1—2个小时基本上是不吃不喝的。每天排班不一样,今天可能是早上8点,是好一点的班,但很可能我们班车7点就发了,有时候6点钟就要起来。这次不管是武汉人民还是国家给我们的支援还是挺多的,酒店每时每刻都有饭提供着。早上酒店的工作人员更辛苦,4点钟就要起来放盘了,所以说饭都是能保证好的。但是我们上班的时间点可能会变,今天可能是8点钟,第二天可能是下午2点了,第三天就是夜里凌晨2点,就这样倒着来。护士更辛苦,护士是4小时一班,但是护士一次性进去很多人,所以很可能提前2个小时要到那边,他们每天倒班可能会倒得更勤一点。像我们医生可能做一天还能休息一段时间,休息一天,因为我们医生相对而言充裕一点,但是护士因为本来就是几条线,很可能每天都要上4小时。不要看一天24小时,才上4小时不长啊,但要知道这4个小时之前要提前2个小时跟着去,后面2个小时还要一块坐车回来。我们进酒店之后,在房门口,先要把自己污染的衣服扔在外面污染区,然后进门到半污染区,再脱衣服,马上进浴室洗澡,冲半个小时,把鼻腔、口腔,包括眼睛、耳朵里面全部要消毒消干净之后再进去,这个过程往往要一两个小时。所以说不要看护士只上4个小时,往往前前后后要7—8个小时的时间,护理人员还是特别特别辛苦的。这帮小护士很多都是"90后",这次"90后"真的是主力,没有人说怕苦怕累的,都做得非常好。进舱之前水肯定是不喝的,会啃一块巧克力,高热量补充一下。虽然说2月份的武汉还是比较冷的,而且我们也没有空调,进舱之后是多层防护服,我们里面穿自己的手术衣,外面套两层隔离、一层防护服,密不透风,大部分出来都是脱水的,一出来就要去我们的清洁区狂灌水,很渴。因为在里面6个小时,如果真的一刻不停的话实际上是会出很多汗的。有的时候抢救病人起来,不是在走路,是在跑,而且是拖着沉沉的脚步在跑,后来就习惯了。到3月份的时候天气已经有点热了,进去15分钟基本上就湿掉了。没办法,习惯就好了,湿掉就让它湿掉了。

3. 所有打不倒你的终将使你更强大

由于我们一开始经验也不是非常足,再加上病人病情真的很重,因为早期往这边送的病人都是在外面耽误时间很长了,一开始地方不够,所以说早期的死亡率还是偏高的,让我们有的时候也感觉到挺无奈的。特别是前一两周的时候,也不是说棘手,很多病人送来太晚了,真的太晚了,给他上了非常有效的设备之后,也并没有挽救他的生命。举个例子,比如说我们以前的病房里面可能这样的ARDS症状病人有一两个,但我们很可能是集一个科室的力量去治他们,我们轮着来看,护理人员也很充裕。但是在武汉，30个病人里面可能有20几个都是这样的重病人，不是说这病有多么难治，只是说赶不上来不及，有些送来真的太晚了。我第一个礼拜心理上还是挺震撼的，觉得无助感挺强的。后来我就跟我以前的老师联系，急性呼吸窘迫综合征 ARDS 这个毛病国内我们邱海波教授几十年时间一直在钻研，邱教授这一次也在武汉待了很长时间，后来去了黑龙江。这个教授以前也是我们老师，我就是因为他，对 ARDS 也很有兴趣的。我们以前做 ARDS 的时候并没有那么难，但是可能是因为我们是集一个科室的力量，给病人做 CRRT，给病人上呼吸机，把病人翻过来通气，有些病人甚至上 ECMO，救治成功率还挺高的。但这次，特别是第一个礼拜，有过情绪非常非常低落的时候，当我们有些设备不是很完善的时候，有些病人送来太晚的时候，我们即使给病人上了那么多设备，病人还是出现很多脏器功能损伤，特别心脏功能不行，很多病人一下子就没了。有些病人会让你觉得很无助，我印象最深刻的是有个病人10分钟之前还在吃饭呢，10分钟后人就没了，你去按了也按不回来。这边跟我说这个病人不行了，我还在抢救这个病人，那边又跟我说那个病人也不行了。我曾经还试过一个班走掉4个人的，年纪都很大，我自己统计过这些病人，最后走的病人基本上都是65岁以上了，合并心脏不好的，合并肾功能不好的，有基础毛病的比较多一点，年纪大的、基础毛病多的、的确发现有点偏晚的病人真的走了很多。就是会让你怀疑，这个病真的那么重吗？太突然了，会有一种无力感。以前不会的，以前病人只要及时发现情况，给他上了措施，基本上尽一切努力能挽救病人一段时间，甚至把病人努力挽回来，可能性是非常非常大的。但这次第一个礼拜，甚至前10天的时候，这种情况让我们挺无力的。心理压力也挺大，跟我原来老师联系，我说我真的有点无力感，他就劝我说，你没必要这样子，有些东西，没办法，尽力就行了，因为一个人的力量真的太小太小了。那我们就经常问自己，是否尽到力了，是否把所学的东西全部用到了，还是说自己学得还不够，还要回去猛啃。我们后期慢慢培训，自己学习，把全部流程、把国家那些不断更新的指南、把 ATLS 都慢慢重新过一遍，从理论到最新的一些科研成果也全部过一遍，看到底能把什么东西用在这些病人身上。我还代表我们医疗队给大家做了呼吸机的培训，把呼吸机的基本知识普及一遍。然后我们把 SOP 全部一条一条列好，这个病人这个病该怎么做，我们都是有相关的明确的规章制度的。后期我也一直跟李主任联系，单线跟李主任会去讲，我们应该把什么东西弄起来，我们应该把镇定用上去，我们应该早期把病人呼吸机打上去，李主任也真的是充分考虑了我的意见，很多事情我们也提前去做了。当所有这些走上正轨的时候，我们的抢救成功率是慢慢上升的。到最后，不管从救治的成功率、一些危重病人的抢救成功率，还是说 ECMO 技术手段的成功率来说都是在全国排名前列的。后来情况好转之后，慢慢地我的心情也缓过来了。当时觉得既然去了，不做点事情肯定是不行的，不然这一趟肯定会遗憾的。我庆幸的是没有因为早期一些失落而导致自己一直失落下去，而是自己把那段时间熬过去了。在那50天过程中，我也是翻了很多很多书，包括 ECMO 的。ECMO 因为我们华山一开始做的不多，然后我把ECMO整个过程也全部系统地学了一下，后来做ECMO的时候我也是亲力亲为，只要进去，我就在ECMO病人旁边待着，把一套流程全部操作下来。我觉得自己这一次学到很多东西，也让自己获得很多，从一开始真的挺彷徨的，到最后觉得自己还是做了一些事情，给病人带来一些好处，这过程还是挺费功夫的。

4. ECMO撑起重症患者生的希望

特别值得一提的是我们的ECMO技术，我们上了5台。什么叫ECMO？ECMO就是体外膜氧合器，就是我们说的叶克膜，这几年非常火，动辄就是哪里用ECMO抢救了一例心跳骤停的病人，就是说的叶克膜，很神奇的一个东西。它是这样的，我们正常的氧气进换是靠氧气吸进去，到肺里面进行交换，把二氧化碳排出来，氧气进到肺血里面去，肺血马上通过心脏再泵出去，把氧气送到我们各个脏器，氧气、糖分跟能量物质到我们器官里面去供应能量和氧气需求，这就是有氧代谢。但是病人现在肺不行了，氧进不去了，那我用这台机器把血往外抽到体外膜肺，有一个正方形的膜，把血抽过去，旁边有气进来，进行交换，病人的肺就歇下来了，机器代替他的肺，叫膜肺。它有两种方式，一个是VV静脉-静脉端，动脉-静脉端，一个是还可以替代心脏的叫VA。我们做的VV比较多，主要是肺循环，我们做了4例VV、1例VA，就是4例替代肺、1例既替代了肺又替代了心脏。通过这种手段，让病人的肺休息。病毒感染就是要过了那段时间，如果那段时间能保住，往往是能挺过来的。但是预后如何，跟那段时间造成的损伤严重程度有关系。如果对肺部造成的损伤是可逆的，就能好过来，如果损伤不可逆，那有些病人还好不过来，说不定以后还得肺移植，就是这样一个道理。ECMO人工肺让病人的肺得到休息，如果能熬过这段时间，病毒的载体造成的一些严重反应全部过去了，肺慢慢好了，那我们就慢慢把机器撤掉，让病人自己的肺工作起来。如果这段时间一直脱不了机器，肺损伤非常严重修复不了，那很可能以后还得做人工肺移植，每个人个体差异不一样的。这个机器我们做了5例，早期因为器械包括一些设备不足，东西也没到位，后来到位之后，我们是非常积极的。我们在武汉的时候已经有4例成功了，这个在全国来说都是比例非常高的。我们刚到那里的时候，是做一例死一例的，因为病情重，有些病人可能机器上去之后很多功能没拉回来，还是进一步恶化。有的时候也有可能太按照我们原来的指征来上了，原来比如说要严重到这个程度才能上，后来我们是把很多关口往前移了，就是这类病人他已经面临这种情况了，我们通过片子影像学病人的症状判断未来可能他的病情会加重，这种病人我们会给他上的，往往能取得很好的受益。选择病人我们是有他的氧和指数、病人年纪、病人上呼吸机的时间、发病的时间，这些都是有指南的。挑谁？那只能挑现有病人当中最合适的，所谓合适，就是指最有希望通过ECMO受益的，这是有个评估标准的，也有多个团队，包括同济医院的团队跟我们一起评估这样的病人的。ECMO的一套器材就五六万元，开个机就是几十万元，一两百万元是后续的费用。我们第一例病人ECMO脱机，当时也是全国首例，这是我们获得信心的一个很大来源，我们后来对救治病人越来越有信心。从早期可能每天都有病人会走，到后期半个月、20天、30天都没有病人去世，让我们有了很大信心，到最后操作很流畅，觉得自己工作游刃有余。后来走的时候大家也没有什么大的遗憾，还是觉得自己这趟收获很多，自己收获很多，在武汉也做了很多自己应该做的一些事情。

虽然说我不是重症专业毕业的，我是神经外科毕业的，但是我一直都对治疗重症很感兴趣，我也挺喜欢摸这些机器的。当时的确大部分机器可能他们不懂，会来问我。有时晚上我已经回宾馆了，他们会打电话过来问，他们在病房里面，在病人身边，打电话和我视频，问我机器应该怎么调。早期是这样子，后期就好了。我印象特别深刻的是有一次，我跟丰韬两个人进去上班，因为我们早上8点钟换班，按规定我是要出来早交班的。我提前了15分钟出来，有一台机器就不太好了，呼吸机打不进气了，当时病人氧和就不行了，情况特别危急。怎么办？当时刘继红院长、同济院长他们全部在的，我都不知道他们在后面，因为那个时候我在看视频，我说把视频调在机器页面上给我看。李主任就在我旁边，我就拿着个对讲机，我说赶紧把这台机器拿掉，换一台新机器，新机器怎么接，我就靠嘴巴说给他们听，一接上去之后，立刻氧和就上去了，这件事让我印象特别深。我就觉得大家一定要培训，所以后来的确是我去给大家做呼吸机的培训的，当然不一定做得很好，但是我也是尽自己所能。机器这方面也不能说玩得特别好，有可能因为我是学理工科的，就比较感兴趣。

5. 从一座空城到夹道欢送，从不安忐忑到依依不舍

今天上午我们还在翻看当时在武汉的一些照片，刚下飞机实际上我感触是很大的，为什么呢？因为我去年9月份刚去过武汉，是去开一个重症年会，当时是在武汉待了三四天，也是同样的天河机场下来的，当时天河机场人非常多，机场里面商铺都是人声鼎沸的。这一次我们大概晚上七八点钟下飞机的时候，一个旅客都没有，工作人员有，但不是机场工作人员，都是士兵。当时可能地方人手也不太够了，所以部队调动了很多士兵去维护正常的秩序，他们辟出来一条路给我们走，出去直接上车，上车之后每个关卡都在测体温，下车也是只有酒店的工作人员，没有当地的老百姓，没有当地的车。我们住的那个酒店视野很宽阔，可以看到高架桥，看到马路，一开始啥也看不到，武汉整个是一座空城。甚至说得夸张一点，我们入住酒店之后，前一两个礼拜连鸟都看不到。武汉在中部地区已经是最大的一个城市，人口也很多，照理说不应该是这样的，而且我去年9月份刚去过，当时人非常多，这次去看到一个城市能空成这样子，就觉得心里还是挺震撼的。后来武汉下了一场雪，下完雪之后，我们就觉得万物要开始复苏似的，开始有些鸟儿飞过来了，路上开始有车了。一开始心里有种无助、不安和未知。虽然说我们是医生，觉得这概率不高的，但是群体效应嘛，就感觉是不是要多戴

一层口罩啊，是不是空气当中真的都是病毒啊，或者你接触的工作人员是不是有感染的，因为武汉当时感染率真的挺高的。包括我们第一次进污染区的舱之前也是这样，很忐忑。我是10日第一次进舱的。你不知道你保护得够不够，但是你知道跨过缓冲区这三道门，进去就是确诊的新冠肺炎病人。空气里面应该都是病毒载体量很高的飞沫，因为那些病人都在咳嗽，你不知道你的防护够不够，是不是有哪些防护做得不好。所以我们在第一次进去之前就反复检查，我们院感的陈澍教授一直在旁边看着，院感护士在旁边看着，看你包得紧不紧，严不严实。第一次进去没经验，一进去眼镜全部糊掉了。但是因为进去真的是挺忙的，空不下来，很快就感觉自己回到了以前ICU的感觉。虽然说有的东西都不全，或者说有的操作更加困难，比如说戴了两层口罩、一层护目镜、一层眼镜的遮挡之下，有些操作没有以前那么顺手了，但是只要熟悉了那个环境、那个氛围，慢慢是会忘记一些东西的。其实就是在做我们平时做的一些事情，只是说我们换了一个环境，换了一个条件，只是让我们对自己的要求更高了，你必须得在这种情况之下做相同的操作。耳朵全部包起来了，听诊器都听不到，怎么办？超声。这时候超声技术就很重要，我们要通过超声探头实现视触叩听的过程。超声探头可以给你很多东西，你回去得猛啃超声的书，然后更好地用在病人身上，所以后期进去忙起来也就不会想那么多了。

最后一天，我29日还值了最后一个班，晚上到那边就守着一个病人，虽然说只有一个病人，但我们坚持还是整队进去的。大家就在那边把这一个病人护理好之后，聊了聊这段时间感想，从早期很无助到后期真的是做得越来越好了。最后的那个病人就是上了ECMO，他进来已经1个多月了，最后一天是集体转运的，李主任他们一起将病人转运的，转到中法院区去了。那个病人我们华山医院还是花了很大功夫的，在我们这儿实际上已经做得还可以了，但是后期隔了两个礼拜，我从黄山疗养回来之后，武汉医生跟我讲他好像还是去世了，因为脑出血去世的。那个病人是我们最后一例，我们当时在的时候人还挺好的，基本上已经接近可以脱机了，但是国家下了命令我们就得撤离了，就得按照国家给我们的安排。我们也是抱着国家的任务去的，国家有任何命令，我们就得遵从，所以没有给我们过多时间给病人进一步脱机，我们当时其实还是很有信心给这个病人脱机的。最后一天大家在防护服上画了很多涂鸦，写了很多很多我们对武汉的祝语，都是自己画的，华山人还是很多才多艺的，也很会苦中作乐，到处留合照作纪念。在那边虽然说只有短短50天，但那个熟悉度，到最后我们就是感觉跟回自己病区一样的，还是很不舍的，很多人最后走的时候还是挺舍不得的。那一晚大家讲了很多，大家不是说这段时间多么苦多么累，更多的是讲了这段时间的收获，觉得这一段的回忆在我们的人生历程当中可能会有一个很大的比重。不管什么时候回想起来，都会是栩栩如生的。

武汉人民热情好客也是历史悠久的。我们走的时候，武汉人民自发列队，包括我们酒店的工作人员列队为我们送行。实际上我们觉得，我们更应该感谢酒店的工作人员，他们把我们照顾得太好了。出酒店的时候看到公安警察人员、士兵，包括一些当地的老百姓都自发地过来列队，觉得他们当时为你的鼓掌、为你的欢送，都是出于真心的。同济医院和我们一起工作过的伙伴，当地的护士、护士长、医生他们都过来了，包括刘继红院长也过来了。刘继红院长一开始是很雷厉风行的一个人，特别严格，早期的时候我们做得不好，他就要开始骂，说你这样不行。我记得我当时跟他协调防护衣的时候就被他说过，"你到底要多少防护衣？你怎么连要多少防护衣都说不清楚"？就是很严格。但是真的当我们要走的时候，他还为此道过歉，说"我可能太严厉了，当时因为性命攸关的事情我们只能严格以对，我们对生命要敬畏一点。但是在这个时候我要向大家道歉，我当时可能有些语言比较激烈一些"，但是他是真的感谢我们华山医疗队给他们武汉做出的贡献的。我们走的时候是真的感觉到武汉人民的那种诚挚和感谢，也希望在武汉重启之后，复苏之后，我们能够再回武汉。当然我觉得武汉以后也会越来越好的。

（三）温暖自在心间

1. 来自战友的全力配合

这次我合作同事还是比较多的，包括后面要接受采访的魏礼群，我跟他都搭过班的，还有之前我主要跟的是刘丰韬，我们神经内科的一位医生。我是神经外科，他是神经内科，丰韬还是很认真负责的一个医生。我们进去之后会商量好，谁先管后面的多少张床位，我们快速把病人过一遍，操作赶紧做完，做完之后针对一些重病人我们会一起去讨论，给病人上什么措施。有的时候我们也相互学习，我可能重症经验比较丰富一些，他神经方面更通一点。我们也有神经内科方面，有脑出血病人合并新冠病患的，所以我们有的时候会相互沟通。关键是要分配好，不能到里面这边弄一点，那边弄一点，我们就是商量好，我从前面往后，他从后面往前，我们聚在哪一点。有哪个重症病人我们一块儿去看，这样就会让我们效率变得更高。丰韬也是属于很认真很负责的一个医生，他发现问题很及时，发现问题我们就及时处理，所以我们后期合作越来越和谐。我们之前都不认识的，后期也建立了非常好的友谊。因为丰韬科研做得很好，他一直在督促我科研要做得好一点，也一直在帮助我这些东西，互相帮助。

2. 来自社会的细致关怀

我们在武汉期间，我们医院，包括我们科室领导、医院领导、团委领导、党委领导，一直是在不断地给我们很大的鼓励，不管是从精神层面的，还是从物质方面，后勤保障方面都给我们很大的帮助和支持。因为我们走得很急，早期有些人东西带得不够，全国快递当时又基本属于瘫痪状态，可能只有EMS跟顺丰在做。我们团委就通过EMS帮我们单独寄一些东西。有些人电脑忘了带了，这些东西都是很难寄的，有些人缺这个缺那个，他们就陆陆续续寄了好多东西。我们团委也跟社会上很多慈善单位联系，给了我们很多捐助，这些东西全部是运到我们手上了，给我们生活保障得很好。第二个我们有些人家里有小朋友要念书啊、教育啊，网上视频补课这些在线学习的东西，我们团委也是跟复旦大学合作，给我们很多家里面有小朋友的都提供了很大便利。还有社会上的一些企业，包括一些国有企业，比如像锦江集团也给我们很多帮助。因为很多人在武汉当地吃不习惯，他们就把前一天晚上做好的东西，第二天给我们运过来，让我们3天之内吃完这些东西，这样反复寄了好几批次。这些来自上海对我们一线工作者的关怀，都是很到位的，想得很周到，基本上衣食住行都想到了。

3. 来自亲人的默默支持

我走之前家里面就有点知道的，包括我老婆，包括我父母，都是跟他们吃饭的时候稍微提了提，当时他们也没说什么。后来因为临时通知真的要走了，家里面只能是支持，但我觉得可能心底也是不愿意让我去的，但是我已经选择去了，那可能还是支持的。包括父母亲、小朋友、亲戚舅舅、舅妈、伯母、伯父、姑父，都是鼓励为主，不能给我添思想负担，但我知道他们内心应该是不太愿意让我去的。在武汉基本上每天都会和他们联系一下，基本情况跟他们讲一下，但是我觉得早期可能紧张一点，后期就觉得也还好，进入正轨了，就是每天上班一样。回酒店要么出去跑跑步，到后期轻松一点了，天气好一点了我们就出去运动运动，自己一个人出去跑跑，因为我们不提倡大家一起群聚性活动的，怕交叉感染。出去运动放松一下，回去就是翻翻文献，看看书，有的时候做做课件，后期汇报我们的成功经验都有过的。

家里小朋友现在是4周岁，幼儿园小班，在武汉那边一直会和他联系的。小朋友知道，穿着防护服的就是爸爸。他也很懂，外面有病毒，不能出去，要在家待着。有时候外公外婆、妈妈让他出去，他就说"我不出去，我在家待着，外面有病毒"，然后指着电视里的防护服就说是爸爸。他好像隐隐约约会知道爸爸好像在做这个事情，但我觉得他潜意识中好像不觉得我是医生。因为他妈妈也是医生，他妈妈穿的是白大褂，我是重症医学科医生，以前在科里穿的是绿衣服、蓝衣服。他去医院看病，知道白大褂是医生，知道妈妈是医生，但他不觉得爸爸也是医生。这一次他反正就是觉得穿防护服的就是爸爸。平时我们工作都很忙，小朋友就老人帮着带一带，学校也帮着带一带。

（四）战"疫"感想

1. 更敬畏生命

我在重症工作，一直都是挺敬畏生命的，看到我很多同学的生活习惯不好我都会说"你们真的是要敬畏一下生命"。很多时候你可能觉得自己才30多岁还很年轻，但是30多岁在我这边躺着不行的病人很多很多，我都劝他们"你们真的要珍惜生命，在生命有限的时间内如果觉得这些事情是你感兴趣的事情你要早点去做"。这次到武汉之后回来我的性格，可能比去武汉之前更沉稳一些了。虽然经过10年的磨炼，我已经基本上成为一个比较合格的重症医学科医生，但是我碰到有些事情还是有点慌，心里面还是有点急。但这次结束之后我觉得自己性格没有那么急了，在面对很危急的情况下，再不容易像以前那样慌，对生命的敬畏也越来越强了。以前只要早期把病人病情稳下来，可以慢慢去研究慢慢去治疗，但有的时候生命真的是稍纵即逝的，对生命的敬畏让我觉得生命有时候真的很脆弱。武汉之行，我觉得更多的是感谢武汉，也要感谢病人，他们给了我们很多。的确是我们救活了那么多病人，但是我们从中获得的不单是技术上面的东西，从心理层面上获得的东西也是很多很多的。病人到最后好了之后很多都是跟我们有互动的。

2. 更深刻认识到我国制度的优越性

我觉得各个国家国情不一样，中国为什么能够在短时间内把疫情控制得如此之好，也没有非常明显的不良反弹，来自我们制度的优越性。我们国家的制度，无法说是最完美的制度，但至少目前是最适合我们国情的制度，能够让我们老百姓获利最大的制度。为什么说我们共产党是有先进性的，以前可能很多人还有些误解，但经过这次疫情之后，我觉得老百姓能更深刻地认识到这一点。我们也非常诚挚地认为这个制度在国家目前的条件之下是最优越的，至于未来，是否国家能进一步民主富强，制度是否能更完善，我们觉得还是有可以期待的东西在的。

六、凝聚青年力量　共渡战"疫"难关

顾　倩　口述

吴晨烨　整理

（一）家庭与工作：曹路人见证浦东30年发展

我是土生土长的浦东人，我们家住在浦东曹路，它是在浦东的最东面，以前叫川沙镇，现在叫曹路镇。刚刚我在看上海历史演变的时候听到一句说，早期的上海发展史有一条河叫护塘河，其实我们家离那儿非常近。我记得很清楚，在我上初二的时候是浦东开发开放10周年，我那时写过一篇征文。今年抗疫回来之后，正好是我们浦东发展开发开放30周年，我觉得浦东的变化非常快，不知不觉已经30年了。早期学生时代的回忆历历在目，我非常感慨浦东的发展之快。我老公跟我其实住得很近，我们是初中同学，学生时代纯粹是同学关系而已，后来拆迁之后我们又分在一个小区，又碰面了，然后才开始谈恋爱的。我们家小宝今年是3岁3个月，我在武汉的时候正好是他3周岁的生日。那天是3月1日，我在武汉也没办法跟他一起过生日，但是我们一组的所有的同事20个人在防护服上面都写上了"西宝，生日快乐"，（图1）还录了视频，都是对他满满的祝福。

我是2008年从复旦大学护理学院毕业的，直接进入华山医院工作。由于我家在浦东，我就在浦东院区工作。一开始我就进入神经外科监护室，神经外科也是我们华山医院的一大品牌，当初浦东院区是以神经外科为主，我就在监护室工作，大概有七八年的工作经历。后面由于生小孩，也因为现在西院开张了，神经外科大

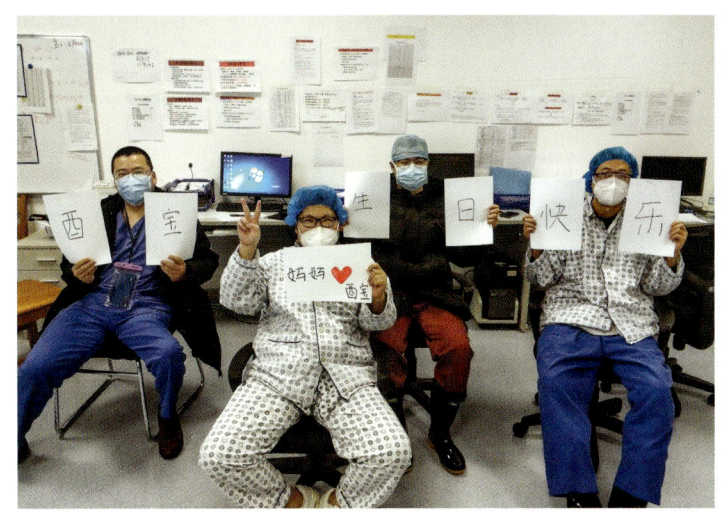

图1　来自武汉前线的祝福："酉宝，生日快乐"

部队过去之后，我们东院有新的发展，开了其他的科室，包括消化内科、胰腺科，后来我们组建了综合内科，我就调到综合内科去了。这次疫情期间，因为人员缩减，病区又重新合并，回到了神经外科的工作模式。我现在在病区是作为带教老师，平时负责病区的一些员工档案和教学工作，带新的职工和同学。

（二）援鄂历程

1. 援鄂是团干部的责任与使命

新年刚开始的时候疫情就肆虐了，我们复旦包括华山团委就成立了抗击新冠青年突击队。我是一个青年党员，我是在大学期间就入党的，党龄已经有14年了。从进华山医院工作之后第二年我就开始做团干部，我身上有一份责任和义务，就是带领我们的青年去努力。我觉得作为一名青年，我应该是要用我的专业和奉献去践行我们复旦"团结、服务、牺牲"的精神的。我们复旦青年也是"若有战，战必去，去之能战，战之能胜"的，我就第一时间报了名，选择了去支援武汉。我是2月9日凌晨3点接到通知的，我们是要去整建制接手华中科技大学的光谷院区的重症监护室，可谓是疫情的重中之重。凌晨3点钟接到通知后，其实也没有多想什么，就想着快点把行李准备好，我老公也是蛮支持的。其实前一天晚上10点钟，我们团委群里就开始在动员了，说我们要组建一个210人的队伍，虽然说名单还没出来，但是我心里是有预感我肯定会去的，因为我觉得作为一个团干部肯定是要去的。其实那天晚上就没怎么睡觉，我就已经开始默默地在心里准备了，我有几个同学在方舱，我就咨询他们要准备什么东西，有哪些注意事项。他们也给我发了清单，包括他们酒店的隔离是怎么样的，污染区、半污染区、清洁区是怎么样设置的，都拍照、拍视频给我看，让我有所准备。3点钟我们护理部老师一打电话

给我之后，我就立马起床，把清单拿出来开始准备东西，我老公也是连夜带着我去我们曹路三家全家兜了一圈，准备些一次性的内衣裤、暖宝宝之类的。我跟我老公说，这事不要跟爸爸妈妈说了。宝宝那个时候在睡觉，我说不要叫醒他，叫醒他的话我怕眼泪会控制不住。我们在打包行李的时候，我公公听到了声音，他起来看了我一下，他说"你要去武汉了吗"？我说"对的"，他说"你要吃早饭吗"？我说"不用了，你去睡吧。太早了，我自己到医院去吃包子吧"，我公公就看我打包了一会儿，我说"你去睡吧，你不要看着我，看着我待会儿我要哭的"，我公公就去睡觉了，其实他也是睡不着的，他就一直躺在床上听着我们打包。我们大概在 6 点 30 分左右就出发了，我老公送我去医院，我是第一个到的，我记得很清楚，我到 12 楼的时候还没有人，就我和我老公，我们就等着 8 点钟剃头。在武汉时，我回酒店之后也是坚持刷的，每天刷到最高分，明天刷完就应该是 2 万分了。那天我们东院的党支部领导、护理部的领导，还有护士长，他们 7 点 30 分都到了医院大厅。我们护士长带了两大箱的纸尿裤，她就往我包里塞。纸尿裤体积很大，我只带了一个行李箱，我就说："太大了周老师，实在塞不下"，她说"你带着，第一批去的时候都说要带纸尿裤的，你拎在手里吧"。我说："那就拎着去吧"，我老公就拿了一个很大的像蛇皮袋一样的手拎袋来装。她挺关心我的，因为我先前生小孩的时候血糖有点不稳定，有点胰岛素抵抗，她还给我带了一些巧克力之类的，她说"你放在包里备着，万一觉得有点难受的时候含一点"，当时领导是非常关心的。那天正好碰到我们消化内科的罗医生，我们是一个病区的，平时关系也比较好，我老公就跟我说"你好好跟着师兄，他会照顾你的"，我就这样跟着我们的大部队来到武汉。

我记得那天到武汉是 5 点多了吧，是快吃晚饭的时间，吃好晚饭就回了酒店，等着行李，等到挺晚的。那天我们同事也非常辛苦，特别是男同志。因为行李是凌晨 2 点钟来的，他们都到大厅去搬行李了，从 2 点多搬到早晨，等于是一晚上没有睡觉。男医生大概有 10 多个，我们男护士也有 10 多个，随队还带了后勤的师傅，男同志大概也就 30 人左右。他们把我们 200 多号人的所有行李，包括我们带的很多医疗物资都搬运妥当，将近搬了 4 个多小时，还有一部分监护仪之类的设备是要运到光谷院区的，那天他们非常辛苦。

2. 危急关头，舍生忘死

我们到武汉第二天的一大早，护士长们就去病区查看具体情况了。那个时候重症监护室是由一个康复病区改建的，里面除了床和床头柜其实什么都没有，所有的仪器组装、调试都是要我们自己完成的，一些仪器的投入也备得没那么足，上上下下各个病区之间、各个院区之间协调也都是要自己去协调的。那个时候条件非常简陋，比如那扇隔离的门，可能风一大就能吹开来，这是非常危险的。病房的门也是，有的门根本就拉不死。我们同事就是用一根止血带做成橡皮筋，把门绑在凳子上，防止它被风一吹就吹开来。很多设施也根本没办法去改建，因为它本身也是临时改造的。那天晚上我 8 点钟就要收病人的，这个就是命令，病房肯定是要开张的。我们并不能去改变它，只能说在那种情况下，我们尽量地去改善和休整，调整我们自己做到最好。我们也想了一些办法，怎么样避免我们自体被病毒感染。当时去的200多名护士是没有经过专业培训的，只有一部分出自感染科的护士有专门的穿脱防护服的经验。感染科的老师就给我们录好视频，有专门的老师在酒店里指导我们。一部分护士去医院实地考察了，还有一部分是留在酒店的，我们就分成小组自我培训，在酒店里开始穿防护衣、脱防护衣，按照流程一遍遍地练。那个时候防护物资也是比较有限的，不可能大量用来练习，就几件衣服让我们轮流练习。在排队的过程中，大家就熟悉视频，背操作流程，轮到自己了就上去穿，下来了就在边上回忆刚刚穿的有没有什么遗漏，有没有什么错误。因为上战场没有那么多时间准备和考虑的，就像我们抢救病人状态是一样的。先前我们去的时候领导跟我们说，首先要保证自身的安全，再去抢救病人。但是真的紧急状况发生的时候，根本就容不得考虑自身安全的。我讲一个非常简单的故事，做有创操作的时候，包括吸痰、做CPR、做各类有血的穿刺的时候，我们都需要戴全面屏的，就是有一个像阿拉伯头套一样的全部封闭的。这个全面屏是需要到治疗室去拿的。有一次一个病人氧饱和度下降了，下降得非常快，突然间他的心跳就停止了。我们第一时间想到的是上去做CPR抢救，做CPR按压开放气道的时候，那个气溶胶是非常危险的。当时情况是非常紧急的，根本容不得你到治疗室去拿全面屏，大家套好再上去按，这样子的话就错过了黄金抢救时间了。当时房间里有4个人，2个医生2个护士，他们就当机立断，把门关掉锁死了，然后用对讲机跟外面说，我们在里面抢救，你们任何人都不要进来。他们的想法就是，就算感染的话也是感染他们4个人，避免了其他同事进来之后有交叉感染。那个时候他们的想法很简单，先救病人，再考虑自身安全，所以说我们那些同事都是舍生忘死的。我后来是做清洁班的，前前后后可以接触3批同志，他们进舱是4个小时一班。很多他们发生的故事和事情我在外面都可以看得清清楚楚，因为外面是有一个大的视频监控的，我可以看清楚每个房间发生的事情。里面的医生和外面沟通都是用对讲机的，也是通过我和外面一个值班医生进行沟通的。我除了审核医嘱之外，就是要看监控，看里面发生什么事情，提醒房间护士一些事情，比如说病人氧饱和度下降了，或者患者躁动了，你应该要去看一下。因为在病人非常多的时候，我们的护士可能是一对二的，是要在两个房间之间穿梭的，他可能顾及不到每个房间的事情，所以我们在外面会看着监控给他们提醒。

3. 疫情不散，坚守不退

一开始我们护士分成了12个组，每一组大概是12—13个人，4小时轮班制。每个组派一个人员在舱外做清洁班，跟医生审核医嘱和管理物资。第二周重症病人一下子很多，30个床位全部睡满，用了27台呼吸机、2台ECMO，还有6个人是要做肾脏替代疗法的。我们的护士一下子就接管不过来了。一个ECMO病人需要有3名专职护士，一个管补液、输血、观察，一个专门管ECMO仪器的，还有一个负责呼吸机管理的。一组

12个护士是不够的,我们就紧急调整,把12个小组变成9个小组,最多的小组是19个护士,最少的小组是17个护士。为了能多出来8个人进舱分到各个组里面,就等于一下子把舱外清洁班从12个人缩减成4个人,4小时变成12个小时的班,因为舱内的压力非常大,病人病情很重,需要专门的特护。我们在外面上清洁班是需要熟悉他们光谷院区医嘱系统的,等于医嘱系统我们是重新学习的,跟我们的his系统是不一样的,需要经过专门培训才可以进入他们的his系统进行操作,包括审核医嘱、领药、记账、病人转院出院都是需要电脑系统的,现在这种联网系统都是需要有记录的,4名护士就是负责这些工作。我跟护士长说,我在这边年资比较高,我是做办公的,协调能力包括医嘱系统我都相对来说比较熟悉一点,做主班护士相对来说是需要有年资和经验的。比如审核医嘱,医生开了这条医嘱,如果有一些药物禁忌,年轻一点的护士可能没有这个概念去提醒医生。举个很简单的例子,我们是激素疗法,它的药物剂量是控制得非常严格的,如果没有经验,对医生开的医嘱不太了解,可能也就不太能够看出一些问题。我说我在上海就是做主班护士,是有工作经验的,做12个小时我也是能够坚持的。当时也会征求大家意见,因为做12个小时毕竟时间蛮长的,而且不单单是白天12个小时,夜晚也是12个小时。我们4个人的话是日八八班和夜八八班,晚上8点到早晨8点的班也是我们做的,是做一休一的。4个人轮班,根本就没有休息和病假的时候,如果说你今天不舒服,夜班不能来的话,那势必你的小伙伴要从白天上到晚上,上满24小时了,因为后面没有人接你班的,我们都是固定好一个萝卜一个坑的。不像舱内的小组里,他们有十七八个人,万一有一个人身体不舒服的话,还有十几个人可以帮你看一下,我们是没有人能代班的,只能是自我调节。后来我们就选了4名年资相对比较高一点的老师在外面。他们可能还考虑到我胰岛素不太好,在舱里的话容易诱发低血糖,领导说在外面如果有什么情况也可以吃点东西,我就说我可以坚持的。当时因为长时间没有翻这种夜八八班了,上到凌晨三四点钟的时候会有点心慌。上了一个月之后我就开始有点咳嗽,我其实没有往新冠上想,我想的就是可能夜班太累了,我就自己克服一下吧,吃点药压一压。断断续续咳了也有将近1个月,急性期可能就3天,咳得比较厉害的,晚上会咳醒那种状态,我们总护士长张静老师说"顾倩你咳嗽了,你自己怎么样,你需要休息吗"?我说"我还是可以坚持一下的",因为当时人员真的比较紧张,护士长说你自己当心一点,能克服的话就克服一下,实在不行的话你申请休息几天,我说我坚持一下吧。因为我如果休息,舱里势必会抽一个人出来顶班。方舱最后有两个星期他们休舱之后是来支援我们的,那个时候他们也征求我们意见,问是不是要给我们外面清洁班12个小时增派2名人员,让我们缩减到8小时。当时已经在后期了,而且其实已经有风声说我们援鄂可能要结束了。武汉的重症数据已经蛮低了,很多医院都有文说要关闭了,要集中到几家医院了。我们就觉得已经坚持到现在了,就再坚持一下,也不要方舱的小伙伴过来重新学习系统了。我们还是希望把人员放到污染区,放到舱里面,让里面的工作稍微减轻一点,我们外面还是可以克服的。我们就这样继续坚持上 12 个小时的班。我们在外面上班其实是可以上厕所、吃饭的,但是在那个状态下真的非常忙,根本就没有时间去吃饭。而且在那个环境里,根本不敢把 N95 口罩脱下来。虽然说吃饭时专门有一间房间的,但是当时人员进进出出,心里还是有恐惧感的,不太敢把口罩拿下来轻轻松松在那里吃东西的,我们都是喝几口水马上戴好口罩的。我们吃饭也是非常迅速的,基本上就是把饭全部吃光,因为说实话武汉当地菜一个是比较辣,还有个比较咸,我不太习惯吃辣的东西,因为我胃不太好。我们的目标就是把饭吃光,把汤喝掉,菜就看情况吃了,实在饿得不行就把巧克力掏出来,直接塞口罩里啃两口。我有点扛不住饿,中间是要吃一顿饭的,我们有两位同事是从早到晚不吃的,早上 6 点 30 分从酒店出来,晚上 10 点钟回酒店当中将近 14 个小时是不吃东西的,他们就是觉得不敢脱口罩,也不想吃东西,就这样坚持着。我说我不行,我坚持不住,我中间还是吃顿饭吧,我吃一顿饭至少 12 个小时的班还是能够坚持的。我们很多进舱的同事也是这样,虽然说舱里上班是 4 个小时,但是从酒店出来到回酒店将近要七八个小时不吃不喝的。我们是早晨 8 点钟上班,但是我们的班车是 6 点 30 分从酒店出发的,那么我们势必 5 点 30 分就要起来吃早饭,上厕所都要上好的,到医院之后就直接拿衣服换衣服,等着进舱的,没有时间上厕所或者喝水了。虽然说大家都比较辛苦,但是大家都坚持着。因为我们心中就是有一个信念,疫情不散,我们是不退的,我们就是希望能够坚守到最后,等到春暖花开了,我们一起回到上海,武汉人民也能够脱下口罩自由地呼吸。

4. 钢铁侠般的青年一代值得最热烈的掌声

我们这一批 ICU 第四纵队相对来说都比较年轻,平均年龄是 28 岁,我们最小的一个同志是 1998 年出生的,苏仕衡,是后面来的一位呼吸机师。我们病区住满了 30 个患者,有 27 个是插管的,等于是有 27 台呼吸机在同时使用的,我们带过去的麻醉师根本就不够用,后来我们又专门增员了一名呼吸机师,就是这位 1998 年出生的同事。其实他是刚刚从学校毕业的,在临床上根本就没有碰见过重症,虽然说他是调节呼吸机的,但是他从来没有碰到过这么重的患者,也没有碰到过这么多的死亡病例。他可能在临床上看的就是急诊或者是监护室的一些患者,但是他没有看到过这么重症的,说没了就没了的患者。我们华山医院总共有 167 名青年在武汉一线,我记得我出征的那一刻,我们团委的吴文斐老师把团旗交给我,她跟我说,"我们这批青年比较小,你好好关心着。我把团旗给你,如果有任何问题的话,记着我们团委也是你们最坚强的后盾"。我也时刻记着我作为一名团委的团干部要时刻关心青年的生活。第一周的时候我也是进污染区病房的,在那个过程中我就发现,很多青年有两个很大的问题。一个是面对疫情,他们心里有种恐惧感。这是一个传染病,他们踏入病区的时候,神经就非常敏感,一旦有点喉咙疼或者有点头疼,一旦体温达到 37 ℃了,他们第一个想法就是我会不会被感染了?第二个问题是很多人因为没有碰见过死亡案例,他们看到尸体会有一种莫名的恐惧感,由内而外的。我有个同事在跟我交接班的时候，我跟她说27号患者上个班已经没了，她第一句话就问我尸体还在不在，她说如果尸体在的话她是不敢进病房的，因为她没有碰到过死亡病例。我们的尸体袋是黄色的，非常亮眼，一眼就能看见他躺在边上。要给边上患者做任何操作跟护理的时候，势必会走过看到这个袋子，他们心里就会有一种恐惧感，不敢踏入。那个时候武汉的死亡病例比较多，殡葬运送也是非常繁重，超负荷在运行。我记得我们最长放置尸体的时间大概有12个小时左右，我们已经通知殡仪馆了，他们的运葬车都在各个地区运尸体，再过来运可能要放上一天。我们的小朋友看到这个黄色尸体袋的时候就有很大的恐惧感，很多人在第一周和第二周的时候一看到尸体就开始控制不住地呕吐，因为他心中莫名恐惧之后会反胃，胃会痉挛，这是人的正常反应。给我感触最深的是有一个男护士，他也比较小，他是1996年出生的。他进舱第一次出来之后，晚上就开始低烧37.2 ℃，他非常紧张，他给我发微信，他跟我说"顾老师，我才25岁，我发烧了"，发了3遍。他的潜台词就是说我感染了，怎么办？我才25岁，我还没有结婚，我还没有生小孩。他心理特别恐惧，心情是非常低落的。我就开始跟他聊天，我又请了我们院感科的陈澍老师跟他一起聊。陈澍老师也是我们华山感染科的三大男神之一，跟我们张爸是一个科齐名的。他是在我们重症监护室，还有张继明老师，他是方舱的院感老师，张爸是守护在上海的，他们是三大男神。陈澍老师也是非常配合我们做开导工作，因为刚开始去的时候不允许大家私下见面或者聚集，那天我们3个人就打视频电话，让陈澍老师从专业的角度对他进行开导，告诉他，你没有这么容易被感染的，你做的防护是最到位的，我们华山给你的防护也是最好的，你保护得这么好不可能这么快就感染的，我们就不停地安慰他，给他化解心中的矛盾。最后他听了之后心结解开了，那天晚上我们还建议他吃了一颗安定，让他入睡没有那么焦虑，第二天醒来他跟我说体温好了。其实就是心理的压力太大了。我在武汉觉得男孩子的心理承受能力比女孩子差多了，别看女孩子娇弱，但是在武汉一线她们的心理承受能力比男孩子强，身体不舒服的大部分都是男孩子。我们很多爸爸妈妈也是在各方面给孩子做了很多鼓励。我接触到一位妈妈，也是一个男护士的妈妈，她跟我们说"我也不敢问他什么，不敢跟他说什么，就是把他平时喜欢听的歌下载好发给他"。她说家里橱里面有很多儿子喜欢收集的小的动漫手办，她每天拍一个给他看，希望他看到这些东西能够开心。当时跟我们去武汉的几个团支部的老师商量之后，我们决定开一个战地的团支部会议，主要是给大家化解一下心理压力。团支部会议是在工作一周之后就开展的，我们也请了比较有支援经验的医生和护士对他们进行讲解和开导，告诉他们，面临重症和死亡不要投入太多的感情，因为一旦带入个人情感，就很难从悲痛中走出来。我们是一个医者，他是一个患者，我们还是要用专业的角度去对待他，并不是说他死了，我很难过，我就走不出来了，我要哭一天。我们虽然可以悲伤，但是还是要用专业的知识去对待下一位患者。我们也讲解一些比较实用的小技巧，因为在武汉当地天气比较冷，我们长时间闷在口罩里喉咙肯定会有点不舒服。有一个医生就跟大家分享，说把我们吃的橘子的皮放在开水壶里烧，烧开的时候蒸汽往外冒，我们就把口咽放在上面对自己做一个简单的雾化。同时我们也带领大家重温了我们的入团誓言，给他们加加油鼓鼓劲。那天问他们有什么困难需要我们团委帮忙的时候，我们那些青年都非常坚强地说没有什么困难，其实他们就是有一个心理的压力而已。先前在武汉没有心理指导师，很多心理辅导工作包括关心我们青年团员的一些生活状态都是我们团委的几个干部自己在做。护士长他们也是有一个个小队，在关心自己的队员。在条件允许的情况下，我也会带领他们在酒店的草坪上做一些身体的舒展和一些休闲活动。那天我记得很清楚是3月8日妇女节，我在我们团支部群里发了一条消息说，"今天有空的同志我们到草坪上聚一聚，我们不写小结，也不谈感想，我们只是唱唱歌，做做你们开心的事情。你们可以跟我们讲你开心的事情，也可以说你想找个男朋友、你想吃什么东西。我们今天不是思想汇报工作，大家心理压力不要那么大"。那天在草坪上的时候，我说要不大家唱个歌吧，随便你们唱什么，想唱什么就唱什么。我一开始以为"90后"大多数会唱那种很现代的网络歌曲，或者是流行歌曲或者是动漫歌曲，他们那天唱了一首《团结就是力量》，这是出乎我意料的。我把他们当小朋友看，但是他们把自己当作一名战士。他们披上白大衣的时候，他们说自己就是一名战士。有一个同事开玩笑地说，在家里矿泉水瓶都是爸妈给开的，但是在武汉，我拿起氧气钢瓶就搬了。很多人把白大衣当成一种职业，但是我们是把它当成一种责任和使命去看待的。我觉得正如习近平总书记所说的，我们这一代青年是有担当的。在实践的过程中证明了，我们这一代是非常勇敢的，是奋勇前进的。我也是希望我们这一代青年在党和国家需要的时候能够勇往直前，绽放我们最灿烂的绚丽之花。我们接到通知要回去的那一天，我跟我们的团员青年说，"以前的掌声你们都献给了讲台上的讲者和老师，今天你们把掌声献给自己一次，因为你们是最棒的。你们虽然是'90后'，但是你们的行动是有目共睹的，你们把最热烈的掌声献给自己"。那天拍完手，大家又哭了。（图2）

那段时期我们进舱的小伙伴都忍受着自身的痛苦，我们进去坚持4—6个小时，能克服的尽量都自己克服掉。体会最深的就是，我们先前是穿纸尿裤进去的，但是穿了2次之后就都不穿了，因为根本就不派用场，汗水就已经全部出掉了，根本就一点尿意都没有，还会处于非常口渴和脱水的状态，所以我们从第二次进舱起就没有人穿纸尿裤了。出舱之后大家的状态就是头发已经湿掉了，眼睛因为都是雾水已经看不清楚了，一开始天比较冷，还可以忍受。但是到4月中期的时候非常热，那个时候穿防护服，还没进舱里面衣服就已经湿透了，但是大家都一直坚持着。有一件让我印象非常深刻的事情，有一个小姑娘，她那天身体不太舒服，在舱里的时候已经吐在口罩里了，没办法她只能出来，出来之后她就开始哭了，她说"我浪费了一套防护服，又把我的病人交给了其他同事，增加人家的负担了"，她觉得非常内疚。我们跟她说"你不用内疚，你已经尽力了"。

图 2　战地青年突击队风采

但是我们的姑娘想的就是我又浪费衣服,我又麻烦别人,我自己身体不好我又过意不去,她那天就一直哭。还有一个小姑娘吐完之后,她立马问我拿衣服,因为我在外面负责物资管理,她就跟我说"顾老师,我拿套衣服",我说"你现在进去干什么"?她说"我刚刚吐好了,我还要进去",我说"你再休息一会儿",她说"不行,我的患者比较重,他正在输血,我要进去看着他"。那个时候她面色是比较难看的,煞白煞白的,因为我先前听到她在厕所里吐了很久,我把她扶出来之后说"你先坐一会儿,不要急着进去"。我就跟里面的护士长打了个电话,我说"那个姑娘现在要进来,但是她面色不太好,你们里面病人情况怎么样,是不是可以让其他同事先代看一下"?护士长说里面人员是够的,叫小姑娘在外面休息一会儿吧。没过5分钟,我去看的时候,那个姑娘已经偷偷拿好衣服,把衣服穿到一半了。她觉得我已经可以了,我要进去,我的病人还需要我,我的同事也需要我。她们都是以病人为第一位的,自己的身体状况是可以往后再拖一拖的。女生是有例假的,很多小姑娘来例假的时候本身身体就比较难受,但是还是坚持要进去。我们是有规定,来例假的话,可以跟老师提出来申请休息的,但是没有一个小姑娘提出过申请,都是老师在群里反复问,今天有没有例假的,大家报上来。报上来之后老师会说今天休息吧,在外面做辅助工作,不要进舱了,但是很多小姑娘看到里面忙的时候她还是会问我拿衣服,说老师我要进去帮忙,就是想到我要进去帮大家一起出一份力,这是特别令人感动的事情。所以说我们这些小姑娘、这批青年都是非常优秀非常棒的,一言一行真的是让人非常感动。

这样的事例非常多，我们都习以为常了，觉得就是日常的工作。很多人离开家人也将近有2个多月了，中间也会碰到小孩子生病、有家人的生日，他们都没办法陪伴。先前在那里，我们在防护服上写的都是"中国加油"、"华山加油"、"武汉加油"这些字，大家互相鼓劲，在后期可以发现他们的心态其实已经改变了，他们写的都是对家人的思念，他们会写在防护服上面，会写在胸口。他们还会把他们

图3　灵魂画手笔下的最美防护服

一些美好的祝愿，比如说他们想吃小笼包，想吃冰激凌，他们都会写在防护服上面，表达一下他们的心情。先前大家都比较紧张，是相互鼓励为主，到后期的话大家其实是相对习惯了这种生活状态，注意力就开始转到这种非常轻松的氛围了。我记得那天有一个组里的同事过生日，大家在防护服上画满了蛋糕，画满了冰激凌，画上小笼包、小龙虾，他们说虽然在武汉条件比较艰苦都吃不到，但是我们画在防护服上就相当于我们已经一起庆祝过了，一起吃过了。我觉得这可能也是战时状态的一种自娱自乐吧，是一种调节心情的方式。我们有一个同事画画特别棒，他原先是在方舱的，后期方舱结束之后，他来支援我们两周，他也给我们画了很多画。他画在防护服上的黄鹤楼、樱花都画得非常好。(图3) 就像我们所说的那样，我们一路坚守在樱花下等着春暖花开，等疫情结束了我们一起去武汉的黄鹤楼再去看一看，再去吃他们的小龙虾。他还有一幅画我觉得也画得特别好，画的是上海的东方明珠和上海大厦，我就想到一句话，我们这次在武汉是不辱使命的，回到上海之后我们还是要继续护佑我们的上海，我觉得他的这幅画也特别有意境。他还画了一幅钢铁侠，画在胸口，我就想到，在那个时候我们就是战士，我们可以化身钢铁侠去守护病人，用我们的血肉之躯去护佑他们的生命长城。

5. 施医术尽仁心

武汉这次疫情是一个传染性极强的、可能危及整个家族的毛病，我们在武汉感触非常深。有一位患者离去了，我们先是通知家属，一直是无人接听，留了两个手机号都是无人接听的，我们就报110之后联系了当地居委会，居委会的反馈就是他家人全部在医院里，有一位家属也是病情比较重的，马上要转到我们监护室来了，还有两位是轻症患者在方舱医院。居委会说家属可能也没办法接听电话。当时给我们的感触就是，这个病真的是很可怕的，人离去了，他的家属可能也是病重的，根本就没办法来看他或者说送他离开，我们心里非常难过。还有患者离去后，过了2个月他们的手机都没有人来认领。

患者离去之后，他们的贵重物品我们会放在黄色垃圾袋里面，密封好，贴好姓名，有家属的我们会直接打电话给家属让他来取，如果没有家属联络方式的我们就打110，通过当地居委会去联系家属。如果实在是联系不到，或者家属也在医院的话，我们专门用一个密闭的储物箱来存放患者的遗物。很多东西是有传染性的，所以我们只保留手机、贵重的手表和皮夹子之类的，可以用消毒液喷洗的、用酒精擦拭的，或者是用紫外线灯照射之后放在黄色垃圾袋密封起来。随身衣物我们是全部当垃圾处理掉的，不流到外面去的。有一个同事跟我说，有患者已经离去很久了，一直没有联系到家属。4月中期很多方舱的患者都可以回家了，他的家属可能也是轻症患者就也回去了，那个时候他可能接到了居委会或者派出所通知就想起来我还有个亲人在重症监护室，就打电话过来，电话一直不停地在响。手机就在密闭箱里，我们是听得到声音的，但是我们没办法打开来接听的。遗物到最后是交给医院和指挥部做后续处理的，我们是听医院和指挥部统一协调的。

先前是没有人打电话来询问，或者来探视我们的患者的，4月中旬武汉部分地区解封后，会有些家属打电话来问，是不是可以给亲人送些生活用品之类的，但是当时因为疫情还没解除，我们还是劝家属说先不要过来，可以视频跟亲人通话，生活用品我们医院内部都能解决。我们的姑娘都非常可爱，会把很多发的食物带给患者吃。我记得非常清楚，我们有一个患者是上ECMO的，抢救了一个月，后来是顺利脱机的。清醒之后他觉得很饿，他就跟我们说他很饿，他想吃什么。当时他还下着胃管，其实不能给他吃太多东西的，怕他一下子吃撑了或者吃坏了。他跟我们说他要喝橙汁，我们同事就把发的泡腾片带过去，给他泡了一杯泡腾片。我们同事还会把发的上海的大白兔奶糖、蝴蝶酥带过去给患者吃，患者也是非常感动的。那天，我们李圣青老师和陈澍老师查房，有个患者就打开他的柜子，拉开来给陈澍老师看，他说"你看，今天好多护士都给我吃大白兔奶糖了，你们是不是昨天发大白兔奶糖了"？我们的姑娘也会把自己发的水果拿过去给他们吃。我们酒店有柚子树，她们就去树上采了几个柚子，她们说柚子柚子就是能够保佑患者的。我们单独给每个重症患者写上加油和祝福的话，比如"17床，加油"，"17床，你要努力"，做成一个专属的吉祥物摆在他们床头。如果是轻型患者的话，拿到柚子会非常开心，出院的时候会带着柚子一起回家，因为这是上海护士给他们的像护身符一样的吉祥物。（图4）吹气球是针对康复期患者的锻炼，我们李老师说，挽救患者的生命是第一步，我们希望

图4　用心保"柚"患者

他能够健健康康地走出监护室的大门而不是带着氧气管。他希望患者是以一个正常人的状态能够自由呼吸地走出监护室的，而不是需要靠氧气继续维持的。拔掉口插管，脱了呼吸机的患者，会用一阶段的鼻导管接的氧气，后期这些脱了管的患者就要做康复训练，锻炼自主呼吸和肺活量。但是那个时候因为器械比较紧缺，没有专门的测试呼吸功能的仪器，最简单的方法就是让他吹气，吹气可以有一个肺活量的增加，也可以让他继续吹不要停，锻炼肺部功能。我们小姑娘当时就想了一个办法，我们的乳胶手套就像气球一样可以吹气的，扎一个小口插一根吸管之后让他使劲吹。每天让患者锻炼，比如说他把手套吹起来了今天就合格了，他吹3个手套了今天的任务就完成了，姑娘们就会奖励一颗大白兔奶糖或者一块巧克力给他，也是一个互动的环节。我们小姑娘会用一根绳子把他们吹好的手套扎起来，他们都舍不得扔的。我们小姑娘还会在上面画笑脸，写祝福的话，患者都会非常开心，会保留这个手套，舍不得把它解开。他们觉得你们上海的小姑娘特别好，真的是把我们当自己的爷爷奶奶那样看待。有患者出院的时候还是带着这个小气球一起回家的，非常珍惜。他们说这是上海的医生给我们的祝福，我们要带回家。

有的患者救治之后心理会有一些消极，我们就尽力做一些能够做的事。有一个老太太，她拔管之后心情很抑郁，拒绝吃饭、拒绝吃药。好像是她儿子已经走了，她觉得她一个人年纪这么大了活着没什么意思了，而且她家里还是有其他亲人的，她觉得这样子回去对家里又是一种负担。大概有两三天她一直不肯吃东西，我们医生护士怎么劝她都不听，后来我们就试图联系她的家人，通过手机视频让她的家里人对她进行开导，她看到家人的时候是非常激动和开心的，经过家人劝说之后她那天心结是有所打开的。那天这个阿姨跟我们护士道歉，她说"妹妹，对不起"，她觉得之前自己挺任性的，不配合治疗，但是我们还是这么关心她，不断开导她，而且想尽各种方法去帮她联系家人，她觉

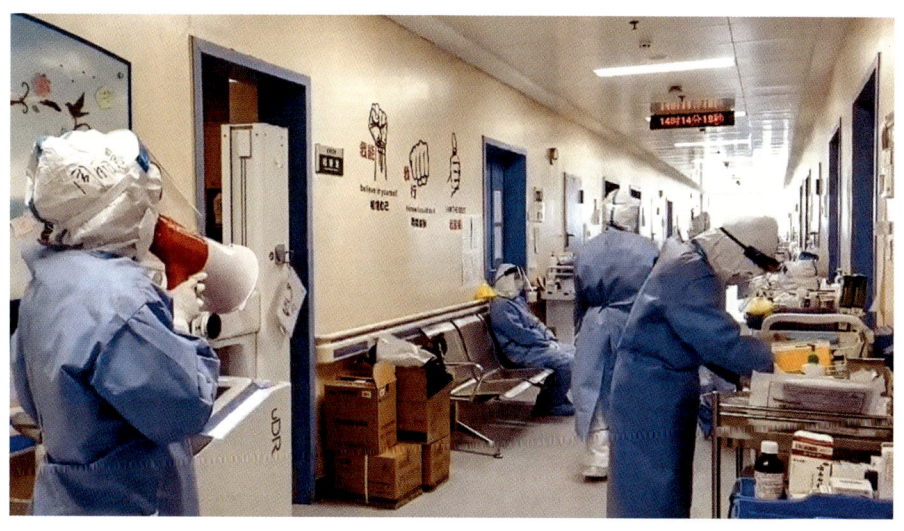

图 5　工作时忙碌的身影

得自己挺内疚的，从那天开始她就配合治疗了，开始吃口服药、吃饭。她后来也是顺利从我们监护室康复出院直接回家的。这种故事还是挺多的。

  前天放了《人间世》第一集，就是讲我们武汉光谷院区的故事，那天晚上我没有看，因为我怕眼泪会一下子止不住，又要被我们家儿子看到问妈妈你怎么又在哭了。虽然说已经过去很长时间了，但是当时的那些故事都是历历在目的。讲到一个点的时候，大家是会有共鸣的。第二天同事又讲起那个故事的时候，我实在屏不住了，昨天晚上趁我儿子睡着了我就在手机上看了一遍那个故事，讲的是我们非常熟悉的12床的患者。他是一个81岁的老爷爷，他的新冠已经被控制住了，但是他最大的问题是有一个并发症，他有一条腿已经全部坏死了，需要做截肢。当时我们院区是没有条件做这个手术的，我们必须把他转到他们的中法院区，转运过程中会存在非常大的问题。他是呼吸机患者，两个院区之间相差大约有1个小时车程，中间各个环节的配合是风险非常大的。另外就是给他手术的风险也非常大，一个是高龄；另一个是他的腿实在坏得太厉害了，如果截肢的话要截到髋关节，要做分离手术，手术风险非常大。这个病人是陈澍老师负责的，陈澍老师有句话我听了又非常感动，当时他跟家属谈了话，家属也是希望我们能够尽力救他一下，陈澍老师就说，"请你放心，就算他只有百分之一的希望，我们也会尽百分百的努力全力去救治他，我们不放弃他"。那次正好是我们马昕院长给他做的手术，马昕院长是我们武汉的总领队，他也是我们骨科专家。他在武汉的时候说，"我虽然是领队，但是首要的是我是名医生，不管在哪里，我都应该履行我医生的职责，我应该尽全力救他"。那天马医生将近做了4个多小时的手术，出手术室的时候，我们所有的医生有一张合照，衣服全部湿透了。马医生中间还换了一次防护服，因为防护服全部湿透了，他口罩里的汗水已经要渗出来了，他都没办法呼吸了，所以他中途出去换了一次防护服重新再进手术室的。

（三）充满不舍与期待的返沪之路

  其实没有收到通知说回上海的时候，大家是非常急切的，都想着什么时候能回去，可能是1个月吧，1个月就能回去了吧，2个月就能回去了吧，但是20几日那天真的收到通知说30日要回去的时候大家又沉默了，因为有太多的舍不得，觉得时间怎么这么快，又要说分手了。那个时候跟武汉的同事和老师，相互之间配合已经有感情了，包括我们跟患者也是一样的，虽然说我们非常希望患者能够康复早点出院，但是患者真的康复出院的那一天，大家眼睛里还是有泪水的，非常舍不得。很多人都跟患者留下了微信，有事情的时候大家鼓鼓劲，过年过节的时候道一声你好。有一个人曾经帮助过你，有一个人曾经也记得过你。

  接到通知说我们要回来的那晚我就失眠了，各种我要回来了的梦境，开始有点莫名的激动，像上考场的那种感觉，挺紧张的。回到上海在隔离点时，我也没什么太多的心理的起伏，但是等收到通知说我们 14 日下午 1 点钟集合开欢送会后大家可以自由回家的那天我又开始莫名激动睡不着了。我那天发了个朋友圈，写道"今天的心情就好比是要去相亲的路上，既期待，又紧张，又非常开心"。相亲的时候也是的，非常期待能够见到对方，心中会有一种期许，非常开心，但是又非常紧张。我老公也是这种状态，他那天很早就给我发微信，问"你们现在在干什么？""领导讲话讲好了没有？""你上车了没有？"，他就不停地问我。微信是有定位功能的，上车之后他就说"你把定位打开，让我看到你开到哪里了"。我刚刚来武汉 1 个月的时候，他也是这样，每天都会准时地在微信上给我留言，比如说"你起床了吗？""你去上班了吗？""你回酒店了吗？"，都是非常简单的话语，我看到之后会给他回复一条。我老公说，他每天给我发条信息，就觉得每天还是跟我在一起一样，他能知道我的行踪，他也汇报他的行踪。他会发一些宝宝的视频、照片发给我看，让我了解家里的一切状态。

（四）母子情深

1. 从"戴着口罩的不是妈妈"到"妈妈，我想和你一起睡"

我们家宝宝比较小，他对于妈妈去武汉干什么其实没有概念，他只知道妈妈去上班了，妈妈今天不回家。他奶奶会跟他说妈妈在外地，在武汉，妈妈今天不回来，要过好几天才回来，他只是有这个概念。但是我在武汉干什么他不知道的，他根本就没有"危险"的概念，没有对生和死的概念，毕竟只有 3 岁多。这里要讲个故事，我们在武汉酒店房间里我是不戴口罩的，平时跟他视频他也习以为常了。有一天我正好在走廊上面，是戴了口罩的，他给我发起微信视频，我就顺便接了。接了之后，他看了几眼就挂掉了。我再打过去的时候是我婆婆接的，我说宝宝找我干什么，他怎么没说话就挂掉了？就听到我婆婆在视频里说，"你看呀，这个是妈妈呀，这个是妈妈呀"，我儿子就在那儿说"这个不是妈妈呀，这个不是妈妈呀"。我戴了口罩他没有认出来是我，他硬是不肯看。那天我的感触就特别深，我的眼泪又控制不住了，我就把口罩拿下来跟宝宝说，"宝宝你看呀，是妈妈呀"，好在他听到声音还是能够辨别的，我说"你看看到底是不是妈妈"，他就看了，说"是妈妈"。他第一次看我戴上口罩的样子，完全认不出我。后来我跟他视频的时候会有意识地把口罩戴上，我说"宝宝你看一下，这个是不是妈妈呀？妈妈戴了个口罩你看到吗"？因为疫情期间没有带他出去过，他自己也没有戴过口罩，所以他没有概念戴口罩是干什么的。后来他看了电视，电视里的人都戴了口罩，我婆婆也跟他讲，出电梯的时候记得要戴口罩的，在家里的时候也给他戴着玩，让他感受下戴口罩是什么样子，是什么感觉，我们怕他到时候出门的时候不肯戴口罩，就一步步引导他。后来我回上海的时候戴口罩他就完全能够认出来了。我在做 PPT 的时候，他有时候会过来，坐在我腿上说宝宝一起看。我会给他看我们的照片，在武汉拍的照片都是戴口罩戴帽子的，我问他"你看，照片里头哪个是妈妈呀？"，看了之后他会指出来，他认得出来妈妈戴口罩是什么样子，戴帽子是什么样子。上次带他去我们当地镇政府的一个颁奖仪式，一块展板上面有我们曹路镇所有去武汉一线的医务人员的照片，他也一眼能瞧见哪个是妈妈。我在照片里是戴口罩戴帽子的，他也能通过眼神，包括我的体型，因为我是属于比较胖的，他一眼就能看出来这儿是妈妈。当时我的头发是两边全部剃掉的，现在夏天天实在太热了我觉得我也留不长了，等10月份我一定把它留长，现在还是这样吧。我们家小朋友倒还好，虽然我是短发，但是我回去的时候他没有叫爸爸，还是叫妈妈。

那天我坐出租车从隔离点回家，下车之后，我老公把宝宝抱出来说"你看妈妈回来了"，我儿子那个时候没有说话，用挺尴尬的那种眼神看着我愣了一下，也没有伸手。我当时手上拎了两个包，我老公和婆婆一人接过去一个，我儿子大概有四五秒之后开始靠过来，我就接着他。他第一个反应就是把我的口罩拿下来，把自己的口罩也拿下来，往我脸上贴了一下，这是他从小表示亲密的习惯性动作。那天晚上他还特别黏，一直要我抱，一直要黏在我身上，一直赖在我床上不肯走。我第一胎是引产掉的，接着生他的时候身体就不太好，奶水也很少，他是从小吃奶粉长大的，一直跟着我婆婆睡的。我那个时候比较虚，抱他一直会冒汗，我就带得比较少。印象中他就跟我睡过顶多一两次吧，在我婆婆身体不太舒服的时候可能会抱过来睡一两次。但是那天回来就特别明显，他说要在妈妈床上玩一会儿，平时玩一会儿他就会自觉地去奶奶那边睡觉，但那天没有过去，一直要在我床上靠在我身上，说要在妈妈这里睡，我说"那好吧，那你跟妈妈一起睡吧"，睡着之后大概到凌晨1点多左右我老公再把他抱去我婆婆那里的。

这次回来之后，现在只要我下班回家了，他就不要奶奶了。每天睡觉的时候他会到我床上来玩10多分钟，我们就跟他说，"宝宝你要去睡觉了，妈妈明天要上班的，上了班给你买巧克力，你去奶奶那里睡觉好吗"？他就会自己过去的。休息天我一般都是陪着他的，除非是有活动或者是有工作要出去，在家里我都是带着他的，不管去哪儿。我去参加过一堂瑜伽课，老师说"你想象一下，你在一个清晨醒来最开心的状态是什么"？我脑海中就想，最开心的状态就是我能睡到自然醒，而不是被闹钟闹醒。醒来之后，正好我儿子也醒了，他从奶奶那儿跑过来，他的小头就这样扒拉着看着我，趴在我枕头那边说"妈妈，你醒啦"，我说"对呀，我们一起刷牙、洗脸好吗"？就是这样一幅画面。我起来之后会带着他一起刷牙洗脸，小孩子这个阶段的模仿能力比较强，我说"妈妈这样刷的，你也这样刷"，然后他也会这样刷，我就做一个引导。洗脸也是，我说"宝宝自己洗好不好呀"？然后帮他打好水，他会拿块小毛巾擦擦，虽然说擦得马马虎虎，但是我会引导他怎么擦，指导他做一些日常生活的事情。我也会带他一起吃早饭，问他"宝宝你要喝奶还是要跟妈妈一样吃鸡蛋喝牛奶"？他会去选择。我在家的时候他有个特点，就是要妈妈喂。其实他自己会吃饭，吃得挺好的，但是我在家他会有一种依赖性，他说"妈妈喂一下好吗"？我也会偶尔喂他一下，就当是一种亲子活动吧。我告诉他"宝宝自己吃饭才长得大"，他就会把手举起来说"妈妈我手大了吗？"，我说"嗯，大了大了"。武汉的事我跟他提得比较少，最多就是我在做PPT的时候他会过来看，我会跟他分享照片，会跟他讲这张照片发生了什么故事，他也是似懂非懂地有一句没一句地回答我。比如说照片是画在防护服上的生日蛋糕，他能看懂生日蛋糕，他知道是有人生日，他会说"生日快乐"，会在那里唱生日快乐歌"祝你生日快乐"，他有这个概念。我就跟他说"喏，这个是妈妈的同事，一个小姐姐过生日，我们给她送蛋糕，给她唱歌，跟她说祝福的话"，他就能明白这些意思。再比如我们穿着防护服，他没有看见过，我就跟他讲"妈妈穿这个衣服是去救病人的，他们生病了，妈妈要给他打针"，类似于这样给他讲一个小故事。我每次做PPT的时候他都会进来看，说"宝宝一起看"。那天把PPT做好，我说"妈妈重新给你讲个故事好不好呀？"，他说"好"，我就把我讲课内容用很通俗的语言，讲故事的方式跟他讲了一遍。如果真的跟他讲武汉发生的事件他是不懂的。

2. 再回武汉的美好约定

这边还要感谢一下复旦的同学给予我们很强大的帮助，感谢我们复旦社政学院的彭诗琪同学，她和我们是一对一结对的，作为志愿者陪伴我们家宝宝的。她会每天抽一个时间段跟我们宝宝视频，给他讲故事、教儿歌，她可以说是我们家宝宝的第一个启蒙老师。因为我们先前没有上过早教课，宝宝也没有老师这个概念，是从彭老师这个时期让他认识到，我要上学了，她是我的老师，每天我要坐在小板凳上听老师讲课，回答问题的时候要举手，所以说彭老师是我们家宝宝第一个启蒙老师。他也非常喜欢彭老师。现在因为疫情结束了，我回来之后他们的课程也就结束了，但是我宝宝想彭老师的时候，我会发个微信给彭老师说"彭老师你有空吗？我宝宝想和你说话"。彭老师因为开学了也会有课程比较忙，但她会在课余跟我们家宝宝视频。彭老师就是武汉当地人，她们家就离光谷院区只有20分钟的路程。我们和彭老师其实已经有了约定，等疫情结束，等她放假，7月份的时候我们能够在上海先见一面，因为现在和彭老师还没见过，我们希望能够邀请彭老师到我们家来做客，让彭老师和宝宝有一个相互的面对面的交流。彭老师说给我们宝宝的礼物她已经买好了，但是还没有机会送过来。我们还和彭老师约定，如果疫情结束了条件允许的话，明年2021年的春节我们希望能和彭老师一起回武汉过，可以去武汉再去看看。彭老师今年因为疫情原因也没有回家，是留在学校宿舍里的。我老公说希望还是回到我住过的那个酒店，住我住过的那间房间，会是一件很有意义的事情。

（五）疫情三大启示

我觉得虽然说疫情给我们带来一些灾难，但是还是可以给我们青年一些启示的。我觉得首先就是一个爱国主义教育的启示，这次疫情非常明显地让我们看到我们国家制度的优越性，也只有中国是可以一声令下之后让一个1 000万人口的城市能够瞬间封城，而且能够让全球1/5的人口能够按要求待在家里，美国是根本做不到的。也只有中国能够做到，在短短的时候之内两座现代化的医院我们的雷神山、火神山可以崛地而起，它得太厉害，肺泡有损伤，因为咳出来有血沫，我还担心他脑缺氧，对他神经功能有损伤。当时的我还没有接触到临床这么多东西，我潜意识就是要去带他看医生，我直接问那个医生："你好，我也是二医大的学生，你看这个情况要紧吗，我很担心。"医院急诊科医生说："肺泡有点损伤，应该问题不大，脑CT也不用做。"很坦然，他也看出了我的担心，接着说："你看他嘴歪吗？脑子清楚吗？"这件事对我影响很大，从此我就想干急诊。我昨天还和他联系过，现在生活幸福美满，我们也算是那种生死之交吧。

3. 我的竞争对手永远是自己

2008年的时候到医院面试，当时王晋伦主任（院党办主任）问我："你要做什么科室医生，内科，外科？"我回答："我想干急诊。"她问我为什么？我说："第一，我觉得我身体素质可以，能承受这种压力；第二，我喜欢做有挑战的事；第三，我觉得我吃得起这个苦。"别人干急诊，可能会觉得很累，这种压力和紧张感可能承受不了，我觉得我很适应这种生活，当一个人心跳骤停送过来，我能把他心跳复苏了，病人神志清楚了，这种职业的成就感，我觉得没有任何职业可以比拟的，也不是任何科室或者专科医生的角色可以给予我的。所以我特别喜欢也特别珍惜去做急诊工作。

看到我每天高强度的工作状态，爸妈已经没有对我再有特别高的要求，只要身体健康，开心就好，所以我爸从来不问我工作上面最近怎么样，写了几篇文章，而是问我上班开不开心。我说："蛮开心的，没什么不开心。"我最苦的那会儿，急诊夜班晚上要坐诊室，要接救护车，要管抢救室，要管输液室，要管留观室。那时候我们急诊科很缺人，就我一个人，最忙碌的一次，我一边在帮别人做心肺复苏，然后外面来了2辆救护车。我是在这种高强度高压力下成长起来的。所以现在科里年轻医生对我还是比较认可的。因为我也愿意帮他们去承担一些风险，很多时候你要得到别人尊敬的话，危难时刻冲在别人的前面，对于那些年资低的，你要去帮他们承担一定的风险他们才能更好地成长，而不是让他们独自面对和承担各种医疗风险。很多时候，将心比心，我也是这么成长过来的，所以我觉得我更愿意去帮助一些年资低的医生，让他们尽快地成长起来。而不是吝啬地把技术藏在自己手上，这个就有点狭隘了。人永远不会缺少竞争对手，如果害怕自己有竞争对手的话，其实已经输了。没有人家优秀那就加倍努力，会有很多人是你努力了也无法超越的，我们还要学会认可和"认输"。能为比你优秀的人鼓掌也是一种境界的升华。每个人只要在自己的岗位上做好自己的事情就可以问心无愧了。

（二）传奇行医路

1. 尼泊尔救援

2015年的时候，我参加了尼泊尔地震救援。（图1）当时我是第一批接到电话的，接电话的时候父母就在我边上，我也没和他们商量，我就毫不犹豫当场答复："OK，没问题。我马上准备行李。"挂了电话后，爸妈跟我说："我们支持你，注意安全。"后来发现

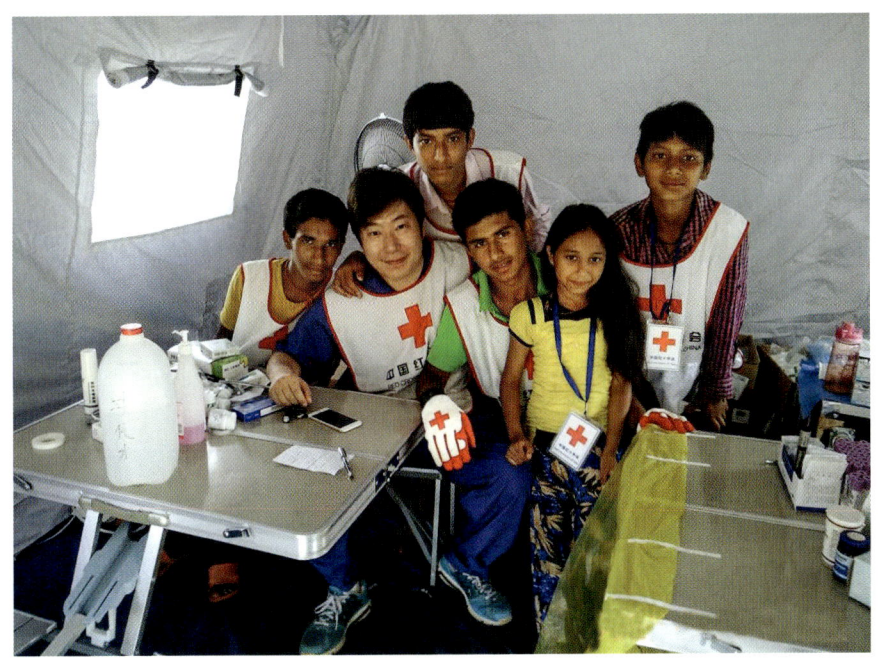

图 1　尼泊尔萨兰达救援营地，与志愿者小朋友合影，平均年龄 15 周岁，最小的 9 岁

一个问题，我没有护照，我在这之前没出过国。那个任务又是非常紧急的，虽然最后我的护照加急办了出来，出发前当天还是拿到了，但是来不及买机票了，最终还是没赶上第一批出发。

2 周后我作为第二批医疗队员赴尼泊尔参加救援任务，前往尼泊尔的行程也是一波三折。我们全体队员是 6 点钟到医院集合报到，早上 8 点的飞机，医院派了救护车送我们到浦东机场。第一站是飞昆明，昆明转机飞加德满都。当飞到离加德满都（尼泊尔首都）都还有半小时的行程，飞机接到指令，加德满都发生 7.5 级剧烈余震，他们机场关闭，飞机返航。于是又返回到昆明，在那边等了 4 个小时，接到通知，加德满都机场重新开放，我们准备再次起飞。当时又碰到一个情况，一个尼泊尔当地居民，因为这样飞机折返往复，他害怕了，不愿意坐飞机，他要求下机，等他取下行李，机场又必须重新对全机人员及行李进行安检，又花费了 1 个小时。等到我们到加德满都的时候是凌晨 2 点。再加上时差，等于 24 小时没有合过眼。当时晚上住在当地红新月会边上的一个酒店。我们住在 6 楼，晚上又发生了 6.5 级的余震，当时在 6 楼的房间能感到剧烈摇晃，我马上跳起来，我们另外一个室友是我们超声室的蔡叶华（现超声科副教授），他年纪比我大 2 岁有老婆和小孩，我当时就问："小蔡，我们要下去吗？"因为常识告诉我这种情况是要到楼下空旷的地方去的，之前的地震让他们整个城市成了一座废墟，还是心有余悸的。他和我说："没事的，应该是余震，你放心睡吧。"我真的听了他的话，老老实实地倒头就睡，因为实在太累了。第二天他顶着两个黑眼圈和我说："你到底是没有结婚的

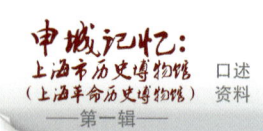

人哦,我上有老下有小,一个晚上都没合眼。"第一天有惊无险地度过了。

第二天,我们坐了大巴去了离震中10千米的山区救援。那时两边看到的都是废墟,房子全部都塌了,梁也断了,一地砖瓦,他们的居民都是睡在马路上,连帐篷都没有,只有一块油布拉了个顶,让人触目惊心。后半段行程是一段山路,他们开的是丰田陆洋巡航,很适合山路的那种车子,这样好的车子山路行驶最高时速也只有12—13千米每小时,那个道路崎岖蜿蜒,我们颠簸了4个小时,终于到营地,跟第一批的队员完成交接之后就开始正式干活了。我印象特别深,当时是5月份,加德满都太阳直射下环境温度是54℃,帐篷里是42—43℃,因为我们是充气帐篷,并不隔热。就是在这样的环境下,每天要看160个病人。早饭吃泡饭,当时有个特别下饭的叫"饭扫光",是红十字会准备的物资,他们对于救援还是比较有经验的。然后我们有一个帐篷里全是吃的,是各种的方便面和罐头,可以吃到市面上所有口味的方便面,从那次回来以后,我有1年多没再吃过方便面。在那边3个星期,中午一顿必吃方便面,因为来不及,160个病人,我们队伍只有8个人,去掉1个超声医生,负责超声检查。还有2个红十会的工作人员,1个负责联络,1个带队的,他们也干不了临床的工作,所以临床诊疗工作基本上就压在我们5个人身上,1个护士,4个医生。当地讲的是尼泊尔语,语言沟通有困难,幸好有当地小朋友志愿者,和我们关系特别好,小朋友会讲英语,他们先用尼泊尔语和病人沟通好,然后再用英语翻给我们听,然后我们再帮他们看病。在那看病还有一种语言"肢体语言",跑过来哪里不舒服,其实他稍微指一指,我们碰一碰,体格检查下,再蹦几个简单词语,我们就大致理解了。看病只要用心,可以有各种各样的方法给他们看病。

去了那里之后,我感觉我的心灵受到了净化,从来没有医患纠纷的问题。他们对医生非常尊敬。他们穿着拖鞋过来,走10千米到我们帐篷,因为那边的路是尘土飞扬,他们觉得帐篷很干净,会把鞋子放在帐篷外面,打着赤脚走进来的。那个时候作为医生我就是很纯粹的想把他们的病看好,就这么简单。那三个星期对我非常地难忘,就是我整个人对行医有一种新的体会和理解,作为一个医生就是应该这样,纯粹救人治病。现在国内医患关系有点紧张,其实造成现在医患这种情况,各方面的各种原因,不能怪医生也不能怪病人。医生为了规避风险,肯定要多做检查,避免有漏诊,多做检查病人的费用就高了。现在对医生的要求不像以前,人民群众生活水平的提高直接对医疗水平要求也提高了,对医疗资源的需求提高也增加了,但是往往有时候技术水平和需求不能达到完全的匹配就会造成一些矛盾。以前的病人只要不痛就好了,但是现在不是,现在病人会说:"医生,我是不是还有其他的毛病,你帮我看看。"最好就诊一次解决多个问题,比如过来看一个发烧,希望帮他全身都查一遍,没啥问题就好,大家可能是抱着这样一个想法,和以前不一样。所以在那里我整个人心情非常平静,没有任何杂念,只要把病看好就行。救援期间,有个老太太被送过来,当时已经没有自主呼吸和心率,我们怀疑是心肌梗死,我们尽了所有能力抢救,心肺复苏了大概1个小时左右,还是没有救过来,病人家属也没有任何责怪的意思，就说："主，要带她走了。"然后他说："非常感谢你。"他看到我们都尽力了，40多度的天，大家拼命在抢救，衣服都湿透了。

当地人生活很简朴，他们玩的东西是我们想象不到的，没有电动游戏，没有电视，家庭好一点的才有冰箱，玩的是打打板球，爬爬树，这就是他们生活的全部。那样的地方，去过以后，就不会对生活方面有过多的要求。在这样的生活条件下，人特别容易满足。我们住的地方是在野外，是一块草坪，比较空旷也比较安全，每天睡觉会伴随着很多虫子，如果不拉蚊帐，里面可能就爬着拇指这么大一只蜘蛛。因为都是草地，晚上开了灯都会爬进来。上厕所也是比较困难的一个方面，天气这么热，又是蹲坑，又没有抽水系统，就相当于在野外挖了一个坑，每次进去都要经历内心的折磨。因为这个蹲坑盖着盖子的，拉开后，几千只苍蝇蜂拥而出，我们每天都要消毒，用浓度很高的84消毒片，一般医院地面消毒的话放2片就够了，我们当时放了100片消毒片溶解在1桶水里，去冲洗消毒茅厕，整个一桶浇下去，这个浓度能让你看见冒烟。但是苍蝇的生命力真的是非常顽强，过一会儿又有了。在这样的环境下，女生也非常不容易，洗澡是非常艰辛的，我们用的洗澡帐篷完全是露天的。而且他们那边在山区，气候变化非常大，有时候可能一阵狂风过来，你的帐篷就吹掉了。有一次一个女生差点走光，然后我们过去赶快把她的帐篷弄好，我们男生就把帐篷让给女生，月黑风高的晚上就躲在隐蔽的地方洗澡，真的是以天为盖以地为席，只有月光伴随着，就这样过了3个星期。

还有一次我们有个志愿者的爷爷有前列腺增生的问题，当时已经憋得人快要休克了，2天没小便了，整个膀胱是完全充盈的，肚子鼓得像孕期6个月的孕妇，我们一看就确诊"尿潴留"，马上准备留置导尿，但是我们当时带的医疗物资里面没有导尿管的，然后就想到用吸痰管，吸痰管是无菌的，符合导尿管无菌的概念，所以就用吸痰管当导尿管把尿导出来，当时老爷子一下子就轻松了很多，晚上睡了个好觉，他就感觉我们水平非常高。当时就在战地的情况下，而是用智慧想到一切可以当替代物来解决问题。这跟我们急诊很像需要在最短的时间把最重要的问题抓出来，然后处理掉。在这段时间，我整个人对做医生的理解又上升了一个层次。

2. 瓜达尔之行

瓜达尔那次也是我主动报名的。2017年9月响应国家号召，"一带一路"，去瓜达尔支援，我是第一批。和我一起的有刘华晔老师（护理部副主任），吴钢老师（普外科主任医师）。到那边之后我又练就了另一个技能，我不止要做内科医生，我还学会了B超，帮患者做超声检查，在瓜达尔的生活比尼泊尔时间更长，共七个半月。而且那里是武装冲突地区，在俾路支省（乌尔都语，又称巴基斯坦俾路支斯坦，位于与伊朗及阿富汗三国交界地区，面积34万平方千米，是巴基斯坦面积最大的省。）有解放军，有政府军，还有当地的贵族，所以那边政治关系非常复杂。我报名的时候真没怕，我其实有些方面胆子比较小，比如我老婆让我坐过山车我从来不坐的，但是让我去灾区危险地区救灾救

图2　瓜达尔中巴博爱医疗急救中心门口，守护我们的大兵

援绝对冲锋在前，我一直有一份英雄情怀就算牺牲也要牺牲得有价值。当飞机在瓜达尔机场着陆时，真的有点害怕了，下了飞机以后接触到的全部是军队。5辆车，第1辆是开道的警车；第2辆是扫雷车；第3辆是信号屏蔽车；第4辆是载满一车士兵的武装车；然后才是我们的大巴。最后还跟了一辆满载士兵武装车。脑子里有这样一个问号，瓜达尔到底是有多乱？对我们医疗队需要进行这样的保护！机场到瓜达尔港口的道路全被封锁了，那个地方就是个沙漠，寸草不生。我不敢坐在靠窗的位置，就怕被人狙击爆头，因为非常紧张，紧张到都怕看周围的环境风景。以至于后面有一次送我们红十字会的兄弟去机场，完全不认识路，沿途第二次见的风景居然这么陌生。

我们去瓜达尔港是为了援建中巴博爱医疗急救中心。(图2)当时告诉我们医院已经造好了。去看的时候我们惊呆了，所谓造好的医院就是类似平时造楼工人住的那种临时房。一块空地上就是那样的一层板房，围墙也没有，当时对我们医疗队的要求就是6个月能够把这个医院正式运营起来。我们的"医院"，水、电、围墙都没有，只有铁丝网在门口栏了一圈，无法保障安全，安全问题更加凸显出来。他们一共有3道岗，第一道岗，就是巴基斯坦当地人如果有身份证就直接过来，不做例行的搜身检查；500米后就是第二道岗是他们要做搜身检查，他们巴基斯坦籍的工人要进入这块区域，必须确认随身没有携带爆炸物品没有危险物品，才能进这个建设区域；第三道就中方人员的住宿区，如果巴方人员要进入必须要有特殊证件才能进入。红十字的标志在那边也不允许，因为他们是伊斯兰教，他们要换成红新月标志。对于我们来说，不需要证件，只要穿着红十字的工作服，这张中国人的脸，就是最好的通行证。因为红十字会是中立的，但我们会在冲突的最前沿，我们奉行的就是人道、博爱、奉献，但我们也不可能在非常受保护的区域，不然能帮助到的人会少很多，就达不到人道主义救援的目的。所以我们当时工作的区域是比较危险的，而且我们是第一批。没有电我们医生护士自己搞发电机发电。没有水我们用水箱。医院所有的仪器、床、椅子是我们这些医生和护士一个螺丝一个螺母弄起来的。经过1个多月，医院通电通水，变成一个可以正常运行的医院了。但是我们支援巴基斯坦的物资还在海上漂，当第二月的时候，物资到了，我们很兴奋地去拿物资。老巴把4个集装箱拉到港口卸货区，他们规定今天要卸完把车子开回去，给我们大约10小时的时间，物资整整13—14吨，盐水补液一箱一箱，就我们队伍一共12个人，从下午2点钟开始卸货，经过9个多小时12个人的奋战，将所有物资卸货完毕存入港口货仓。然后第二天再从仓库一箱一箱像蚂蚁搬家一样搬到救护车上，全部运送到医院。我们有个队友累到了，整整躺了3天才缓过来，那几天一个医生直接瘦了9斤。

历时2个月时间，我们就把医院运营起来了，当时红十字基金会的秘书长孙硕鹏用了五句话："惊人的奇迹，骄人的战绩，光明的前景，严峻的形势，艰巨的任务"来形容我们这一支队伍。因为最初给我们的任务是半年把这个医院建立起来，没想到我们2个月的时间，完全就运营起来了，我利用平时周末还帮中国的工人们做科普讲座，帮当时春节没机会回国过年的留守在那里的中国人做体检，还帮当地的小学生做体格检查：B超、视力检查、心电图、血液检测等。（图3、图4）在那边，我又感觉到人对安全的需求，这也造就了我现在对生活没有太高的要求，当我去过这样安全都无法保障的地方以后，就不会过多地去追求一些物质的东西，就会觉得在国内是件幸福的事了，因为安全有了，物质有保障，还需求什么呢？真的不需要什么了，完全足够了。在那边也经历了

图3　我们全体队员为中国援建的法曲儿小学学生体检后合影

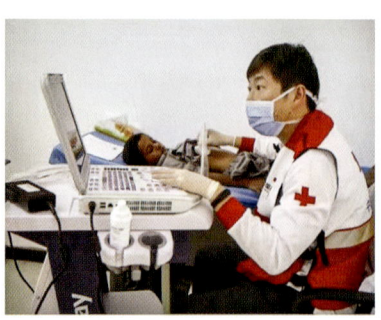
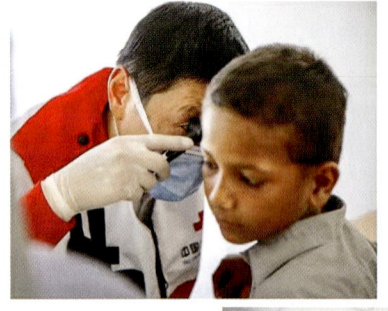

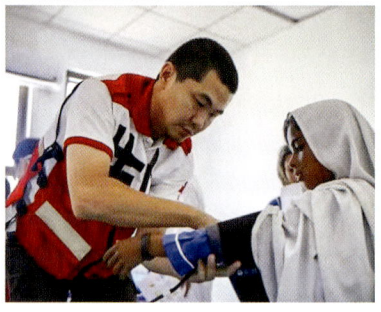

我人生一次蜕变，我去的时候是90千克，回来的时候是68千克。因为除了干活以外，业余生活是非常枯燥乏味的。我带了电脑去的，3个星期后电脑坏了，准备娱乐的电影完全播放不了，网络也不好，打开一个网页缓冲图标就转啊转永远转不好。我记得非常清楚，和家人打的电话是中国移动，因为当地的通信公司信号不好，光每月电话费就要600多元人民币。那段时间真是蛮难熬的。身体也处于一个亚健康的状态，然后就开始锻炼，他们那边有健身器械，比较简陋但聊胜于无吧。中国的银行在那边也有经济上的业务，一个减肥成功的银行职员，推荐我一个叫keep的健身软件，我就一直练到现在。有空给你们看一下我胖的照片，可以说每个胖子都是潜力股，你绝对不相信这就是我。瓜达尔对我考验最多的，是内心的煎熬，很孤独，很寂寞，也很炎热，大概40多度，大漠型气候，一点树荫都没有。那种孤独像坐了半年的牢，一开始比较紧张，我们的活动

图4 为当地学生体检：上图：徐思远为小朋友做B超，中图：2队长吴钢为小朋友做五官科检查，下图：红十字基金会赈济部主任杨苏为小朋友量血压（电子血压计）

区域只敢在这么一点范围，当生活2个月以后慢慢适应了那个环境，就会适应那种非常单调枯燥的生活。而且在那边吃不到蔬菜，顿顿都是牛羊肉，当吃到2个月的时候，手术室的朱炎逢（护理部护士长），我和他关系特别好，刚到瓜达尔，中国建设工人很多，房间比较紧张，其他队员一人一间，我和他2个人一间。在那里生活两个月后的一天忽然之间他和我说："思远，我怎么觉得你身上有股味道。"我也发现吃牛羊肉时间长了，身上出的汗会有膻味，我们就很慌，回去后怎么办，后来我们就尽量控制羊肉或者牛肉的摄入。蔬菜基本上是吃不到的。有时很想吃的面，但每个星期只有周日晚上才吃得到。最难忘的一次是我们吃了一顿烤羊肉串，自己烤。中国工人们非常聪明，他们用建筑的废材料焊了一个烤羊肉的架子。之前没吃过一顿自己熟悉的味道，都是吃的巴基斯坦风味，可以想象我们那天晚上有多兴奋。

第一批是最辛苦的，我们食品采购，医疗消耗品，生活物资采购的通路都是自己慢慢摸索出来的。庆幸的是我们的医疗行为也得到当地政府的认可，当地的报纸多次采访报道。巴基斯坦总理来视察港口建设情况，我们医疗队还要负责做好医疗保障，在那里我还有一次印象特别深，我们当时收到一份表扬信。在瓜达尔另一个地区，央企的一位石油勘探队队长，因为腹痛持续不缓解，驱车40多千米到我们医院来就诊。之前他去当地医院看病，巴方医生说是阑尾炎，然后给我一看，我觉得不像，B超一做，肾脏有积水。我说你像肾结石，问他有没有血尿或尿色加深等症状。他回答说："没有啊，我尿色都正常。"刚说完这句话，他在我们医院上了个厕所，真的就血尿了，诊断一明确，安排他坐飞机回国了接受手术治疗，后来康复后就寄了封表扬信到我们医院，夸我们医疗水平高。

原定瓜达尔这个任务是2年，现在可能又要延期了。因为他们那边还需要招商引资，如果有个医疗保障的话，他们会觉得有安全感，我们医疗队不光是对他们起了一个医疗上的援助，还拉动了他们经济，招商时港口集团公司介绍："上海的华山医院和北京的999急救中心的医护人员，在瓜达尔港医疗安全绝对有保障。"其实这个俾路支省还是蛮危险的，我们第三批医疗队执行任务的期间发生了枪击事件，当时躲到安全屋去了。我们之前也有一次非常危险的情况，印度的间谍已经渗透到我们食堂了，来刺探情报，我们也是后来才知道。仔细想想是很后怕的，他已经到食堂了，最贴近我们生活的地方，如果他投点毒，大家可能都牺牲了。所以在那边还是蛮危险的，你完全不能预知危险是什么时候降临，真的不知道明天和意外哪个先来。春节期间，港控集团计划组织我们医疗队和留守的港口建设者们去看一下港口周边的风景，非常难得的机会，我室友说："我不去，你们去吧，我怕，我有一儿一女两个小孩。"其实在那样的环境，再怎么担心害怕都不为过，就是在这样的环境下，我们待了七个半月。本来任务是6个月，然后遇到点情况，一延再延。本来心里防线建设是半年，忽然之间遥遥无期，对心理影响也比较大。当时我们吴钢队长做得非常出色，在出发前也对我们进行各种心理辅导，中国政治学院就对我们上了一节心理辅导课，因为在这样的恶劣情况下还是要有一定心理上建设和准备的。

这些经历磨炼了我对艰苦环境的承受能力，才能比较从容地应对后面武汉的这些事情，虽然危险是不一样的，武汉是知道危险在哪里，进了污染区就是处于危险的状态可以做好防护，而在瓜达尔危险如影随形，完全做不到防护。在瓜达尔做不到带半年的食物过去，这让我对生活品质的要求又更低了，比在尼泊尔那次吃泡面还要低，我在瓜达尔连泡面都吃不上。老巴的泡面，泡出来难以形容。在那里物以稀为贵，中国国内很低端的白酒——老白干，在国内可能就是几块钱一袋，在他们那里卖200多元人民币一袋，甚至还买不到。所以我们现在的生活是多么幸福，现在祖国真是太强大了，第一安全有了，第二物资有保障了，那些国家自然灾害的时候生活物资都不能保障，我们还有什么不满足呢？我觉得每个人的想法不一样，有些时候机遇、经历会改变一些人的想法或者观点，你也不能强求所有人都是这样，但是我觉得我现在的生活我很满意、很满足。其实人容易满足后你才更容易获得快乐。有时候有些人追求的那些过分的生活物质，真的幸福吗？人生究竟想留下一些痕迹，除了生活我们还需要诗和远方。

（三）武汉抗疫经历

1. 情义尽在不言中

第三批报名去武汉的晚上，领导正好群里语音询问谁愿意报名，因为第二天早班睡得比较早而错过了，第二天他们第三批就出发了。我其实还是蛮懊恼的，想想自己干吗这么早睡？也不知道自己有没有机会再去。当时张文宏老师发了一个消息："党员先上。"我也是党员，当时就和领导发了一个消息："领导不好意思，昨天没看到报名消息，错过了，但是我也跟您表个态，如果后面需要的话，您不用征求我意见，直接通知我什么时候出发。"领导说：知道了。第三批出发的时候我印象很深，是2月4日。2月8日的时候，我看了新闻，觉得现在武汉的疫情控制得不好，当时我和我太太在家里吃着小火锅，听着音乐，我就开玩笑地说："看武汉这个形势，我可能随时要出发，你要有心理准备哦。"她当时也没太当回事。我印象很深，当时是7点多，然后9点多的时候我就接到领导通知，那时我开着小电驴载着她准备去买杯奶茶喝喝。当时停下来接到领导电话，他说："明天下午出发，你今天晚上准备行李。"我说："好的，我知道了。"然后她当场说："我奶茶不喝了，我们回家去理东西吧。"大家沉默了一会儿，到家后她说："你早点休息，我帮你理。"她其实强忍着泪水，别过头去她就哭了。然后她和我丈母娘打电话，说我要去武汉了。去武汉那时候太多的不确定因素，感染了又没有特效药，去了有可能会牺牲的，我也做好了牺牲的准备，她其实心里也清楚。

我是2019年5月结婚的，我去巴基斯坦的时候她还不是我太太，我们处于一个恋爱阶段，她的思想觉悟还一直很高，所以对我还是蛮支持的，去了巴基斯坦回来我又去了意大利进修了3个月，所以我整个2017—2018年很长一段时间几乎一年都在国外，尽管分隔两地，我觉得我们的感情基础还是比较牢固的，我也非常庆幸她对我工作的支持，也很感谢她。

我还有几个好朋友，我在群里说："兄弟们，本来约好吃饭，吃不了了，我要出发去武汉了。"当时9点多。那几个朋友明天要上班了，直接跑到我家门口，说："为你送行。"我还有个兄弟，奇葩，门也没进，给了我两支日达仙（胸腺肽），提高免疫力的，放在门口，发了一条消息："兄弟，药我放在门口了。你早点休息，我不打扰你了。明天你几点出发，我来送你。"然后我这个兄弟平时是蛮没责任心的一个人，有时候托他做什么事情，他可能明天就忘了，不会太放在心上。而这件事情他可能真的觉得有可能再也见不到我了，所以他跟我说："兄弟，你从出发这天开始我不刮胡子了，你回来那天我再刮。"可能是有点傻。然后我也没让我老婆送，我怕那时候我忍不住，我不想让她看到我哭。当时其实心里面你说怕不怕，肯定是有点怕的，但是没有办法，这个时候就像国家如果打仗了，就是军人上，现在国家生病了，就是我们医生上，我又是党员，不可能退，治病又是我的天职，我不上谁上。我认为值得的就应该去做，如果大家都只考虑自己的一些利益，那么我们国家没前途的。所以必须迈出这一步，去战胜恐惧。

出发那天我们车上有个小姑娘，她就坐我边上，她爸妈来送她。她看到爸妈还笑嘻嘻地说："没事没事，你们回家吧。"当车子启动的那一刻就可以听到她抽泣的声音。出发的那一刻，谁都不知道能不能全身而退。战疫快结束时候有个护士和我闲聊时说，很多人是写好遗书和家里做好交代出来的。她就和她老公开玩笑："如果我这次牺牲了，我允许你重新找老婆，但是一定要对我们女儿好。"这是后面我们快回来的时候，她才和我们讲了这个事情，虽然是当玩笑说出来的，但是当时大家都是深有体会。回来后我老婆就和我说丈母娘看到武汉相关新闻都会流泪。我妈也很担心我，但是她从来也不说，她只是关照我："你每天要跟我打电话，报个平安，几分钟都行。身体有没有状况，身体好不好？"

2. 从不轻言放弃

我们援鄂四纵队是下午3点的飞机，晚上7点到的武汉。然后到酒店落脚，行李、物资是凌晨2点到的。我们十几个男生凌晨2点下来搬行李和医疗物资，273人的随身行李，近15吨的医疗及生活物资，我们搬到早上6点，8点又到医院培训，晚上8点就进病房，工作到凌晨4点。到武汉前3天我睡眠时间总共不到10小时。

当时进病房，感觉有点手忙脚乱。我们急诊的很多护士非常年轻，他们都是"90后""95后"，对于重症的，包括呼吸机、护理这一块还都是新手，需要一个培训的过程。而且对于这样一个重症ICU，不是我们平时一个普通的病房，你需要穿着很厚的防护服，检查的项目也非常细，可能是平时不太注意的细节，所以刚开始我们是比较担心的，生怕会遗漏。然后在短时间内要收治30个重病人也是非常困难的事情。我们虽然有180名护士，但还是不能达标普通重症病人的医护配比标准，而且很多护士非常年轻，重症护理经验也不丰富。大家都是靠着一股热情往前冲，没有退路可言。当时接到的指令就是应收尽收，应治尽治。所以我们大概就2—3天的时间就将30张床位全部收满，27个是插管的，也就是90%是插管的病人。护理过的都知道，机器的报警，每次要观察的数据都要非常细致，包括仪器的调配。整个医院同时要吸氧的病人太多，我们墙壁上的中央氧供不能完全驱动呼吸机的运转，我们护士是用最原始的小钢瓶推过来的，这个钢瓶有几百斤。防护服穿上去要半小时，脱防护服更慢，因为脱的时候要非常当心，不小心就会被感染。

第一天我做了一个深静脉置管，我戴了3层手套，穿了3层：2层隔离衣1层防护服。整个动作是不顺畅的，和平时的操作手感完全不一样，弯手指都很困难，更不要说去找一个血管。靠脑子里想象血管解剖位置加上运气顺利地完成了第一次操作，可能对

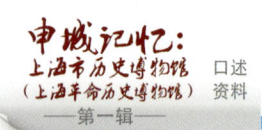

于我们平时来说，并不值得炫耀，但在这样的条件下完成操作实属不易。

接管武汉同济医院光谷院区 ICU 第一周，我们收了很多重病人，但治疗效果不是很理想。30 张床最多一天 8 名患者去世。对我们心灵上的创伤其实很大，那段时期很迷茫。我们拼尽全力，一直在战斗，从来没有停歇过，但是收效很微弱，那种负面的情绪真的会让人垮掉。没有特效药，每个医生护士都在竭尽全力管理重症病人，结果是这么不理想。我们甚至开始怀疑我们的努力是否有意义？当时我们队长也没有放弃，效果不佳我们把抢救关口前移。就是把插管的时机提前了。刚开始重症抢救的时机把握在氧饱和度低于 90% 插管。但是发现到这个时候插管，效果非常差，基本上插一个死一个。所以后来我们策略调整了，改成氧饱和度低于 93%，给病人一个提早量，自己也留有余地。插管是一件非常痛苦的事，很多病人是清醒的，直径 1.5 厘米管子插进喉咙，我们需要很多镇静剂约束，这样病人的体感会好很多，更人道也便于我们操作。但是 2—3 个小时要续药，工作量很大。还有一些隐患，比如用多了血压会低，氧饱和度也会不好，如果用少了可能有病人自主呼吸不能配合呼吸提供呼吸支持造成矛盾呼吸，所以我们要精细地调节每个人的药量，包括一些参数，所以对重病人的管理是一件非常困难的事情。可能一个数据没有调整好，就会危及患者生命。所以我们尽力去把每个数据做到最好。这个是需要倾尽我们许多精力和心力的，包括我们之前还有个重病人，他插着气管插管呼吸机辅助通气，但是氧饱和度上不去，因为痰把气门堵住了，他就出现三凹症。很多时候真的需要经验去判断这样一个状况，如果发现晚了，这个人可能就真的死了，很多时候真的要非常仔细非常认真地处理每一件事情，容不得半点马虎。还有我们做 ECMO，我们仔细评估每一位病人，要符合条件，上了机器之后，对于我们又是考验，因为它更复杂，对于凝血参数要 1 小时观测 1 次，24 小时要监测 24 次，对参数要进行调整。

我们队长（呼吸科李圣青主任）说了这样一句话："我对待我的每一个病人就像热恋中的恋人一样，舍不得分开。"就是你所有的精力都放在你的病人身上，可能半夜里都在讨论，"这个数据怎么样"这样一条消息，我们马上就要回复，"这个人可能……"，"早上什么情况"，"现在什么情况"，我们那个群 24 小时不间断，一直有消息轰炸，一直会有人回复。我们是重症 ICU，对我们医护人员要求更高一些，需要工作 6 个小时，为了保证病人治疗的连贯性，我们工作时间比普通病区的医护人员延长 50%，N95 口罩的极限时间是 4 个小时，所以我们冒了很大的风险，就我这种身体素质还不错的，也出现了不少次缺氧的状态。我主动请缨上夜班，因为有些教授年资都比较高，岁数也比较大了，让他们上夜班身体状况容易出现问题，52 天里面我估计上了 28—30 天夜班，所以我整个人到抗疫后期生物钟过的是美国时间，平时没班的时候我基本上是凌晨 5 点—7 点才睡得着觉，最晚一次早上 9 点才睡着。

吸取第一周失败经验，我们把抢救关口提前，更加仔细地注重细节，队伍也就慢慢带起来了，整个队伍就磨合得非常好。我们的 ICU 在整个武汉各大医院里是死亡率最低

图 5　武汉警察开道为救援队送行

的，受到表扬最多的。我们总共 30 张床位，他们武汉光谷院区大概有 800 张床位，我们占据了他们医院检查、药品、输液量的 90%，也就是说用不到 10% 的床位，工作量达到 90%。数据一看就知道，我们的工作量有多大。如果有病人死亡，要总结交流不足，要对病例进行讨论，进行一个自我学习和进化的过程。后来国务院颁发了红头文件，以我们光谷院区的治疗方案和工作经验作为蓝本供武汉其他 ICU 病区学习，这其实是对我们医疗水平的最高肯定，真的不容易。

3. 我不是英雄，只是做了该做的

我也非常庆幸，医院培养我们年轻人，给了我们很多机会，去尼泊尔、去瓜达尔、包括去武汉，感受不一样的经历，因为这是别人不会轻易获得的经历。我非常珍惜，我希望去把这些事情做到更好。过去的 50 多天，对我来说还好，我 7 个多月都经历过，2 个月算什么，而且这种生活条件跟我在瓜达尔、尼泊尔是完全不能比的，所以我也把我的经验分享给我年轻的队友，他们没出过远门，也可能没有这样的经历，所以经历了这样的高强度之后，心理会有点波动。所以我会给他们一些建议，比如听听音乐，做做运动，除了工作，其他时间在房间里自我隔离，因为我们是不允许有任何差池的，因为我们之中有一个感染，同仁都有被感染的风险，所以我们除了工作之外时自我防护也要到位，洗手包括脱衣，都要防护到位，一些可能感染的细节都要规避掉，做到万无一失，然后回房间就进行自我隔离，关禁闭，把病毒闷死。就是在这样的情况下过了 50 多天，然后回上海后继续隔离 14 天。

回来有种如释重负的感觉。我们走的时候警察开道（图 5），行人注视着，把你当英雄，其实我觉我自己只是做了该做的，没什么太多的值得标榜，我只是觉得我是党员，党员不上谁上！我是医生，人民病了，医生不上谁上！在这个特殊的时候，大家觉得现在生活都好了，愿意做出这种牺牲让步的不多了，其实还是有很多的。

（四）抗疫归来，跟随祖国一起强大

我这次感触最深的就是国家的强大。如果不是国家，不会提供给我们这么好的防护措施，我们4.2万医护人员零感染，什么概念，就是真的要做到万无一失。还有各个行业物资的捐赠，包括企业，爱心人士对于我们的关怀，这就体现了我们国家的人民高度的社会责任感。网上流行着一种说法："国家真不容易啊，制造要跟德国比，环境要跟加拿大比，华为要跟苹果比……国家武器再弱，也是保护你的，国外武器再强也是打你的……"。想想真的是这样，"无国不家"，人要是有这种觉悟，很多时候就不会去想值不值得，而是应不应该。我觉得就是应该的。武汉这次，就像养兵千日，用兵一时，你就是在这个时候体现你价值的时候，所有平时韬光养晦，就是厚积而薄发，就是应该在这个时候体现个人价值。我在意大利进修3个月的时候，我们其实发现，到国外去进修，通常情况是不会让你动手的，你只是一个观察者，你不能去做任何临床有关的操作，一个是不放心，另一个是牵涉医疗法律方面的问题。我在意大利的时候，正好有这样一个机会。因为意大利农业不是很发达，我们国内有人去那边务农，正好来看病，我也在急诊进修，那个人不会英语，也不会意大利语，然后我就帮他做翻译了，我也和我导师说了病人大致情况，这个病人呼吸不是很好，那做个动脉血气检测。意大利人做了几次没做出来，我说："我能试试看吗？"他说："可以啊。"然后我就一针见血，然后人家也觉得中国医生可以啊，疑难杂症我也可以和他沟通，有一次意大利导师给我一张比较复杂的心电图让我读图，我非常自信地回答"这个人心电图是个三度房室传导阻滞"。意大利老师说："SI.（意大利"是的，对的"意思）"至少让他们觉得，你过来进修我们是可以平等交流的。我觉得现在我们国内的医生医疗水平和国际上所差无几。他们呼吸科整个病房一年的住院病人约600人次，我们可能是他们的10倍，所谓熟能生巧，我再不行看的病人是你的10倍，几年下来经验怎么可能不比你多，人家一天看十多个到20个，我们多的时候一天看200多个病人。我们说临床医学就是一个实践医学，就是要积累，要多看多去体会。经历了

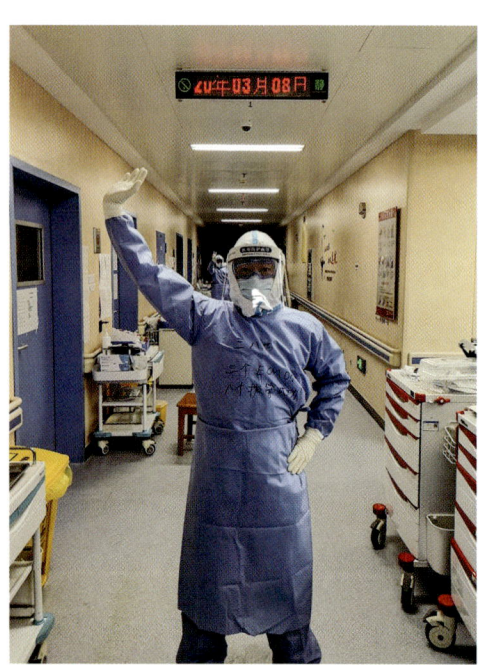

图6　3个ECMO成功脱机，8个气管插管拔管成功，为3月8日女神节献礼，单手托举，意为托起武汉黄鹤楼

华山医院青年突击队抗疫见证

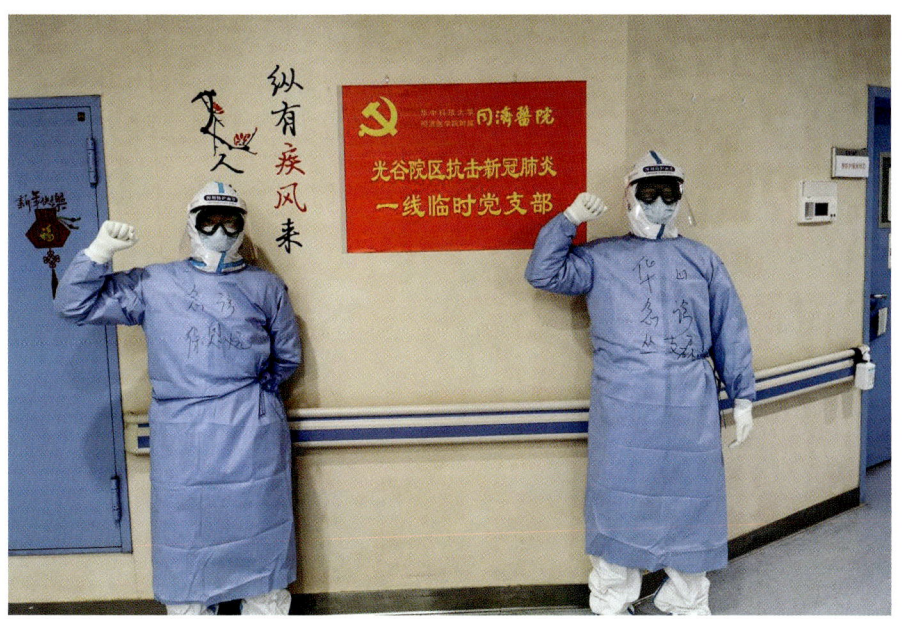

图 7　跟我们科从支磊医生宣誓疫情不散我们不撤

这些以后，我觉得自己急诊专业没有选错，我也经历了很多，包括 44 路的交通事故，昭化路的坍塌，余姚路的火灾，我都是第一时间去抢救的，所以我对突发事件的群体伤亡抢救经验还是很丰富的，我都有幸去参与到。那时 H7N9 的首例，也是在我诊室被发现的，我看了病人之后，发现症状及病史实验室检查，影像学检查都高度提示禽流感可能，就请了感染科的专家来会诊，最后就确诊上海首例的 H7N9，后来去了公卫中心。

有时候很多事情就像是注定一样，碰到了就是碰到了，碰到了有能力处理好，水平就可能提高了。我喜欢这门专业，就会在平时不断地去积累，让它成为以后我需要的技能，我就是想把这件事情做好，也没有特别远大的目标。有句话："把简单事做好，就是不简单；把平凡事做好，就是不平凡。"就是这样很普通，归于平淡吧，经历过很多，会把很多事情看淡一点，就会觉得其实人生是这么美好，有的时候不要走太快，你慢一点享受一下过程，不要太注重结果，有时候结果给你带来的快乐远不如过程给你带来的幸福。可能结果失败了，但是过程中的努力有时候回首看一看，走过的路，每一步脚印，这才是你人生中真正的财富。荣誉是暂时的，但是经历的过程对于人生的影响是深远的。我就觉得我的人生，对得起自己的选择，我对得起这份职业，我对得起我自己党员的身份，很多时候对得起就可以了。人生不如意之事十之八九，我就觉得我的技术就是在失败中练就的，我也和我们科年轻的同事说："每次做操作的成功都差不多的，可以吸取的经验不多，但是每次失败的原因是不同的，这才是你经验总结的最主要的东西，而且很多时候你能承受这种失败的能力才是你最宝贵的东西。有些人面对失败可能直接选择逃避，把责任推脱到其他原因上，只有直面失败，才能赢来成功，因为这些经验是你最重要的东西。"所以我觉得我很富有，除了这些经历、经验、我还有那么多朋友，在关键时候想到我，特殊时期还到家里来为我送行。做个平凡的自己，平凡到极致也能成就非凡！

八、To Comfort Always[①]：医者仁心

倪　丽　**口述**
严敏斐　**整理**

（一）早年生活与求学经历

1. 成长岁月

我出生于安徽安庆，临近长江的一个小城，李鸿章那个年代有个安庆军械所。安庆曾是安徽省省会，后来省会迁往合肥了。安庆下面有一个县，叫怀宁县，就是陈独秀、邓稼先的故乡。我们那个小镇一点都不发达，非常与世隔绝，没有大的工业，以农业为主。我就在这样挺单纯的环境下长大的，小时候和外界接触很少，唯一的目标就是读书。在那个时候，农村的小孩如果要走出去，唯一的一条路就是读书，像我家里兄弟姐妹有3个，我排行老二，上面有个姐姐，下面有个弟弟。在农村里面女孩子读书不被人看好的，一般的话只要读完九年义务制教育，不会再特别地鼓励你去读。我家里老师很多，舅舅、舅妈、叔叔、小姨，还有我姐、我表妹，最后都走上教师的岗位。正因为家里老师多，所以比较开明，我妈虽然一个字不认识，但是她就觉得自己虽然一个字不认识，但是小孩的话，只要她自己愿意读，我就给她供下去。我们小时候读书，相对来说，没有人给你什么要求，在那个年代不读书也很正常，你要读，我父母也很开明，说："我哪怕借钱也会给你读。"所以从小也算是顺风顺水的，因为没有压力，就这么读上去了，所以成绩一直都还挺好的，小学也好，初中也好。后来初中毕业后也就很顺利地直接进入我们县重点——怀宁中学，离我们家大巴1个小时车程，所以读怀宁中学是当时的我走得最远的一个地方了。在初中之前，我没有离开我们那个小镇，几乎都没有出去过，很单纯，就那么个小圈子，而镇上的人几乎大家都认识，你在这攀亲戚都能攀得上的那种，所以很单纯的一个环境。到了高中就到怀宁中学住宿了，1个多小时的车程，自己去，再自己回来，一个月回来一次。那个时候没有人问你远大的理想，也没有人问你要做什么。所以就很简单，在高中的时候，就想要考大学，但是至于考什么大学，没有人给你

---

① "To Cure Sometimes, To Relieve often, To Comfort Always.""有时去治愈；常常去帮助；总是去安慰"长眠在纽约撒拉纳克湖畔的 E.L.Trudeau 医生的墓志铭。

去引导，没有谁可以给你去指引个方向。我们家里虽然最多的是老师，但是我那时候不想做老师，总觉得家里老师太多了，总要有点别的职业角色。到了高三最后一年，我班主任问我将来考哪所大学，说实话，在他问我这个问题之前，我从来没想过我考哪所大学，或者将来去哪座城市，没有想过。所以当她问我这个问题的时候，我愣住了，我随口报了一个大学，那时候我正好在图书馆看书，看到了复旦大学的介绍，我说："我要报复旦。"班主任也没有问为什么，因为复旦那时候很出名，除了清华北大就是上海交大复旦，老师觉得也很正常，也没有问为什么。后来填志愿的时候，我也不知道为什么，就对这个学校扎了根。其实那一年，大学高考的时候我估了分，按照我估的分，我进北大也可以，但我在此之前是去过北京的，因为我姐在北京工作。但是去了之后还是有点感觉自己是偏南方人，一来北京的天气不适应，二来虽然是首都，比较庄严的地方，但感觉在那样的环境下我性子方面不太适应这个城市，所以高考的时候毫无悬念地就选择了复旦这个学校。我是2001年高考，在2000年的时候上医和复旦合并，其实这段历史我当时是不知道的，说实话，我信息很闭塞，但是在招生简章上看到复旦有复旦医学院。其实当时就是一门心思想进复旦大学，至于哪个专业，没有想过，当时热门专业就是电子、信息、生物工程之类，包括我有一个姑姑，她也是读生物的，这就是缘分。

2. *母爱如山*

我们家在乡村里比较有名，就是我们都读书读上去了，门风比较淳朴，一个两个都是走出去的人，有他们为榜样，在农村里面一旦有一个人读书读出去了，整个村里面对这家人捧得地位是很高的，所以每当某个家里面谁谁读书读出了，村里面所有人就会拿这家人家去教育自己的小孩，"你看哪个姐姐或者谁出去了。"那种感觉是很自豪的。我小时候被别人灌输的就是谁谁谁家的孩子，暗暗心中其实也有点较劲儿，有人说女孩子读书没用，所以心里就会不服气，那时候还有一种认识就是男孩子读书会比女孩子好一点，哪怕女孩子在小学里成绩好，外面的人也会说：到了初中女孩子就会掉队了。到了初中，我成绩在我们那片也是很好的，基本上年级前三，高中的竞争压力更大，一般的考不了好大学，有时候还会心理素质上失利。我那时候性子上还是比较文弱，不太讲话，因为家里老二，上有姐姐，我姐姐是整个家族中第一个小孩，是备受宠爱的那个。到了我，第二个女孩，期待没有那么高了，因为农村上对男孩的期望要高一点，而我是个女孩，所以我小的时候不爱说话。我下面是个弟弟，弟弟是个混世魔王，随着之后家族里的小孩越来越多，又会好一点了。所以我对自己的定位是，心思有点敏感，因为所有人的眼光都围绕着那个最大的，接着又是那个最小的，而我是中间的。其实大家族里面母亲是最敏感的，她会觉得你这个小孩好像不被别人所重视的时候，我妈妈对我是非常关心的。她嘴上不说，但是很多事情都是体现在行动上，包括有些细节上，如果家里有事情挨打，上手的要么是我姐要么是我弟，我爸爸妈妈是从来不打我的，最多说我，加上我心里比较内向，如果我妈妈语气高一点，我眼泪水就要流下来了。

虽然老二在外人看来是中间的夹板,但是在家庭里面我觉得我父母对我的关心是超过上面和下面的,因为大姐和弟弟他们两个都有家族里面爷爷奶奶姑姑这些人的关心,所以我妈妈对我内心情感上的付出更多一些,我妈妈又老觉得对我有一点愧疚感,正因如此我读书也好,成绩也好,也没有让她觉得失望。我妈在那个年代,大字不识一个,我爸在我很小的时候就生病,我妈妈一个人扛起全部生活负担,把我们3个人供上大学,是很不容易的一件事情。那时候很苦,我爸因为身体不好,家里所有的农活,所有的重活是不能干的,所以在上大学以前,我妈真的是担子很重。包括我们是一年接一年考上大学,那时候大学的学费还是蛮贵的,一年2万元对一个农村家庭来说已经很贵了,所以就这么熬出来。我姐在北京一个中学里面教物理,我在上海,我弟弟在苏州,那时候最搞笑的就是选专业,我姐选的师范,我因为选了复旦,加上我父亲身体不好,我爷爷后来又生病,冥冥之中看到复旦有上海医学院就填了个医科,到了我弟这个时候,我爸就开玩笑说:"当今有3个不讨价还价的职业:一个是老师、一个是医生、还有一个就是律师。"所以我弟弟最后就去学了法学,我们3个人选了3种职业。农村人很实际,你去做生意也好,你要和人家讨价还价,老师受人尊敬,医者也受人尊敬,律师的话和法律相关,在农村人心里地位是很崇高的。整个过程就是我们家里3个人都出来了。

3. 我的导师

复旦医学院是七年制毕业,我2008年进了华山医院,一直工作至今。当初2005年在七年制选导师的时候,我就选了肾脏科的陈靖教授(现华山科研处的处长),我们实习的时候各个科室都要待,肾脏科可能给我的印象比较深,门风很严谨,肾脏科知识很难,消化、呼吸还能听个半吊子,肾脏科是一点都听不懂,当时林善锬等内科几个大的教授(血液科林老师,感染科翁心华)都给我们上过课,在大学里面,德高望重的老教授站在讲台上面,给我们讲课的那种感觉,心生向往,最后兜兜转转感觉自己和肾脏科更有缘分一点,那时候我的导师刚从国外回来,科研做得很好,是个大美女,时尚又靓丽的外形给我留下了深刻印象,超有气质,诱惑力很大,我也想成为这样的女医生,所以就报了她,双向选择,她也选择了我,而且我是她带的第一个硕士生。当然后来选进门之后,发现被她的外貌所迷惑了,她可"凶"了,非常严厉,要求非常高,从各种培训到科研的各种细节,她都懂,都做过,每个细节都很注重,做PPT的配色、演讲的姿态也都非常的注意。一个老师单纯地教我科研思想,这是一方面,她真的是每个方面都很强,你就普通的一张科研图片交给她之后,经过她的一调整,一个排列组合,数据一调,位置一变之后,整个就不一样了,就成为能发表文章的照片。她思维很清楚而且很快,我跟不上她的节奏。说实话,那几年我被她虐得够呛。以前都是懵懵懂懂,选了就选了,人生也没遇到特别的人跟你说你要做什么,你真的到有这样一个导师带着你的时候,你就会发现,虽然你前面都很优秀,但是你跟她比根本就跟不上节奏,以前真的是学得不够的,单纯背了书是没有用的,还有很多额外的东西,对于我这个从安徽应试教育走出来的学生而言是有欠缺的。在体制之外，书本之外的这些东西，思维的训练，我是远远跟不上我导师的。所以前面跟的时候很痛苦，只能一点点往上爬，去追赶她，当然到现在也没追赶上，她和你聊个天，各种各样跳跃都非常快，她什么都知道，我感觉这辈子追赶她是无望了。

就这样在她的训练之下被"折腾"了2年，之后就很荣幸地留在了肾脏科，也是机遇吧。我现在是主治医生，肾脏科工作强度还是蛮大的，因为病人的病史还是蛮复杂的，涉及各个科室，各种各样的病都会搭上肾脏。高血压、糖尿病、风湿免疫性疾病，如红斑狼疮也好，都会累及肾脏，因为你会发现肾脏科可以收各种各样病人，科室之间需要交叉融合，你收了一个糖尿病病人，可能是内分泌科给你的，一个红斑狼疮的肾脏有损伤的病人，可能是风湿科交给你的，皮肤科、神经科的也会给你，所以就会发现病种是非常复杂，我们科的病人很多，每天的工作量很大，我们还有很多操作，包括血透，包括这次我去武汉，主要是支援那边病人的血液净化。血液净化是一个比较专业的技术，一般的医生也不会操作，肾脏科除了操作还有手术，所以在内科科室相对来说除了要掌握这种常见的内科医生诊疗的这块，剩下的就是手术操作，所以工作强度还是蛮大的。因为华山医院属于教学医院，平时还要带组，还有实习生、轮转医生要进行带教，自己还得搞科研。我们医院很重视医教研，我们科室规定如果你有科研任务的话，每年给你相对固定的时间你可以单独脱产去做，这是基础科研可以这样，但是如果是临床科研，就是一边上班一边搞，数据是同时收集的。所以科里的平台还可以，给我的支撑还可以，这个是在自己，累是累，但是自己想产出多一点，就付出多一点，没有人逼你。

（二）武汉是座英雄的城市

1. 过了一个最寂静的年

在年前，医院里没有大的关于新冠肺炎的通知，我们还是正常按照过年放假，我是腊月二十九放假，回到了安徽老家过年，那时候还没有预料到那么严重，我的票又是提前买好的，所以就回去了。小乡村相对来说还是比较偏僻的，到家后看到武汉封城的消息后，觉得形势还是很严重的，相当于人是不能乱走动的，鼓励大家要居家的时候，小乡村没人管的，因为大家都是熟人，到了大年三十晚上，挨家挨户串门拜年，还是放爆竹，聚餐。初一早上之后就不对了，一晚之隔，上级包括乡镇领导就开始挨家挨户通知大家不要串门，那是一个过得最寂静的年。初一的时候我们科室的领导就问我在哪儿？当时收到短信我第一反应是前面要人了，我说我在老家，如果需要，我马上回来，因为买初一初二的火车票是很好买的，我晚上就可以奔回去，现在高铁也很方便，4个小时就到了。我问："是前面要人吗？"他说："不是，医院里面发热门诊要支援。我们科室2个名额，一个是初二的、一个是初六的。"我说："我在老家，初二要是没人上，我马上奔回来也行；如果有人，我就上初六的也行。"他说："初二已经有人报名了，要么你就

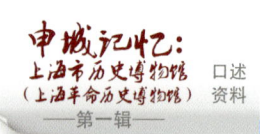

初六的吧。"所以我就马上改签初四的票回上海。

2. 有预感自己会去前线

其实那时候我心里一直在想着，回到上海之后可能形势会不一样，初六果然上班之后，整个气氛还是比较紧张的，我们科一向传统，很多大灾大疫，肾脏科的血液净化都会用到，包括汶川，我们薛骏教授和血透的很多护士都去支援华西那边。我们领导开玩笑说："搞不好后面我们肾脏科要去。"所以在2月4日的时候，国家紧急救援队40多个人上，那个时候我就看到队伍名单里有心内科医生，因为我这个年纪或者比我年纪大一点的，正好是医院里的中坚力量，大家都很熟了，我就想肾脏科也不遥远了，大家都得做好准备。到了2月8日晚上，微信群里面就说了一下，现在要支援武汉，谁报名，其实前期心理上有所预感了，所以我就报名了，然后和我说9日出发。前面虽然不知道哪天走，但是东西零零星星也理在那个箱子里了，因为2月4日国家紧急救援队走的时候很突然的，非常短的集结时间，我想如果后面的人要走的话，估计也是这个节奏，所以我想不管去不去，我想东西买了总归没错，顶多自己家里用，把生活用品比如衣服、保暖的，备了一点在那，反正我想冬天暖宝宝我自己也可以用，所以准备了个箱子放那儿，等到8日晚上和家里人一说我报名的时候，他们愣住了，其实他们不知道我预备已久。我婆婆和我一起住，她就是那种你无论做任何决定，她不插手、不干扰，其实我要说服的对象就是我老公加我懵懂无知的小孩，我父母因为不在一块住，所以可以瞒的，我老公一向知道我是比较有主见的人，所以我说什么，他大多数不会阻拦，也不大会问为什么，他就说："那你说服你女儿。"因为小孩很黏我的，他说："你说服她了，她放你走，我就放你走。"我女儿6岁，我以为正处于很好骗的年龄，所以我就骗她我打怪兽去了。谁知她其实天天看电视，知道事情的始末，她说："这个病毒很厉害，妈妈，你去了之后要被感染了怎么办？"她就抱着我号啕大哭，"我不希望你去，你要是被感染了怎么办？"我说："不会的，你看那些人都穿得很严实的，防护都会做好的，妈妈一定每天穿成这样。"那她说："那好吧，你就去吧。但是我只允许你这一次。以后如果有类似的事情我不会答应你的。"我家小孩就是她一旦答应你事情，她后面配合度就会很高，就开始帮我理东西，很乖巧了，一点不给我拖后腿，所以9日早上，拎着行李箱，我就自己走了。

3. 感怀同事情

科室里面知道我要去，真的是第二天早上给我们送来吃的，怕武汉那边超市关门，没有吃的、没有喝的，小到袜子毛巾，吃的喝的，暖宝宝，然后是口罩。那个时候口罩医院里也是比较缺的，医院把防护最好的全部给了我们医疗队，医院自己给员工发的口罩其实防护级别都没有达到外科级别。我们有些同事可能有点路子，别人给他捐了一些口罩，他全拿出来了，拼命往我们箱子塞，塞不下了，他就说："你宁愿带着，哪怕用不上也好，万一你缺了怎么办？你们去的是最危险的地方。"然后科室里仅存的几包N95口罩，3M的都是人家捐的，有些人家家里买的，存了点，他们有几只就拿几只，口罩各种各样的，真的是同事的这种感情，你平时工作时不觉得，你可能平时还和他拌拌嘴，吵吵架，在那一刻，知道你要走了，真的是恨不得把家底都给你，包括病房里面留的那几只稍微好点的口罩，本来是备着医生要去急诊支援的，稍微防护好一点，安全性高一点，全都拿出来了，所以那种感觉真是，没敢哭出来，只能说是强忍泪花。本来一个箱子后来又塞了一个箱子，吃的喝的，巧克力什么的，都想到了。平常没觉得交情那么深，那个时候发现平常的看似平淡的情谊在那一刻真是跟家人一样，就和亲人一样。

4. 集结号吹响

那时候集结的时候，说实话，没有特别的心境，因为之前都是在新闻里看到了武汉前线的消息，总觉得这些消息是真是假其实并不清楚。9日去华山医院的时候也没想那么多，结果在动员大会上，领导发表了送行讲话，大致意思是："我们要保障你们一个都不能少的回来。"说实话，我们那时并没有想到生或者死，就觉得我是个医生，我到前线去打仗，没有想到那么深，可能也在脑子里避免往那方面想，避免产生恐惧感。但那个时候，领导在台上那么慷慨陈词，那么热泪盈眶地演讲时，那个"少"字突然触动了我，瞬间有种慷慨赴死的感觉。那时候意识到前方的形势应该是很严峻的，但是已经决定去了，就不会有回头路。前面送行的时候包括在虹桥机场，还是非常热闹的，200多号人在一起，非常喧闹，就这样上了飞机。上飞机就是一个节点，前面的那番喧闹到了飞机上寂静无声，心情就一下子不一样了，突然想到了前途未知，悲壮的心境呼啸而来。空姐一边和我们说："你们去支援武汉，是最美的逆行者。我还要接你们回来……"空姐已经讲得泣不成声，所以在那种氛围之下，飞机上的每个人都安静得可怕。我们裹着临行前医院发的羽绒服，躺在那里不说话，飞机上发的小点心也没有人吃，就这样一路到了武汉。

5. 我们应该要来

到了武汉，那种悲壮感就更强了。一下飞机，整个机场一个人都没有，非常空旷，所以那种对比跟上海比是非常强烈的。（图1）武汉虽然没有来过，但是在电视里面是见识过它的繁华，见识过它的喧闹，一个机场能安静成那样，真的没有声音，我们医疗队也没有人喧闹。感觉如果发出声音跟这个世界是不相符的，只要跟着人流往前走就好了。然后我们就跟着队伍上了大巴，那种感觉讲不出来，就觉得一个城市怎么能变成这样。然后就觉得武汉这次的牺牲真的很大，一个那么繁华的都市，

图1　到达时（2月9日）的武汉天河机场

图2　到达日（2月9日）看到的武汉城市大楼的闪耀的"武汉加油"

说封就封，然后所有人都宅在家里，不光是为了自己，也是为了全国，这种悲壮感很强烈。那一天其实是元宵节，坐在大巴上，晚上8点多，外面是漆黑一片，看到天上的圆月，本来应该是个团圆的日子，因为这个事情，整个春节也好，整个元宵节也好，还有前不久的死亡也好，那种心情就是很难过很难过。尤其是大巴开过的时候，经过武汉市中心医院，外墙是黑的，看到武汉市中心医院，在医生心中就像一个地标一样，就想到李文亮，其实在走之前，网上有报过武汉各家医院医护人员感染情况，那个时候已经近1 000人了，冲击力最大的其实就是李文亮的死，一个年轻的医生，他因为这个病毒被夺去性命的，也说明这个病毒是非常凶险的，看到那家医院的时候，其实心里还是蛮痛的，武汉人民承受得太多，这个时候就觉得我们应该要来，也无怨无悔了，确实是这个城市所遭受的痛苦是需要有人来拯救的，这种个人英雄主义就在此刻爆发了。那个时候不再害怕了，就觉得自己来对了，大家都看到外墙上打上的中国红："武汉加油，中国加油"。（图2）那片住宅区外墙上全是这个字，经过的时候红色的字在不停滚动的时候，真的觉得心中的那团火就起来了。我们中国人，经历过那么多，战争都过来了，虽然我们这一代没亲身经历，但是战争片没少看，这种不屈不挠的精神在这种情况下尤为凸显，就觉得人只要精神在，只要有热情，没有什么东西是不可战胜的。

6. 排兵布阵有深意

在那天晚上的召集名单里，我认为我们院领导是做过全盘布局的，无论带的东西也好，带的人也好。我当时看到名单，第一反应是留意和我一起走的有哪些人，一看都是熟悉的，心就定了一半。首先大家年资差不多，熟悉的人就会相互照顾；其次工作的配合默契上会好很多；第三在工作之余熟人相互心理安抚作用更强一点。然后再一看后面的来援科室，30个医生来自医院不同的科室，呼吸重症是人数占比最大的，剩下的比如风湿科也去了，血液科、心内科也去了，还有手外科的沈云东教授，他其实作为后勤去的。最初就有种勇于上前线的感觉，觉得我们医院真的把家底都掏空了，我当时就想后方怎么办啊，后方也要守啊，还要支援发热门诊，还要支援公共卫生中心，那万一医院里有什么事怎么办啊，内心觉得后方的同事压力也大。但是到亲临战场的时候，就会发现这些看似随意的派遣，其实带谁不带谁是经过筹谋的，其中就包括我们肾脏科。我们肾脏科出人最多，我们一个科室带了2个医生，6个护士，因为血透主要靠护士操作机器，还有一个护士作为普通护士加入的，所以我们肾脏科出了9个人，一个科室要这么多护士的话，那是筹谋过的，好多事情都是医院布局的。比如可能会碰到哪些问题，包括新冠病毒好发的人群，怎么会发展到危重症，因为很多人有基础疾病，如一些免疫性疾病、心脏病、糖尿病，还有炎症的心肌损伤和肾脏损伤，所以需要肾脏科、心内科医生，糖尿病需要内分泌科的医生，还有很多人是血液病的，还有风湿免疫性狼疮的病人，都会发展成重症，所以这些医生数目不要多，但是要有一个专家，所以各个科室相关的，都带上了，到了前线之后，我们这支队伍自己可以做一个多学科的合作、会诊。你的角色不光是医疗队里的医生，跟别的医生没有差别的角色，工作除了参加病区的值班之外，还有一个独特的专业身份。这个人有糖尿病的时候，我就得叫内分泌科医生来帮他管控血糖，当他有风湿性毛病的时候，我们就叫风湿科医生出来，需要他介入。所以我们医生在工作之余，24小时还可能被医院里面随时呼叫，这个人需要某位医生来看一下。包括血液科，我们那时候很多病人贫血。当我们发现一个小姑娘可能有血液系统的疾病的时候，就需要我们血液科医生。看似没有呼吸科重要的一个角色，到了前线之后大家凑在一块，就成了一个非常庞大的多学科的科学团队。不光靠呼吸和重症科冲锋在前把病人的病情先稳下来，然后其他的一些合并症就需要我们其他科室医生来。病人不单得新冠，新冠会攻击肾脏，包括心脏会产生炎症风暴，当他出现有肾脏损伤或者其他的炎症风暴造成多个脏器损伤的时候，就需要我来介入，我来评估这个人需不需要透析，如果透析的话，他的方案是什么样子的，需要透多少时长，护士是需要操作机器，这个机器的各个参数，是我们肾脏科医生来定，你不定好参数，护士不知道开多大的血流量，以及这个人到底要多少时间，什么样的模式对他是最好的。这就是为什么我们这个团队组成是这样的。包括我们带了血管外科的医生。因为我们华山医院ECMO需要建立血管通路的，这就需要血管外科的医生。

  所有这些看似无意其实有意布局，最终目的是为了打赢这场仗。每个人在前面一个人相当于打两份工，你除了是ICU的医生，你还得充当另外一种角色，当需要你的时候就要站出来。这就是为什么刚开始去的时候形势不明朗，后来大翻盘把局势稳下来，像我们陈澍教授说的那样，"是斯大林格勒保卫战。"其中很重要的原因是跟我们人员组成有关系。这17支医疗队都是整建制接管病区，如果只有呼吸和重症的医生，遇到糖尿病病人，你靠谁来调血糖，所以医疗队里面有这样的角色就很有用。我们后期取得胜利和这布局还是很有关系的。2月8日晚上短短的90分钟不到的时间里能集结成这样一支队

伍，你会发现决策层的能力还是让人叹为观止的。

7. 脱比穿更小心

武汉同济光谷院区是新建的，那个大楼很漂亮，第一层那个大厅非常的宽敞，我们想这个病区应该很高档，第一反应是病区的配备应该很好的，因为是ICU，我们想的是我们步入的是新建的ICU，怎么样也应该比我们医院里老式ICU要强上一点，结果10日上午，9点多我们去参观病区，我震惊了，几块隔板走廊做了隔断，就是我们进出的一个通道，然后我们就穿过这个通道一扇扇门，这个还能理解，因为是临时隔断，穿过去一看，这个病区里什么也没有，只有床、一个床头柜、一个架子，仪器也没有，床头上空空的，我们就傻眼了，这根本就不是一个ICU，在上海普通病房的配备也比这个多一点，于是就问："这样怎么开张，怎么收病人。"其实我们当时不知道，国家在发通知的时候已要求每个医疗队带哪些东西，有个清单，当时医院里也配备了一些东西，如监护仪，输液器，呼吸机等，所以我们备了1周至2周的物资。然后就把箱子运到病区，我们沈云东教授是后勤大保障，他和几个管后勤的人，还有我们张静护士长带的好多护士，看到那个东西就往里面搬，在那个时候没有人规定你是什么角色，但总有一个主心骨告诉你该怎么做。就这样不停地拆包，往病房里面填，在填的时候接到通知说当天晚上10点要收病人。当时我们都震惊了，环境都没熟悉，这病人怎么来在脑子里还没过一遍这预演的场面，穿脱防护服怎么进怎么出还没练习，我在上海也只在发热门诊穿过一遍，到这里是真实的战场，在上海发热门诊碰到的阳性的概率很低的，到了这里就100%是阳性的病人了。所以那个时候我们很慌。接着一拨人开始整理物资，病房迅速填满，需要的器械全部就位，然后另外一拨人就带着我们去培训。陈澍教授带着我们走那个通道，那个通道在我去培训的时候墙上已经贴好纸了，告诉你这个地方是干什么用的，脱防护服哪几步在这个地方完成，陈教授就这样带着我们预演，演练万一哪几步有问题，真实情况是怎么样的，之后有些地方还要微调，但是大的格局改不了，因为只有这个房间，不可能再多一个房间，我们只能从细节上调整你怎么走能避免污染到别人。

那个房间是一条走廊，在第二个走廊隔了几道门有一间男厕，我们脱衣服不能在走廊脱，走廊太窄了，要脱的话要就拐到里面厕所，厕所里面的蹲坑给盖住了。最里面的那个房间当初大概是库房，门一出来，凹进去一个很大的房间，比我们现在这个采访室小一点，如果这样的一个空间4个人乱糟糟地脱，只有一个门出去，理论上脱完了应该进另一道相对干净的门，但是当时那个房间只有一道门。所以当时也在问怎么怎么样进出才能让我们的感染率最低，因为环境摆在那里改不了，病人也必须马上得到救治，只能从自己防护的层面，保证我们的队伍人员不能感染，有一个感染全军覆没，战斗力没有的。你是来打仗的，自己感染了，对后方也没法交代。最里面的房间是最污染的，是脱最外层防护的那个房间，也是最重要的一步，所以就这么一个大房间怎么改。于是就这样一道门，门中间拉了一条线，一半进一半出，坚决不两边穿，进来的话4个人的位置安排好，中间拉了个回字形的线。如果一个人脱没关系，就这样绕着墙，一层脱掉，往里面走一点，再脱掉一层，脱掉第三层，护目镜，绕着墙根出去。我们医生上班，两三个人一起，护士上班时候十几个人，换班的时候也是11或者12个人，12个人也不能一起进来脱啊，所以每次进来的时候就得敲敲门，里面的人喊一嗓子，外面的人就不要进，等到敲敲门没有声音了，然后再打开门进，看不见里面的情形，只能靠自己在墙后面等，所以当时就把这个房间改造成这样，这样的话大家都不会挤在中间，都是贴着墙根去脱衣服，然后墙上放着镜子，依次间隔一段距离，排着4个垃圾桶，第一个垃圾桶脱鞋套，第二个垃圾桶边上脱防护服，后面一个脱护目镜，脱帽子。因为考虑到进来的地方被污染过，所以我们进来的地方放了两台紫外线消毒灯，长照的，院感护士就坐在这里看着你们脱，院感护士在这波护士脱完之后，他要把我们脱下来的防护服清理掉，打包，送到污染区之后，要把这个紫外灯打开，所以他也很重要，不然十几个护士脱下来的防护用品瞬间把垃圾桶堆满，甚至会全部堆到地上，脱下来的东西都是有气溶胶的，如果不用垃圾桶盖住的话，整个环境都是被污染的。因为是单通道，外面进来和脱好出去的会撞车，对已脱掉防护服的医护会有危险性，如果出去的时候两头两个人同时开门，气流就会对冲，如果只开一个门，不会有对流效应，污染区的东西也不会被吹到里面一间，最怕的是你这边脱好开门出去，那头的穿着防护服的开门进来，两个门同开，污染区的风就往外吹了，所以就不允许这样的情况，这就是为什么我们每次出门要敲门，最麻烦的是你在第四个房间，第三个房间也有人，如果同时开，四室的空气跑到三室，三室的空气就会跑到二室，就吹到清洁区去了，我们去清洁区工作的时候只有这样一个口罩，口罩密闭性就没有这么强，你在外面一待，思想麻痹的话还喝口水，那就很危险。（图3）我们还采取人盯人的方式，每个班头的护士会配个院感护士，一是盯着你有没有操作不当，比如你脱的时

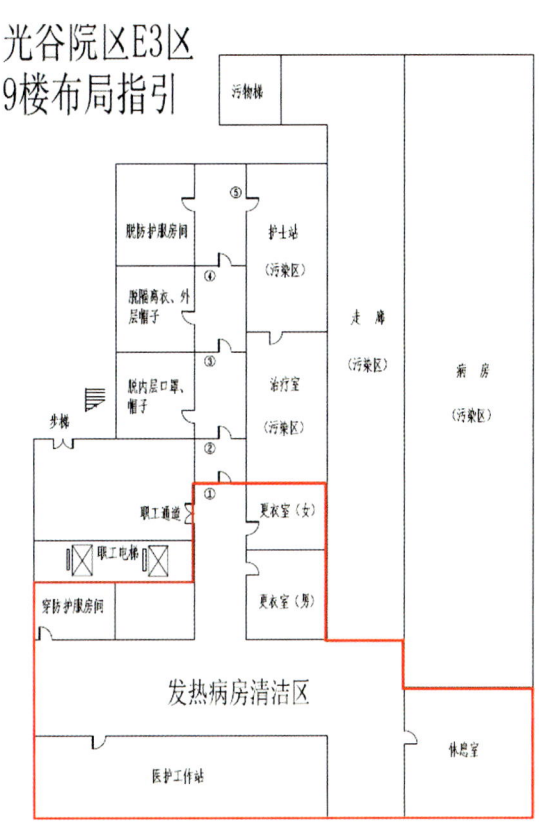

图3　工作人员行走路线图

候是不能污染你干净的手套的，衣服怎么卷怎么包，万一被污染了，每一步都要消毒，包括脱防护服我们要脱半个小时，刚开始有点怕，生怕做不好把什么带出去了，所以脱得很慢，当然到后期我们很熟练了，加上恐惧之心没有了，手脚就没有那么别扭，所以后期脱防护服很快的，你从4个房间走完，10分钟就能做好了，加上流程上各种改进之后，就越来越顺了，刚开始真的动作都很僵硬。我穿的时候，边上有人在辅助你，有时候，别人在穿，我在边上能看着，哪里没包好，哪里没弄好，包括外面还有一个库管护士，负责发防护服的，她会帮大家盯盯牢，哪里没粘好，比如有些人脑袋特别大的，这边一绷，两边露空隙，她会想办法帮大家粘一下，所以进去没有问题。主要是出来的，你抖啊，自己肯定知道这一身100%是有病毒的，因为最后一个房间是要脱帽子、脱口罩，有那么一瞬间是完全裸着的，要是没搞好就吸进去了，所以刚开始真的是很别扭的，完全不知道自己对不对。

我们第一天去的时候时间很紧凑，走通道是没有防护服的预演，自己在脑子里想，觉得也好像没啥问题，到了酒店，拆了一件防护服让我们练，200多号人，那件防护服都被练烂了，排队排半天都排不上，大家都等着，就怕闯祸出事儿，你在那脱的时候边上一堆人等着你，然后就开始给你挑刺，这个不对，那里不对，越多人看，就越紧张，动作都僵硬了，怎么都觉得自己好像做不好，其实真的到了上班的时候，不管前面练得怎样，后面真实的战场来了之后，就在怀疑自己到底做得对不对，护士们还有院感护士给他们看着，我们医生因为和他们班头不一样，他们4小时制，我们6小时制，错开的，所以那个点出来的时候没有人检查了，真的不知道自己做得对不对。过了一个礼拜，确定自己没有被感染了，那大概是做对了，包括护士们后来心理上也都完全不一样了。我觉得是过完一个礼拜，心态是完全不一样了，一个是你对这个疾病也没有那么恐惧了。

8. 有时去治愈，常常去帮助

刚开始来的时候，恐惧感蛮强的，因为接的病人都太重了，全是要上呼吸机的。我们ICU接病人，最多的一天来6个，像其他医疗队，他们50张床位，最多的时候一天来30多个。我们这边病人实在是太重了，2个、3个、4个、5个、6个就这样进满，刚开始进ICU你会发现都要上呼吸机，呼吸机不够啊，只有2个，就跟他们同济医务处商量，这边病人都要上，不够，所以不够就去募集，其他医疗队也带，但是他们的病人相对比较轻，需要上呼吸机的比例不高，那就先把其他医疗队的呼吸机借过来，万一他们要用再挪，就是这种策略，后来我们也不知道他们哪里弄来的，最多的时候我们弄了三四十台机器备在那里，我们那时候最夸张的时候30个病人用了27台呼吸机，还要备用呼吸机坏掉的，还有替换机，所以病区里面场面一度很壮观，就觉得好富有啊，但是机器型号各种各样，大小不一，接头也不一样，那个时候为了德标接头跟墙上的氧气钢瓶接头拧不上，还搞了转接头。

我们于2月十几日的时候还叫华山医院增派了几个ICU医生，因为发现病人太重了，都是要上呼吸机插管的，人手不够，于是后方又增援了4个人全是ICU的，带了一个呼吸治疗师，专门给病人调呼吸机参数的，他叫苏仕衡，是这个队伍里面年龄最小的。因为每一个班头进去的医生不是都是ICU的医生，像我进去，我只会调呼吸机上一些简单的参数，这些病人真的不是你调几个简单参数就能把他们调好的，所以就需要一个专职的人，如果是ICU的医生，大多数玩呼吸机的，会调。所以后方就给我们配了一个专职的呼吸治疗师，他每天早上巡查一遍病人的呼吸机，人机配合不好的，或者用了呼吸机氧和还没有改善的，他就调参数，然后检查呼吸机管路，检查备用的湿化器要不要倒水，要不要更换滤膜，如果滤膜全被湿掉了之后，也会影响他的通气能力。其实这些也都是高风险的操作，

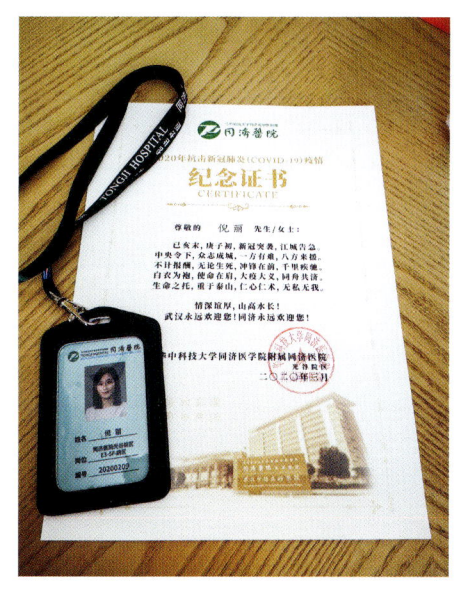

图4　在武汉同济医院工作证及抗疫纪念证书

包括倒湿化瓶，病人的病毒气体全都在里面，你要接口拧开的话，病毒四散而出。万一病人的管路被湿化堵塞，熟练的人操作起来就比我们熟练，他玩呼吸机和玩手机一样，他的手脚在关键时候比我们快多了，他随手拿一个配件就知道放在哪里，更换起来就很快，所以到17日之后加了4个精兵强将，整个队伍的战斗力就更强了，各种细节就开始完善，从前期的只是收病人把他稳住，到后期就开始更精细地去管理。那个时候开始分组，糖尿病就是内分泌医生的事，肾脏科我就负责血液净化一块。每天评估病人，因为病人可能要早点上血透，不要拖到很晚，时机错过了，一开始说关口前移是指插管，不要拖到缺氧很厉害再插管，提前干预，到了后期，病人稳定下来了活下的时候，活得越长，相应的问题出来的可能越多，因为要一关关闯过去，所以肾脏科、呼吸科，有些病人久了之后应急性消化道溃疡、出血，消化科，每个人制定管他那一片，每天去评估这些病人，出现了什么问题，是我的，主动来，这个人血糖要怎么调，如果他不在医院，我们就在群里说：这个人血糖怎么样，用药怎么调，马上这个医生就开始在群里回复用什么药。我们肾脏科有两个医生，我们两个保证每天有一个出现在里面，这样的话每天30个病人从头扫一遍，这个人今天需要透析吗，透析的话怎么做，马上通知后面的护士，到了后期的话，我们血透的护士抽调过去管ECMO，ECMO病人多了，因为ECMO毕竟是台机器，你培训一个普通的护士，跟培训一个玩机器玩得很溜的护士，接受能力不一样，所以我们的血透护士就被塑成ECMO的专职守护，然后血透这一块，光靠我们两个医生不行啊，10个病人的血透我们2个人管不了10台机器，后来同济医院成立了一个护肾小队来支援我们，让他们血透室的20多个护士过来，不光是我们，其他医疗队

也有病人要透析，我们当然是最庞大的，病人最多的，他们可能只有1—2个，后来我们就和同济成立了一个武汉同济的护肾小组，我们来评估病人要不要做，做什么，他们给我们派护士过来，当然碰到一些疑难的再一起探讨，后期就是华山和武汉合作的这种模式，从我们华山一个医疗队，扩展到更大的医疗队，后期17支医疗队在一块，每天要去讨论一些疑难病例，所以从一开始局限于一个医疗队你自己去想办法，到后来同济整个光谷园区抱成团，大家去制订一些疑难的、在治疗上吃不准的治疗方案，一起来讨论。再到后来国家派来了专职的医疗组，对我们进行指导，特别是危重的一些病人。所以越到后面，我们对病人也好，国家对我们也好，要求就越来越高。刚开始就把病人接进来，把他命保住，后面小到很小的护理细节都精细起来，精细到每个人方案都不一样，开始个体化治疗。每个人病不一样，合并症不一样，到后来我们医生就开始包干到户了，因为1个人盯30个人记不住，而且又不是24小时在那个班上，所以后来30个医生，30个病人，医生的医疗组划分，护士的护理医疗组划分。2个医生管2个病人，也不是说谁是谁的病人，两个人一起管，病人的各种细节，如果别人在他们的班头上搞不清楚，或者发生什么事情，其他医生只要在群里一说，很快就能反映出来这个病人可能出了什么问题，需要做什么调整，所以到后面，不管你在不在医院，这两个病人就是你的宝贝，只要别人在群里发了化验单或者呼吸机参数，你就会迅速反应：哦，我的病人怎么了。我的病人站起来了，或者出院了，就会很开心。大家都有种暗暗较劲的感觉，看谁把病人管得最好；护士也是一样，谁把病人管得最干净，没有褥疮，身上擦得最干净没有异味。大家都想把自己的病人健康地送出去。

从开始的混乱到后面的逐步提高，在这个过程中其实我们自己也学到了很多。我本身不是一个重症的医生，可能以前并不接触到这些插管，ECMO等非常高级的设备，血透我玩得溜但是这些我不懂的，但是在那个环境上你接触了，也逼着你去学了，现场你看到了，也能学到很多，也能很快就成长，所以武汉这一趟带给我的东西还是蛮多的。

9. 总是去安慰

武汉光谷收了70多个病人，我能背出他们的名字，你和我说谁谁的名字，我能知道他曾经在哪张床睡过，我能想到他当时可能发生的大概的故事，生还是死，太多了，真的刚开始我们是一边哭一边工作的，因为前期很多病人走了。我印象最深的是我第一个夜班，3个病人死亡，我去通知家属的时候，3个病人我只通知到了一位，其他两位是打了电话没有人接听的，你只能去猜测他家里到底发生了什么，他身边没有家属知道，就我们医疗队收进来了、抢救了、走了，就这么孤零零地走了，他曾经是谁的重要的人。就算通知了家人，家人也是没法见的，最后能拿到的只是一捧骨灰。当我们开始接触到新冠死亡的病人，知道他们是这样被送走的时候，其实心里也是很难过的。以前我们在华山医院，死亡的病人，家属在临终前的告别，总是能见上一面的，可是因为这场疫情，这个特殊的传染病，这些病人走的时候真的是很凄凉的，只有我们医务人员能陪伴他，他们最后走的时候包括尸体的消毒，是非常严格的。之前我也听到很多走掉的病人的故事，家里人也感染所以联系不上。所以第3个电话打通的时候是患者的儿子，他接到电话以后，其实那一头沉寂半天，我其实在说这件事情的时候是很沉重的，我说："你的母亲走了。"他就半天没有吭声，他第一句话就是："谢谢你们，你们辛苦了。"第二句话就问："我妈妈走的时候是不是很平静？"我说："很平静，没什么。"他问："她有没有留下什么话？"我当时也没办法骗他说留了什么话，所以我说："她上了呼吸机，没法说话。但是真的很平静、很安详的。"然后他就说："我现在能做点什么？我能不能来医院见见？"我说："你见不着。"他说："那在医院门口呢？"我说："也没办法。按照这个流程，你将来只能到武昌的殡仪馆去接回她。"其实你知道他很悲痛的，但还是隐忍着，他的情绪就是压抑在心头，想喊出来又没喊出来的那种情感。我接通着这个电话不知道怎么去安慰他，就静了几秒钟之后，他就说："我知道了，我知道了……"我觉得我没有办法再继续聊下去，就挂掉了。这个对我来说触动蛮大的，他的母亲其实还蛮年轻的，只有50多岁，我能够接受家属的咆哮，接受家属的号啕大哭，我没想到他的第一句是感谢，在那种失去亲人的情况下，他仍然是感谢我们的，真的是没有预料到。包括我的很多同事也接通过这种电话。到后来还有一些人走的时候，我们打的电话是没有家属接的，就他一个人，还有一些家里一个两个也是被感染的，因为我们一开始接到的病人都是前面的存量，之前没有收进医院的，在外面拖的时间也要相对久一点，每个人的故事都非常的凄惨。每次最最痛苦的就是通知家属这个消息的时候，其实我们每次都在推，里面污染区的医生让我们外面清洁区的医生去通知，平时要做插管等治疗，大家都抢着去做，唯独在这件事上大家都不想做，因为心情都非常沉重。尤其是你看到病人最后走的时候装在黄色的尸袋里面，我们在外面工作的时候是有个大的屏幕，对着一个个房间，十几间房间就这样列在那儿，那个尸袋放在床上等着来运的时候，黄色在屏幕上非常的亮眼，你就盯着屏幕上久久没有运走的人，就是那种不知如何描述的感觉，孤零零地。有时候太平间来运需要过好久，并不是一打电话就能过来，可能也比较忙，所以他就要在那个床上停好几个小时，你去看病人的时候，一扫眼屏幕，他还静静地在那儿，那种心理的冲击是很大的。

我觉得我自己还算一个坚强的人，当我面对任何一件事情，我总在想我能做什么，如果我什么也做不了或者我做的对事情的结局没有任何改变，我就不要去想。所以当我通知家属的时候，我就在想我们能干些什么，他一个人这样走了，临终前没有家属在身边，如何让他更有尊严地走，不光是我，包括我们医疗队其他人也一样，都受到触动，都在想我们能做什么，我们让他走得更体面一点。所以我们前期再怎么忙，病人走了之后，把他身上、口腔擦得干干净净，把他整理得整整齐齐，这是我们对他最起码的尊重，他没有家人，那我们就送他最后一程，保管好他的遗物。因为刚开始的局面真的猝不及防，这边接收病人，那边病人就走了，来不及有很多时间反应，到了后来稳定下来

图 5　返回上海的登机机票（1）　　　　图 6　返回上海的登机机票（2）

了，时间也相对多一点的时候，有些病人虽然上了呼吸机，我们不要到病人走了再来通知家属。比如今天病人有什么变化，或者他今天好转了，我们就开始打电话，或者加家属微信了，如果想见他一面，就给家属发一段视频。我们后面就做了很多，我们总在思考，若一味地沉浸在那个悲伤之中没有用处。武汉人民确实承受了很多，一味地去同情他们没有用，而是我们在行动上能帮助他们什么。所以到后期我们病区都有手机的，进来的病人，我们先把他紧急的状况处理好之后，就去通知家属："谁谁谁在我们这里了。"因为在这之间家属并不知道病人到哪里了，一个病区转到一个病区，一家医院转到一家医院，有时候打电话到原来的医院去问，原来的医院医生也很忙碌，可能也不知道他最后转去了哪里，最后就相当于失联了。尤其是一些老人，他不会手机充电，或者他已经插了管子，用了呼吸机，家里人其实很焦急，不知道人去了哪儿，去向何方，是生是死。所以我们一般接到这个病人后，有信息，就去打电话，如果他没有电话，他起码有个身份证，就和他们保安处说，说了后让警察去查，查到联系人告诉他，他的亲人在我们上海医疗队这儿，病人情况怎么样也会和家人说一下，哪怕不好，也不要到走到最后一步再去通知他，起码给他一个心理预期，或者说他有什么想转达的话，有什么特殊的要求，我们能做的总归去帮他做。后面的话有些病人在插管中，包括有些病人不配合治疗，我们提前和家里加好微信用视频，然后让家属去劝他，特别是一些上了年纪的，特别固执，他觉得自己是个拖累，或者觉得活到这分上不想受这个苦，不想活下去了，就会给你犟。我们说武汉人民像英雄一样，真的是非常坚毅，但是有时候犟起来，那是没法搞的。所以就靠家属的这个心理辅导，再怎么样我们语言上总是不如家里人让老人们觉得亲切，所以那时候就靠家属的一个安慰。包括有些病人不肯插管，家属发来视频聊天后就同意插管了，挺过去之后醒来的第一瞬间，能让家属看到他好了，所以后来我们做得就越来越多，心灵上如前期那般的负罪感也越来越轻，觉得我们尽力了，尽力了……所以后来很多病人好了,哪怕有些病人走了,家属都会发上一段文字:谢谢你们。这些家属不好意思打电话怕打扰到我们,因为我们有 4 部手机在病区,都在那里响,重病人都要往这里转,都是通过手机联系。家属看到没人接电话,都会发上一段文字,大致意思是:"我不好意思打电话,怕打扰到你们,你们空了的时候,能不能告诉我一下,我爸爸现在是什么情况?"其实很贴心,他非常想了解,又怕打扰你。非常谦卑地和医疗队沟通。所以这种故事真的太多了。

10. 问我何时归

到后来我们的病人越来越少,床也开始空了的时候,就开始盼着回上海,这些病人也蛮稳定的,也觉得没有必要这么多人守在这儿了,闲聊的时候也是希望早日回去,上海那边压力也很大,可以早点回去给同事分担一下压力。天天在那想,天天在那盼。因为局势稳定下来了,你就没有了前期那种焦急,感觉现在交给武汉很放心了,他们能应付得了,病例数也不多了,我们就在统计几家医院关了,最后是说留下 10 家医院。我当时就在想哪家医院留,后来光谷是在留下名单的,我想的是可能是让同济自己的医生接手,不可能让 17 支医疗队都在那里,大家都有后方要守。等我们真的要撤离的那一刻,当真要把病人往外面转,当真知道归期的时候,却没有了兴奋,反而是浓浓的不舍。别的医疗队病人相对比较轻的先转了,我们留下来的病人都是戴着呼吸机,还有 ECMO 的,所以转院的事宜我们是放在最后的,还配了预案。一边在想转运过程中的每个细节,一边想到自己要回去的那种感觉,就感觉是自己护了多天的宝贝现在要交给别人了,对

图 7 华山医院派出的血液净化团队,从左至右依次为:黄嘉琳(护士)、严书玲(护士)、袁立(护士)、鲁琳(医生)、倪丽(医生)、宋敏(护士)、邵莲菁(护士)、王琳(护士)

方搞不搞得定,我们要不要再留下来,总觉得自己不放心,握在自己手上,天天守着他才是最放心的。尤其是我们带着ECMO、呼吸机的病人,最后要转到他们中法院区的吉林医疗队手中。为了这样的病人,我们把吉林队的叫过来,面对面的交代,把病史从头到尾跟人家回顾,人家也确实派了一个医疗队过来,我们准备了一个非常庞大的转运队伍,因为这个人身上管路很多,当时就怕路上出风险。大家做的预案就是一辆车是护送病人,车上有一部分是吉林队的人,有武汉光谷自己的人,武汉光谷有一支护心小队,是可以护送ECMO病人的,接手的人再加上我们华山医院自己的人,先把哪几位人员订好,后面一辆救护车是后备的,万一在途中要抢救,带着其他一些抢救设备,还带了一辆车坐着其他人员,因为自己的病人很想跟过去看一看,想去看看那个环境,所以总共3辆车子。把车子人员订好后,前一天推着空的救护床、空车子,去踩点,其实这不是第一个运送的病人,之前运送的病人都走过同样的路,但是因为这个病人真的容不得半点闪失,万一途中ECMO脱管了怎么办?万一呼吸机掉管了怎么办?万一心跳停了怎么办?就是转运路上,哪怕小到一个坡一个坎,就一定要去走。所以29日我们李队长(李圣青,华山医院第四批援鄂医疗队队长)带着一队人,还有我们张静护士长,按照转运病人的流程,计算救护车从光谷开过去,路上要多少时间,氧气钢瓶够不够用,因为他除了呼吸机需要氧气,还比别人多一个ECMO也需要氧气,就不知道这个氧气撑不撑得住,需要备几个钢瓶。所以亲自走,就推着运送病人的空车,开着救护车,走到那边的时候就发现他们楼梯还有坡道,车子肯定要上坡道,之前为了防滑,在这块斜坡上面贴了很多防滑条,增加摩擦,但是转运这个病人的时候这样的坡又不行了,因为这个病人这样的抖动是不能接受的,然后连夜他们施工铺水泥、吹干,改造了这个坡道,保证第二天一直是一条斜坡上去。

30日上午,我正好是最后一个班,我负责把平时用的物资,包括病人的病例,全部整理好,做收尾工作,同时这个病人走之前我们还需要做一些协助工作,例如他路上可能用到麻醉箱、药品,都要落实好,负责转运的同事就穿好防护服进病房了,我们在监视器上就一直守着,看着他,里面的医生把那些管子一条条理好,我们就想着过床的时候千万不要出什么意外,所以大家都盯着屏幕,过床过好了就往外推,我就站在走廊尽头,有个窗户可以看到走廊,看着他渐渐地消失在我的视线中。其实那天早上还有关舱仪式,原本一部分人很兴奋,但是看着走廊尽头,门一开一关那瞬间,喧闹的病房一点声音都没有了,只剩那几个护士在做最后的整理,那些床、仪器全部归类,进行统一的消杀,然后整整齐齐地排列好,没有任何杂物,我们的心里一下子觉得空了,很空。我们那时候值班手机,都起了名字,如清洁区医生手机,清洁区护士手机,污染区医生手机等,大家就在工作群里面说:"再见了,某某手机。"手机就相当于另外一种角色,一种参与工作战斗的角色。最后心里都感觉是空了,大家迫切需要东西去填满,赶快去忘却,不然始终沉浸其中,我都觉得我就要留在武汉了,不想回去了。所以一群人去拍照,让自己通过另一种方式忘却，不要陷在里面。

回想最后一天，不来的人就像看直播一样，心里不舍，我比较巧，站了最后一班岗，整个病区从开到关我等于全程参与了，有些人最后一天不需要上班，他们也不能来添乱，所以他们在后方的时候其实也一直在盯着工作群，那种心情其实一样的。

（三）珍惜现在的每一天

那个时候有个记者采访我："医生，如果这个疫情结束了，你最想做的事情是什么？"我说："我最想做的就是回去工作，回到上海工作，这种工作就是我以前的那种工作。"她问："为什么？"我说："我没有一刻不向往我以前那种工作，我以前工作老埋怨太忙了，太累了，可是现在我觉得那是最幸福的，大家都能安居乐业，是多么幸福的时光，而那种忙碌、那种能够自由呼吸，是多么的可贵。其实我在武汉那种工作状态是非正常的，那是大家都在经历的痛苦，而我们日常所拥有的，才是最宝贵，最幸福的而自己曾经却没有感觉到。"所以我说我就想回去，回归到以前的工作当中，不要再经历这种疫情，不要让我作为一个前线医生来，不是因为我害怕上前线，是因为我不想再有人来承受这一切了。

回来之后，我现在又回到原来的工作岗位，工作性质差不多，工作内容差不多，但是我不一样了，我没有了以前的那种抱怨，我也没有以前的那种拖延，包括我对病人的感觉，现在我会换位思考，也会更多的时候去劝解病人，包括你对自己，对生命，对生活的看法。因为一场疫情，经历了那么多生死，发现世事确实无常，而这种无常真的不知道，我们就把握好以前，活好当下，对病人也一样，我们尽心尽力去救，不管将来如何，在这一刻，我是尽了百分之百的全力。对我自己的家庭也好，家人的要求也好，不会像以前那样碎碎念，我们只要这一刻全家还能聚在一起就已满足。

我在前线入的党。以前我对党、对国家是一种很平静的心态，就觉得自己是个中国人，这就是我的国家，我不用刻意去宣扬爱党、爱国，更不用挂在嘴上。但是因为这场疫情，我那么迫切地想加入中国共产党的原因就是，我真的觉得在我们抗疫的时候，国家为了救人民，为了这些人的生命是不惜任何代价的。在这场疫情里，我们进入了战时状态，作为一个战时状态的医生，我是一个纯粹的医者，我有任何的权力去给这个病人下治疗，不需要征求谁的意见，只要觉得这是

图8　来自家乡的味道（上海市锦江集团组织多家饭店为上海援鄂医疗队准备的特色菜肴，这只是其中一些）

一条命要救。我觉得这是一个很大的权限，当然也是一个非常大的责任，因为这个人的生死完全就在医生的一念之间，尽多大力去救他，是努力地把他往回掰，还是就此消极对待。但是国家的这个命令真的是把每个生命，每个人民都当成一个人来看，不在乎你们医生给他花了多少钱，我们上了ECMO的病人，最多花了100多万元，国家全包，这个时候看到国外多少岁以上的放弃治疗的，自己拔了呼吸机的，就觉得不可思议。这个时候我真的觉得这个国家我为她感到自豪，这个国家是因为党的领导才这么强大，"此生不悔入华夏"，我在这一刻体会到了民族的自豪感。我有些朋友在国外，当我和他聊起国外的疫情的时候，他也只能讳莫如深，也不敢多说，因为确实和国内是有差距的，然后因为他在国外，因为这场疫情的差距，他和我讲他的压力不是来自外面，比如我问他有没有当地人对华人的歧视或者攻击，他说他周围还没有体现，他说："我现在最大的压力来自我的父母，我的父母因为这场疫情觉得我们的国家特别的好，觉得我们的国家才把人民当人，我父母骂我是叛国者，说我背叛了自己的国家，叫我回来。"他说他父母就是一个乡下的农民，平时就知道种地，可是因为这场疫情，他把我这个儿子作为一个对立面了，原因就是老外不救人，放弃老人了。他就觉得现在好难做，其他都不怕，但是面对父母却不知道如何去解释。所以听到这句话我又好笑又好气。所以这种爱国情怀，不是我一个人体验到了，是全国上下，到最底层的人民，国家这个政策不是因为你的身份，你的地位而给予的，只要你是个中国人，就能被国家所庇护，所守护。

九、冲锋于危险之中，守住生命最后一道防线

——"90后"援鄂"插管冲锋队"

魏礼群　口述
吴晨烨　整理

（一）懵懂少年成长记

1. 梦童年

我是1991年的，江苏徐州人，家里有爸爸、妈妈、姐姐，还有老婆和儿子。

我小的时候，大概是3岁左右，玩竹蜻蜓，那天风特别大，竹蜻蜓被吹到墙的另一边去了，我就一直想去捡回来，我妈说那边是一条河，应该被冲走了。后来长大了，我有时候做梦还会做到去把它捡回来了，就想捡回来。

我高中毕业之后其实并没有什么特别想学的专业，只是父母说医生工作比较稳定，老了也不会被辞退掉，就让我学了医。我能考上大学也是比较不容易的，初二留了一级，高三留了一级。因为那时我不太喜欢学习，比较喜欢发呆。高三那年，我在一个封闭式的复读学校复读了一年，对别的事情不感兴趣了，就开始认真学习了，后考上了徐州医

科大学本科麻醉专业。学了之后才知道，学医真的挺苦的。

2. 武汉结

2015年6月—2016年6月我是在武汉协和医院实习的。武汉那座城市当时我感觉发展得挺好的，人口也很多。我在协和医院麻醉科待了半年，在呼吸、心内、重症ICU待了半年，一共一年。那边工作比较紧张，尤其我是第一次从事临床工作，可以说临床事业是在那边启蒙的。实习的时候有很多带教老师，我感觉武汉人脾气都不小。尤其是我不是当地人，在那边其实受了不少气。比如有一次我工作到凌晨1点多，第二天还让我去上班，上班也就算了，还排了很多工作。当时我不是正式员工，也不是规培的，只是个实习的大学生，就只能听从安排干活。不过有一点比较开心，我和我老婆谈恋爱是在武汉相识的，她是老师，是我邻居。当时她在南昌上大学，武汉跟南昌离得很近，高铁2小时不到就到了，经常是我过去找她。我家里都没有人在武汉，正好她在那边，就经常见面，在那边谈恋爱。

实习的时候我去了不少地方玩，黄鹤楼、武大、长江渡口都去了，但秦川阁没去，景点都挺漂亮的。武汉晚上人也挺多的，好多人玩无人机、散步，还有好多酒吧。武汉人给我印象声音挺大的，很小的事情要讲来讲去的。还有他们边走路边吃饭，我从来没有走路的时候吃过饭。热干面吃得太多了，而且那边的口味其实我是不适应的，是那种加了好多胡椒、花椒的麻辣口感，和四川的辣不一样，吃了之后会烧胃，我不是太习惯。而且那边还经常下雨，气温又特别高，潮湿，衣服有时候都晒不干，尤其在冬天，湿度太大，我们就买了一个烘干机。我在那儿待了1年。

3. 上海缘

我是2016年7月到的上海，在复旦大学附属华山医院进行规范化培训3年，培训结束之后就留在了华山医院，今年是我正式工作的第1年。在华山医院我又考了在职研究生，导师是周守静（麻醉科主任）老师。我在华山医院呼吸、心内、神外、ICU，还有手术外科都轮转过，但主要是在麻醉科，因为我本身学的就是麻醉。手术主要的操作是外科医生负责的，麻醉是配合，给病人做好镇静、镇痛，防止他动。麻醉是比较关键的，因为我们要保证病人术中生命体征的平稳，让他能够正常地苏醒过来。我本来是想在上海规培完就回老家的，但机缘巧合又考上了研究生，我就想先留下来，把毕业证拿到手，到时候回老家还是做麻醉医师，别的我已经不会了，其他的工作技能也已经基本上丧失了。但是我估计回不去了。

（二）白衣青年援鄂记

1. 踏上征程

当时武汉的情况，知道有一些严重，但是没想到会严重到那个地步，所以1月22日我们就正常地放假回家过年了。本来是只放7天，因为疫情的原因，医院其实也一直没有开张，我就在家待了11天。之后大家陆陆续续返回上海开始值班，因为我也有值班，就在2月3日左右回了上海。我父母、妻儿都留在了老家，因为我们家是个小县城，还是比较安全，上海这边人口比较多，我也不太放心让他们回来，我就独自先回来了。这时群里面就有报名了，其实年前就已经有报名了，但我认为那只是做一个预备。回了上海之后发现武汉的情况并不是很乐观，应该是比较严重了，我们主任又在群里说有坚决的想法的话可以单独找他私聊，我就直接发微信、短信和电话沟通了。2月8日晚上，主任打电话过来问我愿不愿意去，我说愿意去。当时是晚上接到电话确定要去，感觉也没必要跟家里人说了，如果打电话大家都睡不着了，就在第二天临上飞机前说了一下，告诉他们我要去武汉那边支援一下。8日晚上比较晚了，超市基本上没开，我没有买到什么东西，也没有什么特别想带的、必须要带的，所以我并没有带很多物资过去，就领了一个医院发的箱子，打包了一点衣物。不过还好武汉提供的物资都很充足，后续陆陆续续的捐赠很多。父母和妻子不在我身边，我的物资大部分是两个兄弟还有科室的同事帮我准备的。这两个兄弟都是我大学同学，现在都在上海，一个是我华山医院的同事朱文昊（麻醉科住院医生），我本来是不太喜欢他的，因为他喜欢谁不喜欢谁都会直接说出来，直接得我不适应，可是我们一起到这边工作之后，我就越来越喜欢他了，感觉跟这样的人相处很轻松。另一个是长征医院的黄兴帅（麻醉科住院医生）。他以前是我隔壁宿舍的，他宿舍的另外一个同学是我们班班长，一直说他坏话，我们也相信了，我和其他人一样对他有些偏见，但到这边真正相处之后发现情况不是这个样子。这两个兄弟送我的时候，就在路边哭，我也跟着哭，前途未卜，谁也不知道武汉到底情况如何。我还劝他们："你们不要哭了，不要这么想，我真的要回来的，我还要活着回来吃饭呢。"这次复旦大学附属华山医院麻醉科一共去了5个人，李丽、罗猛强（主治医生）、曹书梅、魏礼群（住院医生）、洪姝麻醉护士。

图1　插管三剑客，从左到右依次是：
　　　魏礼群、洪姝、衣选龙

2. 十五的月亮十六圆

这是我第一次坐飞机，在飞机上还比较兴奋，但到了那边心情就不太好了。还没有下飞机就感觉到空旷，飞机还没着陆的时候就能看出来路上一个人都没有。虽说机场是处在比较偏远的地方，但是从未见过这种空无一人的场景，我想即使再偏远，飞机场也总该有点人吧。下飞机之后，看到所有的商店都关闭着，门都是封死的。我们按规定的道路往前走，直接走到接我们的大巴那里。我们一共有200多人，大约有五六辆大巴来接。当时天已经黑了，刚好是元宵节，有月亮，也不是太圆，第二天更圆一些。我们坐大巴上了高架，一路上也都没有看到行人，只看到几幢居民楼有点零零星星的灯光。车上有人讲话，外面本来都没有声音了，再不讲点话气氛就更吓人了，所以同科室3个跟我一起过去的同事就在瞎聊天。每到一个关卡都有警察做安检，我们做了2—3次安检，测体温，再看下我们的情况，最后把我们带到了希尔顿酒店。这是一个度假酒店，酒店很大，也很漂亮，旁边就是严西湖。我们是单人单间，进了房间之后，要先自己划分好隔离区和缓冲区，比如说我们刚从外面回来，那个地方就算是半污染的地方。我们换好拖鞋，穿好自己认为干净的衣服到房间，再上床休息。

3. 初到战场

第一天晚上睡了一觉，第二天就开始准备上班。当时武汉应该已经积聚了不少病人了，因为我有老师在那边，我跟他聊过天，跟当地的麻醉医生后续也有接触，我问他们过得怎么样，他们说很辛苦。麻醉医生被抽调出来去做发热门诊，做预检。他们科（武汉同济医院光谷院区麻醉科）人挺多的，最后留了6个人备急诊插管，其他人就全部上前线。全国各地的医护基本上都是2月8日出发，2月9日到，2月10日就开始整建制接管。我们华山医院接管的是同济医院光谷院区ICU。第一天上班是比较混乱的，一开始物资并不齐全，只能有什么用什么。比如我们那个ICU是一个康复科刚刚改造好的，里面就一张床，一个床头柜，别的什么都没有。墙壁的氧气压力不够，顶多是吸个氧可以用，真正打呼吸机压力都打不起来，我们只能扛氧气钢瓶上来，用氧气钢瓶来充氧。这个时候也没办法管它是不是一个合格的ICU病房了，只能赶紧在现有的条件下尽量做事。个人的防护物资前期也略有紧张，但我们的防护都是到位的。国家的物资都在慢慢地运往这边，前期的不充分都在慢慢改进。接管ICU的都是华山的医护人员，但来自不同的科室，不同的分工，相互之间的理念和观念不一样，对于疾病的认知，以及把哪个作为主要治疗方向是有分歧的，大家就这样相互磨合，慢慢统一意见，进行治疗。第一天我做的是晚上8点到凌晨2点的班头，医生都是这样6小时一班，我一共收了5个病人。进来的病人都是重症，进ICU的病人大部分都只剩一口气了。这些病人并不是意识不清楚，只是呼吸困难，他们是知道自己病重的，我们也知道。

4. 全力以赴

我们整个院区有17支医疗队，再加上同济医院光谷院区的医生，抽调出来20个麻醉医生，还有 1 个麻醉护士，组成了一个插管小队插全院的管。一个病人由一个主治医生、两个麻醉医生和一个护士负责。两个麻醉医生是主导，和我搭档的是青大一附院的衣选龙医生（麻醉科主治医生），他年资很高。因为我年纪比较轻，动作确实要快一些，所以由我做主要插管。如果我认为这个病人有困难，衣医生马上会过来接手，不过还好，基本上没遇到困难。护士给我递器具，我说要什么东西她马上递过来。其实一开始我们去的时候并不提倡插管，因为插管的感染风险太高，尤其是对我们这样的麻醉医生，风险太高了。我们医生是住一块的，如果一个医生感染了，可能一个队伍就完了。所以医生不能再生病了，医生再生病就没法治疗了。后来我们发现这种病不插管不行，病人自己的肺已经坏掉了，靠他自己呼吸肯定不行。一开始是面罩吸氧，高流量的吸氧，然后用无创呼吸机，再然后是插管用有创呼吸机。后来我们就跳过无创呼吸机，一旦高流量的面罩吸氧不行马上插管，不要拖，所以我们光谷院区 ICU 的存活率是最高的。

有人认为插管这个操作对病人也有风险，要不再等等看，也许病人正在好转，其实多数情况是不可能好转的。但是插管的过程中病人可能就死亡了，确实需要权衡。我们队伍一致认为如果这个病人没有必要插管，就是插了管也会死掉的，那还是要插。如果这个病人一定要插管，那肯定要插，凡是模棱两可的都要插管。其他的队伍可能认为插管是作为抢救用的，病人实在不行了再插管，我们不这么认为，我们认为插管是作为治疗用的，提前插好，给他辅助呼吸，让肺休息，慢慢好转，再进行后续对症治疗。正因为我们采用了关口前移，所以我们插的管最多，最后存活率也比较高，这个是我们当时做得很好的一个地方。

5. 经验总结

起初是有些怕的，工作的时候倒不害怕，因为工作的时候很急，根本来不及想，很多病人来的时候情况不好，马上就要开始紧急处理，只是后续回到酒店的时候会回想一下，自己的一些防护是不是没有做到位。当时大家可能感觉武汉当地空气里都是病毒，这个有点夸张，这么点量在大气里，风吹一下就散掉了。我们担忧的就是近距离这一点，有时候能感觉到病人一口痰都快吐到我脸上了，就离得这么近。不过我们所有的防护都有，而且我的防护级别更高一点，因为我要做气管插管。普通的防护是先套一个 N95，套一个外科口罩，套护目镜，把防护服套在头上，再套一个面屏，我还要在面屏前面再套一个头罩。我第一次还穿了尿不湿进去，太闷热了，而且因为我没用过尿不湿，根本尿不出来。自那以后我就禁食禁饮，不吃不喝直接进去了。从穿上防护服开始就呼吸困难，要用嘴巴大口喘气，我的同事就有因此闷到呕吐晕倒的。而且套了头罩是会影响视线的，插管又必须要快，因为这些病人给不了我多少机会，30 秒不到可能这些病人就不行了。因此当时也试了很多种方法对这些镜片做防雾处理，有一种蓝色的消毒液，慢慢涂在镜片上，慢慢抹匀，发现它的效果比较好，是护理部发现的。这些措施以他们的发现为主，我们没有什么太好的发明，只是常规处理和气管插管。对这种疾病的救治也都没有经验，即使之前的经验也有可能是错的，所以只能做到对症处理。后来在救治过程中我们总结了经验，形成了我们光谷院区重症 ICU 自己的经验。

6. 医学限制带来无力感

ICU 收治的每个病人都是很紧急的，要么就是有心跳骤停、呼吸衰竭、肾衰之类的突发状况，要么就是大出血，比如下消化道大出血，便血几百毫升都有。人的能力在那边是很有限的，包括医疗条件的限制以及我们现在医学发展的限制，对这个疾病的认知并不是很清楚。即使到今天也还是在摸索状态，并没有完全说清楚这个病毒到底是怎么回事，哪种药物更有效。最近的一篇文章大范围的统计发现，并没有什么特效药，还是以病人自身的免疫力为主，我们只能用呼吸机维护，让病人撑过这段时间，他的肺功能慢慢恢复了，就能扛过来。

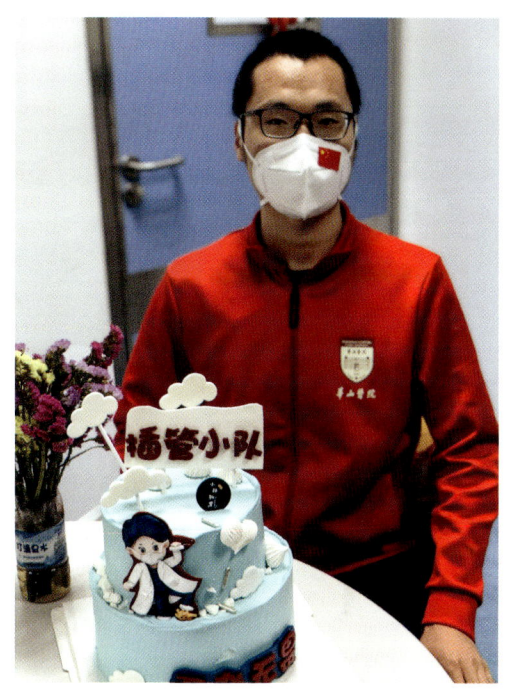

图 2 "插管小队"蛋糕：我们即将离开武汉回上海，所有的队员吃蛋糕

有一天晚上是我值凌晨班，凌晨 2 点到早上 8 点，本来就收治了很多病人。这些病人其实进来之后就已经不行了，我前一天晚上就送走了 4 个。有一个病人，本来是想早上给他做气管插管，因为晚上做没有人辅助会很危险。早上大约 8 点多正准备给他做插管的时候，他的心脏就不行了，来不及插管了。这些人因为长期呼吸功能衰竭，缺氧导致的心肌损伤也很严重，当时准备给他插管的时候心跳就没了。这类病人做胸外按压也是没有用的，他跟我们平时认知的心跳骤停是两回事，这是因为缺氧导致的。本来就是肺部的疾病，即使插了管通纯氧进去，但他最主要的呼吸器官已经坏掉了，氧是通不进去的，或者说氧通进去以后血液吸收不了，也是没有用的。ECMO 可能有戏，也不是说 ECMO 是保证能活的，但能延长他的存活时间，后续如果自己能够挺过去也许就能活下来。我们之前做了 5 个 ECMO 活了 4 个，就是延长他的生命时间，再加上后续透析等等综合治疗就活了下来。

还有一个老先生，他也姓魏。ICU 的病人求生欲望不是很强，他们知道自己很大的概率是活不下来的，他就不想治疗，我们只能鼓励他接受治疗，打电话给他女儿，他女儿再安慰他，再给他下了胃管，结果他还是去世了。我们安慰了一些人，但最后还是看着很多人去世，真的很艰难。这就是医学的局限，有些病就是治不好的，就是没有特效药。

工作之后回到酒店，我会跟家里人打视频电话，看看家里怎么样了，问问老家现在情况怎么样，看看我儿子。小孩子的变化比较快。我走的时候他是8个月大，现在已经会走路了，白白胖胖的，长得比较像我。只有在这个时候我觉得自己才有点生机。我跟家人说有4万多名医生都来了武汉，大家都是有防护的，不用太担心，只要按规矩做就行了。其他很多时候就是发呆，压力很大，容易焦虑。有一次我出去散步，在酒店旁边的严西湖遇到一个钓鱼的老先生，我就坐在旁边一起钓鱼，也没怎么聊，就安安静静坐着钓鱼，发发呆。还有一次下班回来，湖面上有两只水鸭子在吵架，我发呆一直看，看着看着就天黑了。我在那边睡不着，一直吃思诺思，回来之后就戒掉了。也经过了心理咨询师的辅导，在武汉的时候可以打电话咨询，回上海之后也给我们做心理咨询和治疗。我自己也是心理咨询师，大学的时候就考过，对心理方面也比较了解。但很难自己疏导，有些情绪也没必要自己疏导，求助专业人士更有效，回来之后半个月到一个月慢慢走出来了。

7. 我要为武汉志愿者发声

我们在武汉基本上处在半隔离的状态，武汉当地人接触得很少。我有一次散步的时候遇到一个志愿者，武汉当地人是出不来的，他因为是志愿者才能出来。他就跟我们合影了一张，说很感谢我们。

关于武汉的志愿者，有几次新闻报道说他们做得不好，我感觉对他们有点不公平。这

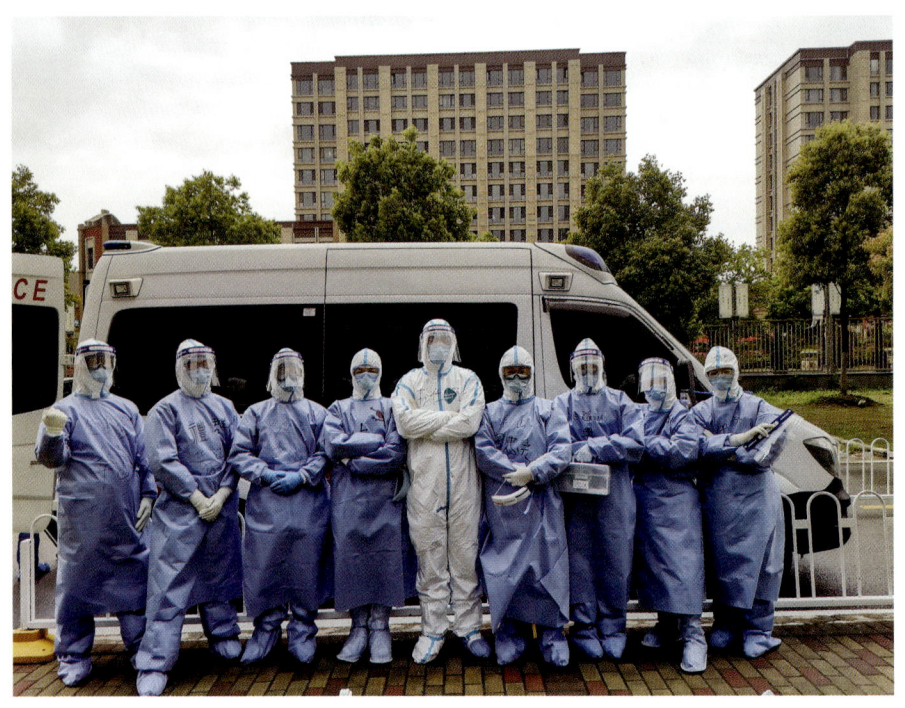

图3　转运患者：3月28日。里面有曹书梅、魏礼群、罗猛强、罗忠光、苏仕衡等

么大范围的食物发放，根本不可能做到想要什么就有什么，只能说有什么发什么。一个小区志愿者可能要负责一两千人，发放物资，发菜、肉，发一些生活必需品。为了避免人员聚集，志愿者人数有限，工作量都很大。即使发放的物资不合适，提供得没那么多，但吃肯定是够吃的，说他们做得不好很不公平，因为他们在那边已经很艰难了，很辛苦。

有时候我下晚班，志愿者司机开车带我回去，我知道他们已经上了一天班了。毕竟人家也是志愿者，并不是拿钱的。包括公交车司机，有一位50多岁的司机，其实已经退休了，但他觉得这个城市就像他自己的家，到了这个地步他就要出来尽一份力。他是司机师傅的队长，开车也很稳很快。我钓鱼的时候他也在旁边，我们一起钓鱼。他不会写入党申请书，就找我们替他写了火线入党的申请书，挺感动的。他们开车的时间段很密集，每半小时就要一班一班来回倒，大半夜有时候一个电话他们就赶过去了，真的是随叫随到，很辛苦的。因为他们说先要保证我们的休息，希望我们能够多治一些病人。

当时还有海南的"00后"小朋友捐了很多芒果给我们，我想他们应该是已经有了一个家国的概念了，挺好的。

8. 返沪之路

光谷院区其实只是提前两三天才跟我们说要关掉了，要把病人送到中法院区去了，上海医疗队伍就可以回上海了。之前有说我们可能要留到最后，因为ICU肯定要留到最后的，方舱之前两星期就已经关掉了，就是留哪一家的ICU没有确定，最后留下来的一个是当地医院的，还有一个北京的接管ICU的团队。3月30日我们就坐飞机回来了。临走的时候有警车开道，另外就是有很多人站在窗口，跟我们说"谢谢"。我们还是坐大巴到了机场。在飞机上给了我们一张特制的纪念机票，大家都有，每个人都一样。回上海这边有个简短的领导接机仪式，说了几句话，我们就赶紧去隔离了。我在铂尔曼酒店隔离了14天，总结了一下那边的数据，思考了一下救治的一些方案，回溯一下，看还有什么好的经验可以推广出去。

9. 继续好好生活

回上海之后我就是正常工作。我觉得我去武汉也是工作，服从命令和安排，我只是比较擅长做气管插管，所以我做了这个工作。回来也是，我只是比较擅长做麻醉，所以我做了麻醉医师的工作。这次抗疫给我的其他感觉，还是要好好生活吧，生活还是比较有意思，还是要活下来，死掉的话就什么都没有，都感受不到了。我回上海之后，有次出去吃饭有人找我合影，我都不认识他，因为我拿着援鄂证明，吃饭还可以打5.19折。

（三）以医者之名开求是之门

1. 强力干预很重要

我感觉疫情的控制需要政府的强力干预，就像我们国家把它定为乙类传染病，但是按甲类处理，就是强制治疗，强制隔离，防止再传播开来。一旦传播开来很可怕。虽然及传播。当时好像只是北京封城了一段时间，SARS 的潜伏期特别短，甚至可能没有潜伏期，感染了之后没有特效药，这些病人去世了之后，这个病毒链就断掉了。新冠病毒是致死率不高，但它的传染性强，所以需要国家强力地控制。并且它的潜伏期有点长，症状跟普通的感冒也不好区分，这也是它传播广的一个原因。病人的病史我大范围地研究看了一下，症状就是感冒发烧，明确一点的就是呼吸困难，其他的发烧、头痛、恶心、呕吐、肌肉酸痛可能跟重感冒都一样，所以一开始没重视可能也是这个原因。后来用胸片，再加上核酸检测，病史接触史，才能做一个明确的诊断。单单核酸检测出来也不一定是金标准，要结合肺部 CT，结合病史接触史，结合发病规律，才可以确定。上海的领导过去之后，有一次一下子多到一天新增 1 万多人，就是因为不以核酸作为金标准了，就算核酸是阴性，但是肺部 CT 还有症状是阳性的，那也是病例，所以一下就猛增了好多，当时我们看了也吓一跳，后续想想把高度疑似的都算进去也是对的。确诊病例数字当地政府瞒也没有用的，国家都说了有多少报多少，而且绝大部分医护都是去支援的，支援完都要回当地的，我们隐瞒武汉的病例没有意义。只要是去世的人，我们马上报上去，怎么去世的，整个病史，全部清清楚楚，可以现查的，所有病史都是封存的，国家可以查到，没有隐瞒这个说法。前期有人认为报少的原因是因为我们并没有诊断患者是新冠，核酸检测也没有到位，所以比较冤枉。美国一开始说没有病例也是有原因的，因为没做检测。印度现在也是这样，不做检测，就是没有。

我感觉现在印度是最吓人的，但如果这个病毒传到非洲的话那就更是灭顶之灾了。我们国内的医疗资源这次是达到了或者说濒临我们承载的极限了，最后还是控制住了，非洲那边就没有医疗资源，所以到那里就更危险，最后控制到什么程度就取决于他们这些国家。我们也不能一直停掉国际往来，本来全球就已经打通了，大家相互之间肯定是有交流的，现在也不知道经济形势会变成什么样子。我有个同学就处于半失业的状态，他是在建筑工地上，本来在年前已经找好工作了，想跳槽，现在公司都没了，没法跳了，处在半失业状态。我看现在在开两会，商讨扶贫的事情，经济一定要开始起来了，我们老家那边还好，厂子都已经开始运作了，上海这边还控制得严格一些，不过总会好起来的。

附 1：武汉日记[①]

2020-02-21　20:00　工作感想
驰援武汉光谷一月

今早刚结束隔离区 6 小时的工作，准备坐班车回酒店休息。打开手机记事本，不知不觉间来武汉同济医院光谷院区支援已经整整一月了。在这一月里疫情得到了很好的控

[①] 编者注：以下两篇是魏医生在武汉时写的日记，没有纸笔，他就记在了手机里。

制，外省新增病例基本归零，湖北武汉的感染人数也在逐渐下降，复旦大学附属华山医院整编制接管的 ICU 里治愈转出已有 8 人，并且人数还在持续增加。抬头望天，东方既白啊。

回首这一月的时光，心中感慨万千。

元宵夜接到通知，2 月 9 日便奔赴武汉到达时已是皓月当空，2 月 10 日开始接收危重症病人，2 月 12 日进行了首例气管插管，2 月 13 日的第一例 CRRT 顺利开展，2 月 18 日的第一台 ECMO 机器运转起来，2 月 19 日迎来了第一位治疗后病情好转转出 ICU 的患者，也就是在这一天我们坚守住了阵地，开始反攻。2 月 27 日第一例 V-V ECMO 患者成功脱机，同时也拔除气管导管结束有创通气。之后患者陆陆续续地好转起来，不断地转出 ICU 或治愈出院。在这里我们经历前 10 天的艰苦防御，中间 10 天的多学科相互磨合、相互配合，和后面 10 天不敢有一丝懈怠的守护胜利果实。至今 ICU 共收治 70 名危重症患者，进行气管插管 53 例，开展 ECMO 3 例病情好转后全部脱机，治疗好转出科已有 8 人。在这次疫情的大考中，我们取得了优异的成绩。

在这里我们经历了前期对病毒的恐惧，到慢慢适用而不会过度紧张，再到如今能泰然自若。在这里我们收到了来自全国各地生活和医疗物资的爱心捐赠。昨天是妇女节，我们 200 多人的团队里绝大部分都是女医生和护士，作为一个男生我已深刻地体会到这里工作的艰辛和不易，推己及人这里的每一位女性则更加值得称赞。她们无愧于巾帼英雄的称号。

今晚也是一个月圆之夜。到目前为止我们也只是期中考试取得良好的成绩，不敢有一丝的松懈。管控院内感染的同事仍会叮嘱我们要注意防护服的穿戴，尤其是在脱防护服的时候，动作幅度一定要小，一定不能图快，不论何时防护一定慎之又慎。早交班时李圣青队长对病人病情了如指掌，经过大家详细讨论，实现对患者的个体化、精细化管理，晚上视频会议对一天的总结和确定明天要做的治疗规划。现在攀登到了山腰，风景虽美但还有一段山路要爬，会当凌绝顶，一览众山小。

今天视屏聊天时，爸妈说老家已经开始复工了，路上的车和人也变多了，抱着魏棶在公园里看花，这是他笑得最多的一天。武汉的梅花、樱花也已经盛开，疫情也在逐渐散去，愿春暖花开后，山河无恙，人间皆安。

2020-03-09　17:05　最后接力

新冠转运救治接力

援鄂抗疫至今整整 50 天，回想最初到武汉时家人、朋友、同事一直在关心我们何时能完成抗疫救治任务安全回沪，我总是只能回复一句"君问归期未有期啊"。最近随着疫情防控形势持续向好，按照国家卫健委的要求，华中科技大学同济医院光谷院区所有的在院患者都将集中到该院中法新城院区，患者的转运工作自 3 月 26 日正式启动。在今天，我们完成了最后一例插管带 ECMO 患者的转运，E3 区 5 楼 ICU 完美收官，明天便会乘飞机返沪。在最近的 5 天里我的任务由气管插管救治逐渐转移为跟随救护车转运病人，转运经历真可谓是生死时速。

复旦大学附属华山医院整编制接管的 ICU 病人与其他病区不同，绝大多数都是戴气管导管进行有创通气的病人。29 日转运病人时正巧其他病区也在转运病人，看着他们自己拿着随身物品仅带一根鼻导管低流量的吸着氧、聊着天、排排坐在救护车里，就好像换个地方出来散心一样。真心替他们感到高兴，希望自己的病人到中法院区后也会逐渐的康复拔管，也能开开心心地自己拎着行李安全回家。但是现在艰巨的任务是要保证他转运路上的安全。

尽最大的可能节省转运时间，便能保证最好的安全性。提前把道路清空，准备好处理突发情况时的抢救药物和器材。搬动患者过床时，一人抱头看护气管导管，一人抱转运呼吸机，两人抱左右上半身，一人抱脚，一人站在高处统一指挥。患者长期卧床很难避免的会有下肢血栓，在这时他就像一件易碎的瓷器一样，一定要轻拿轻放，防治血栓脱落，小小的病床旁挤满了医生、护士。运上救护车后，司机师傅便开启了地面小飞机模式，一路风驰电掣，每一辆路上的车听到我们救护的声音后都会快速让出道路。40 多千米近 50 分钟的路程仅用不到 35 分钟便安全抵达。一路上紧盯监护器的显示屏，观察着患者的状态。到达中法院区 ICU 后完成了交接，我们长舒了一口气。

回来时在雄楚大街高架桥上竟遇到了堵车，我很高兴，感觉这座城市在逐渐恢复生机。当初下飞机时那种寂静的景象，让我难忘。如今，马路上车辆多了，街边的商店陆续开放，也能看见行人的身影。武汉，这座英雄的城市，正在复苏。

我们也圆满地完成了党和国家交给的援鄂任务，准备回沪，继续守护我们的家乡。回首向来萧瑟处，归去，也无风雨也无晴。

附 2：特别家书[1]

荟荟：

我看到了你的信，昨天是情人节，我在武汉支援，抱歉，没办法及时回你。昨晚我这里也是一夜的风雨。你我都不是武汉人，但我俩的恋爱却发生在武汉。那年我们第一次约会便是去的黄鹤楼，当时的人山人海我到现在都记得。毕竟你的小米手机也是在那里被偷的，不过你是一个乐天派，丢了手机也完全没有影响你游玩的兴致。只是那天一路上我都紧紧拉住你的手，害怕一松手你便丢失在了人群里。2016 年 6 月我结束了在武

---

[1] 编者注：援鄂期间，魏医生一封写给自己爱妻的家书饱含深情，当时新民晚报《申声传情》节目还邀请了演员陈龙朗读过这些感人至深的文字，在此也附上这封特别的家书。

汉协和医院的实习，选择了去上海华山医院参加规培，之后你也来到上海。我们便在那里一起工作生活，中间吵架又和好、砸东西后打扫房间、闹几次分手都没成功、一次又一次地搬家、跟二房东斗智斗勇等都没让我俩分开。我想我俩是真爱了。之后自然而然地就结婚然后生子。呵呵呵，在一起的4年真是苦中作乐啊。

现在孩子都已经8个月了，他坐得越来越稳，力量也越来越大，春节期间因为疫情我在家待了11天，这足不出户的11天我一直抱着他，有一天他像一只冬天里刚睡醒的小熊背对着我，独自看着窗外。我想他慢慢地有自己的意识，不知不觉间长大了。他对这个世界充满好奇，好奇心也一直是我认为的最好的品质。我给他起名魏栎便是这个意思。疫情结束后我们一定要带他到窗外的世界去看每一朵花每一棵树，带他去感受这个有意思的世界。我现在好想抱抱他，陪伴着他，听他牙牙学语。但是如今国家有难，你我身处其中自当匹夫有责。

春节结束回到华山医院，我便申请了去武汉支援。元宵节的晚上我接到了来自医院的电话。明天便要出发。我以为只是十几个人的小部队，没想到的是短短90分钟就集合了214人组成了华山第四纵队。直到上飞机前我才跟你和父母说了这件事。爸妈说相信国家，相信组织，保护好自己，疫情一定会很快结束。你倒是比较冷静，问我能不能不去，我说不能。那就去吧，家里有我你放心。有件事我没跟你们说，我们这次去的是ICU，接收的都是重症、危重症的病人。我们奔赴的是最危险的战场，我还是这个战场里的冲锋队员。我是ICU里执行气管插管的麻醉医生。

刚刚看向窗外已经开始飘雪了。

今天是我来武汉的第七天，这座城市对我既熟悉又陌生。那年我大五，从徐医到武汉协和医院实习，在这里的一年是我初次接触临床工作。紧张、兴奋、忙碌，在这家大型的三甲医院的一年里，我受益良多。同样在这座城市里有我们喜欢吃的热干面、鸭脖，有武大的樱花，有江边的黄鹤楼，还有热情好客的武汉人（偷手机的那个不算）。在这里白天我们坐着支援的公交车穿过本该人声鼎沸、车水马龙的街道，现在空无一人，我感到不安。不知道这座城市里的人生活得怎么样了。晚上从医院回住所，居民区里高喊着"武汉加油、湖北加油、中国加油！"大家齐声唱着《国歌》，那一刻我热泪盈眶，这里的人民没有被疫情所打败，他们相信国家、相信组织、相信医生，相信最终一定可以取得胜利！

不知不觉外面的雪已经停了。是啊，这世间哪有不停的风雪？

爱你的群哥

附3：魏医生在援鄂期间写下的入党申请书

敬爱的党支部：

我志愿加入中国共产党。愿意为共产主义事业奋斗终生。今天我郑重地向党组织提

图4　参加预备党员报名的自述和党支部提问

交入党申请书,并已做好党组织对我的各种考验。

我是来自复旦大学附属华山医院麻醉科的麻醉医生,2月3日我主动报名支援武汉,2月8日我接到了医院的通知奔赴武汉。在我看来2020年注定是不平凡的一年,新型冠状病毒肆虐着祖国大地,其中武汉尤甚。它来势汹汹潜伏期症状轻、易感染,一时间人心惶惶、人人自危。但是我看到身边的党员同志们纷纷主动请缨抗击疫情、无私奉献,让我明白了党员是什么,也更加坚定了我入党的信念。此时此刻,我身处疫情防控前线,我心中有胆怯有恐惧,但国家有难,武汉有难,同胞有难,我必须站出来。在这里怀着激动的心情写下这份入党申请书,希望自己能像每一位战斗在疫情前线的共产党员一样甘于奉献,为了人民群众的生命健康,勇往直前。2月14日我加入同济医院光谷院区NCP急救插管小组。成为了ICU战场里的冲锋队员,我感到很光荣。

回顾往昔,党组织建立于中华民族危难之时,战乱四起、民不聊生,无尽的黑夜笼罩着中华大地。在这样的历史背景之下,共产党人将马克思主义与工人运动相结合,从国家实际出发一步一步地领导中国人民走向光明。共产党人是革命运动的发起者、宣传者、先锋队,领导着中国人民走过充满艰辛曲折的道路。无数次的事实证明,国家哪里有难,哪里就有共产党员。他们始终冲在危难的最前沿。

我深知按党的要求,自己的差距还很大,有许多缺点和不足,希望党组织从严要求,以使我更快进步。我将一直怀着一颗赤子之心,用党员的标准严格要求自己,自觉地接受党员和群众的帮助与监督,努力克服自己的缺点,弥补不足,争取早日在思想上,进而在组织上入党。同时,作为一名医生。我有责任更有义务为打赢这场疫情之仗冲锋陷阵。自从我提出申请之日起，在我心目中我已将自己交给了党，我愿在日常的学习和工作中严格要求自己，做好党交给的工作，接受党的各种考验，我愿在社会主义建设中锻炼自己，和一切反党、反社会主义思想做不懈的斗争，为祖国的繁荣昌盛和人民的安居乐业作出自己的贡献，为共产主义事业奋斗终生。

请党在实践中考验我。
此致

敬礼！

申请人：魏礼群
2020年2月16日

十、白衣战士　坚毅如斯

姜　华　口述
严敏斐　整理

（一）早年生活回忆

1. 我的中医梦

我1991年1月18日出生在安徽省巢湖市无为县的一个农村。我3岁随父母一起来上海，父母当时在上海这边做小生意。我3岁后一直在上海，然后读小学。初中是因为外地人在上海不方便读，后来就回老家去了。初中高中都在老家读的，大学考了上海中医药大学，所以又回来上海了。我还有个妹妹，比我小2岁。我父亲十几岁的时候得过肝炎，很严重，安徽很多医院都不收了，后来托亲戚找到一个老中医，在安徽马鞍山，帮他治好了，我父亲在那个老中医那边住了蛮久，因为农村，家里很穷，兄弟姐妹又多，那个时候他老是想怎么赚钱，没有想过学习，所以一直比较后悔当时没有继承老中医的医术，老中医的医术后来也就失传了。我听了他讲这个事，也想学中医，所以就报了上海中医药大学，第一志愿是中医，报志愿的时候选了一个"服从调剂"，当时高出一本线20多分，因为上海对外地招生分数线要高出一个层次，因此没有到那个中医专业的分数线，就调剂到护理专业。现在回头想想，可能我当时学习也没怎么用心，不然可能分数会更加高一点。在大学的时候也关注过一个"非医攻博"，好像是广州一个中医药大学，你不是医学专业，但是可以去读他们的博士。我们现在要做医生的话，要取得临床资格的话，必须高考直接考到临床专业，才能取得医师资格证，其他专业就是拿不到医师资格证的。广州那个中医药大学就是吸收其他专业的优秀人才，去读中医，可以直博，顺利毕业可以拿到相应的医师资格证，后来停掉了，我也就没有想法了，之后就老老实实地开展自己的本职工作。可能以后会关注养养身，食疗这方面。我父亲现在还在看中医方面的知识。

2. 我的家庭

我有2个小孩，大儿子3岁左右，小女儿现在10个月大。对孩子的教育方面，我一直是让我妈不要惯着他们，摔倒了让他们自己爬起来。我父母当初结婚是卖了一头猪，添置了一些家具，再结婚的，农村确实穷。所以那时候他们只顾着赚钱，更加谈不上惯着小孩，随便玩玩就好了，而且还要帮忙做事的。不像现在的孩子都这么宝贝。所以我在家里对我的孩子还是比较严厉的，他们就怕我一个人，我觉得孩子在家里总要怕一个人的，不然要无法无天的。

我最想说的还是我太太，她12月份做的手术。她是2019年8月份生了我小女儿，因为家里二胎，我爸爸还在上班，我母亲平时一个人带老大，老二出生后可能一个人带两个小孩带不了，所以商量下来我老婆就先辞职，全职在家带小孩，然后他们公司最后一次体检，她以前就有甲状腺结节，后来就发现恶化了，然后12月初做了一个手术，1月二十几日我又去武汉，所以我一直也比较担心她的情况，她当时也很支持我，所以真的很不容易。

3. 我的工作经历

2014年毕业后，直接面试的华山北院，两周的岗前培训，8月份就进入监护室开始工作，那时工作量还算小。北院是2012年竣工的，那时候还是试运行，所以开放量还不算多，知道北院的还比较少，后面工作量就慢慢大了。我一直在北院的监护室工作到去年12月15日，16日调到了内镜中心，现在就在内镜中心工作，目前工作量蛮大的，因为疫情期间积攒了一些想来没来或者不方便来的病人，所以数量还是比较多的。我们的工作就是装镜子，登记病人的信息，配合医生取一些活检、病理，现在病人住院都是要测核酸，扫随申码，医院相对来说还是比较严格的。我们也做好了防护措施。

（二）在武汉的每一天都很难忘

1. 起因

1月23日下午，我们工作群里收到了卫建委下发的关于组建援鄂医疗队的通知，先自己报名，后来护理部副主任给我打电话，问我是不是愿意去，跟家里人商量好没有？我当时是第一时间跟我老婆说的，她是同意的，我父母还是有些担心，不太同意，他们认为比较危险。我安慰他们，主要是安慰我父亲，因为我父亲身体不太好，眩晕症发了两次，第二次120送到医院的，所以我也特别担心他，我就安慰他："当兵的这时候就要冲到战场的，我们医务人员这个时候就应该去，而且我们那么多医务人员去，防护也做好的，没有什么问题的。"后面医院的领导过来慰问他，他可能觉得儿子很伟大，他精神上面得到了安慰。电话里说随时都可能要走，我们当时赶紧收拾东西。然后到24日，大年夜，17：00接到通知：紧急出发。但是年夜饭刚做好，还没来得及吃几口，就出发了。先去总院集合，那些后勤，医务处把整个医院的物资基本都搬过来了，能用的都给我们带过去了。我自己带得很少，就带了些随身的衣物。晚上9点多到了机场，宗明副市长，卫建委领导等给我们送行，12点飞机准时出发，25日凌晨1:30到武汉的天河国际机场。

2. 到达

下飞机后，大巴车送我们到酒店，路上一辆车都没有，很空旷。到了酒店，就开始整理物资、行李，我们当时是两人一间，我是和感染科徐斌主任（华山医院感染科，副主任医师）住在一起的，所有的物资包括行李要先搬到自己房间里。因为行李多，酒店托运车不够，只能等，有些实在太重了，自己搬不动，一直整理到凌晨5:30，然后就开始休息。当天下午1:30召开了第一次会议，相当于动员。开完会后，我们的领队郑院长（上海市第一人民医院，副院长），包括我们一些终身教授、还有一些护理组长、医疗队医生的负责人，就先去金银潭医院实地考察了。（图1）当时是他们张定宇院长（武汉市金银潭医院院长）先过来慰问我们的，然后就带他们去医院考察去了。顺便商定下给我们安排在哪些病房等。当时我们和来自部队的一支医疗队是住在一个酒店。商量的结果可能是我们开辟一个新的病房，北楼还是南楼（具体忘了）四、五两层归我们管，一层一个病区，两层，大概30个床位，部队的话二三层。后来当地的卫建委比较着急，病人数量比较多，商量下来就是我们直接接管他们一个病区，所以我们后来就接管他们金银潭北楼的第2层第3层。第二层相对来说是轻症，3楼是重症。因为当初卫建委下发的

图1　在酒店第一次看到金银潭医院

通知就是招重症学科的，包括呼吸科、感染科的医护人员。26日晚上第一批已经去接管了，当地武汉金银潭医院给我们留了两个医生两个护士，两个护士也是武汉其他医院过来支援的，他们负责给我们指导医院电脑的操作系统，因为他们那边的电脑里面处理医嘱、领物资、领药等系统和我们上海还不太一样，所以先熟悉下系统以及环境。了解了污染区、半污染区、清洁区这三区的分布。作为传染病病房，它的布局还是规划得比较好的。

3. 经历

我的第一班是在27日，当时去的第一感觉是病人特别多，特别重。我在监护室也做了5年多了，重病人说实话我也看过很多，但是这么多重病人的情况我还是第一次看见。当时病人都是呼吸机，生命体征都不好，都是纯氧在吸，纯氧接呼吸机再加个氧气面罩在吸，生命指标血氧饱和度也就在90%左右，低的话只有80%多，很差。而且他们呼吸频率也很快。他们自己可能也感觉到很差，现实比新闻中看到的还要震撼。

第一周是上8个小时班，三班倒，一般是提前1个小时去，我们酒店离金银潭医院走路的话15分钟左右，就在医院对面。到了医院后，先换他们准备的护士服，但是只有女士的，特别像我这么胖的，我每次都找3XL，女士中最大号上面写着185的，但是袖子也只穿到我小臂这里。有时候扣子也系不紧。然后穿防护服，大概要穿半个小时左右，因为要一层层穿，帽子、手套、鞋套，穿好后穿隔离衣，再加戴第二层手套，进半污染区，穿防护服。都穿好之后互相检查，因为防护服穿好后有些地方自己看不到，我们有镜子，但镜子很小，自己可能注意不到有些地方会不会漏风，头发会不会露出来，帽子有没有戴好，防护服的标准就是要把里面的都遮住。互相检查之后没什么问题的话，我们就进入污染区。第二周是6个小时班，因为劳动强度太大了。到第二周还是第三周的时候，我们就改为4个小时班，因为后面上海市支援了50个护士过来，这样4个小时班我们就可以不用出来，8个小时的话中间吃饭、上厕所总是要出来的，穿脱的流程又要再走一遍，然后每次出来4个人1小时后再进去轮换另外4人。

护理的话和我平时医院重症监护护理差不多，一是书写监护单，二是观察病人的生命体征，比如呼吸机参数，医生有对讲机，医生早上过来也会查房，去看去调呼吸机参数。我们做好护理及时给药，早上治疗班8:00上班，充配好补液大概8:30—9:00左右，从传送舱送到每个病房，我们拿到后给病人上补液，做治疗，病人有些是清醒的，他们会要喝水，会要大小便，我们要去帮他们弄，有些病人是导尿管，有些病人是尿裤，我们要给他们清理或者更换，其实和平时工作一样，不一样的是病人当时比较重，病人比较多。一个房间放4个床位，我们放记录单的桌子就在过道上，包括医疗器材、针筒、输液器都在外面。走廊有窗户，窗户也是开着的，因为空调不能开，病房里是有空调的。护理的时候，尤其大小便，他们家属可能买不到医用尿垫，只能用医用尿裤，这样很多时候床单什么会弄脏，都要换掉。所以工作量比较大。

4. 难忘的事情

每一天都很难忘。我遇到过一个病人大概40多岁，住了很久，快2个月。自己很坚强，也很配合我们，我们也鼓励他，要多吃，多喝点，他同一病房的其他床位可能相继走了很多人，可能他心里上也会有些压力，但是后来他康复出院了。由厂商给我们捐助制氧机，我们送了一台给他带回去，因为他当时回去也要继续吸氧。

我们在金银潭医院总共待了68天，3月27日病房实现清零，3月31日回的上海。我们刚开始接手他们病房的时候，可能也因为他们人手不足，病房里面比较乱，我们休息的人员把他们病房全部打扫一遍。平时在医院里，清理大小便，处理垃圾都是由护工来做的，在这里都是我们护士自己套垃圾袋，把垃圾收好扎紧放在电梯口，会有人来收。里面有一个保洁阿姨，当地人，她比较厉害，每天来拖地拖个一次到两次，这个阿姨大概50多岁，也要穿防护服，我们每次进来也要帮她看，有时候口罩她没戴好，滑到鼻子下面去了，我们就提醒她戴好或帮她整理一下。

在后期，病房里有一对夫妻，老公住在6床，症状比较轻，只要吸吸氧就可以了，他太太比较重，当时已经接了呼吸机面罩，这个老公每天补液挂完之后都会去看她太太，鼓励鼓励她这样，我们当时每个病人都会发口罩，所以同一层可以走动。我们领饭，每次都会领多了，因为有些人插着管吃不了，我们会把这份饭给其他人，这个老公就会一直鼓励她太太多吃一点，一直陪着她。他老公好了之后，是不能一直留在医院里的，他天天给我们发微信，因为我们有好多护理小组，每个时间段医护不一样，他加了好多人，询问他太太的情况，也发短信感谢我们。他太太大概到3月中旬出院的。

还有一对母子。一开始我也不知道，那个男的40多岁属于前期过来的，也是在6床，病情比较重，接了呼吸机，情况不是很好。后来有一次我收了一个病人，是一个老太太，在13床，我询问了之后才知道，她就是我们6床患者的母亲，她儿子的病情我们也没敢跟她说，也没敢让她去看，后来她儿子还是不幸去世了，母亲后来治好了，因为她来的时候也比较轻，吸吸氧、吃吃药、挂点水就好了。有些病人肺部问题如果发展下去的话，就需要呼吸机的支持，包括后期ECMO的支持。还有一种情况，有些病人突然之间血压下降，或者突然之间呼吸就不好了，我们有对讲机，医生也会进来，里面也备好药，直接就进行抢救。我因为是监护室出来的，又是男孩，所以遇事还算镇静。还有一些病人当时气胸比较厉害，这种情况就要紧急地置入胸腔引流管，当时一个当地的医生和我一起放，这样他的肺就可以张开了，预后基本上还是可以好的。

有个老先生，来了之后很烦躁，不配合，他其实当时情况很好的，他戴的是鼻导管吸氧，他很绝望，他给家里人打电话了，说着自己不行了什么的，然后我就只能进行心理安慰，说："隔壁老太太进来比你重，都出院了，你现在就吸吸氧、吊吊水，没什么的，你一定要多吃饭，补充营养，多配合我们。才能好起来。"我们还有个上ECMO的，年纪比较大的，后来都出院了，所以常用这个案例来鼓励他。

后期进来的病人病情相对轻一点，我们可以一个人负责差不多一半病房的病人，这样一个小组可以撤掉一个到两个人，大家轮流休息一下，这样可以多休息一天。之间生物钟一直在变，白天睡觉又睡不着，回来之后又特别累，自己拼命想快点睡觉快点睡觉，可是就是睡不着。长时间这样会有点心慌。不上班的时候，我会和家里联系，微信、视频聊天，和家人报个平安，因为他们比较担心我。刚去武汉的那几天，儿子天天问我什么时候回去，特别想我，之后也就习惯了。女儿还小毕竟不懂事。每个人出来，其实家里人都付出很多，单位也付出很多。

（三）武汉给我的感触

1. 热情

首先武汉这次，让我看到全国人民的团结，包括当地人的团结。那时候武汉封城，蔬菜吃得很少，我们吃得最多的是肉，牛肉、羊肉、猪肉很多，绿色蔬菜特别少，当地有个老伯伯，骑个三轮车大概有四五十公里，给我们送了一车的蔬菜，这让我很感动。这还是我通过后面一个视频才知道的。这个视频是酒店工作人员拍的。

3月份开始武汉路上慢慢有车了。刚开始我们是走路上下班，我们刚开始是两人一间，后来说要实行一人一间，那么武汉卓尔酒店可能房间不够，后来一部分人搬到了全季酒店，当时是让党员搬，当时华山医疗队4个人，他们3个都是党员，我说留下我一个人怎么办，物资也不好分，平时沟通交流也不方便，正好那边全季有空的房间，当时我们也都有提交入党申请书（图2），所以我也跟紧队伍，一起搬了。那边的话就上班远一些，我们是坐公交车，还有出租车，当时公共交通停止运行了，其实很多车都在为我们医疗队服务。

图2　党旗下的宣誓

我记得有次夜里，他们司机接我们上班，另外一批要下班，他们就在医院门口等他们下班。这些司机也很辛苦，一天也就睡几个小时。

2. 勇敢

当地这么多人能给我们送来物资，当地这些司机能接送我们，我们都是从医院感染病房出来的，这些人非常勇敢。我们这边人多的话是公交车，人少的话就是出租车。

31日，我们从东西湖区出发，先从全季酒店和卓尔万豪酒店的人汇合。在马路上，有些司机自发停下来，鸣笛，还有个司机下车给我们鞠躬。当时眼泪就留下来了，很感动。到了机场，有很多人撤离，听说那一天要撤掉7000多名医务人员，我正好碰到了支援雷神山的大学同学，她在上海中医大学附属曙光医院工作。（图3）下午3点多到了上海机场，那天正好下着雨，本来机场给我们准备了雨衣，因为小雨我们没穿雨衣，后来接机的领导都叫我们穿上，很多领导、志愿者包括机场人员都在雨中等着我们。（图

图3　武汉天河机场留念

图4　机场迎接

4）大家都很感动。就这样一路回到酒店。警车在前面开道。到了酒店，有些医务人员的家属和当地的市民在酒店挥舞小旗子，还有横幅，迎接我们。我父母因为住在宝山，隔离在青浦，因为太远了，所以没有过来。隔离期间就是天天吃了睡，睡了吃，胖了6斤。当时在武汉我也没瘦，因为要充分保证自己的营养，不可能考虑减肥，所以就尽量多吃。

（四）写在最后

我在我们老家过生日是过农历的，年初五，当时我发了一个朋友圈，当时我们总院感染科徐斌老师不在，我们汪慧娟老师（华山医院神经外科急救病房护士长）和刘蓉老师（华山北院全科病房护士长）给我补过了一个生日。（图5）因为我们领了一些爱心物资，其中有费列罗的巧克力，盒子是个爱心，拿了两个苹果，拍了照片给我过了一个生日。后来回来第一天家里人就给我买了蛋糕，又补过了一个生日。

我们医疗队有个物资组，很辛苦，每天凌晨要去火车站，去接物资，每天不停地跑，都是全国各地捐过来的物资，所以我们可能今天穿这个牌子的防护服，明天又换了一个牌子。今天戴这个口罩，明天戴那个口罩。在那边我也没有怕，就是有时候看到病人死亡，就觉得大家都很努力了，有点无奈。有时候病人戴呼吸机面罩会很闷，一分钟呼吸要40—50次，本来又很喘，就会很想把管子拿掉，面罩摘掉，我们又把管子给他们接上去。还有一些病人可能有低氧血症，对他们精神方面也有些影响，人就不是很清楚。还有一些病人力气很大，我们只能对他进行保护性约束。

我也很佩服所有去那边的女性同事，真的很不容易。还有生理期。我们进病房之前会特地少喝水，但是有一次，说出来不怕你们笑话，我真的尿裤了，因为下班前有些病人用导尿管，然后我要去倒尿袋，就和打开水龙头一样，听到那个声音之后自己就憋不住了，因为经过几个小时真的憋不住了。

每个医务人员的背后，都有默默付出的家庭。我也是后来听我同事说的，我没回来

图5 汪慧娟和刘蓉老师给我过生日

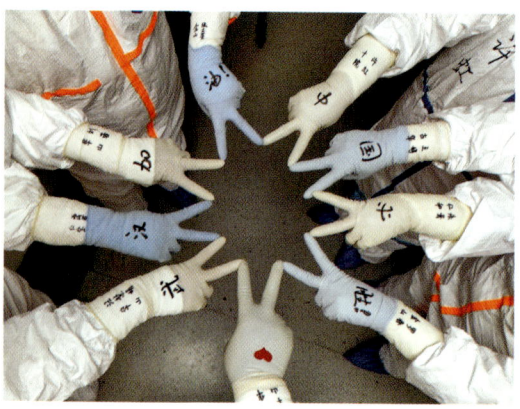

图6 武汉加油，中国必胜！

图7 收到武汉小学生手绘的衣服，美美的

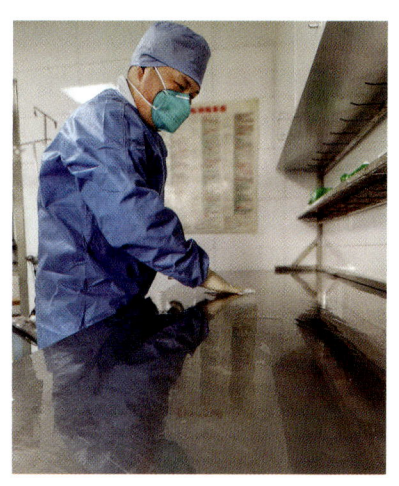

图8 2020年3月27日，病房患者清零，我们整理清洁病房

之前，我父母也担心我比较多，因为我父亲是在手术室做后勤运送，所以我有同事看到我父亲担心我的样子，精神状态可能都不一样，所以家里人真的付出特别多。有一次我母亲带孩子玩，踢毽子，扭伤了脚，痛了一个多月都没有和我说。前段时间，大概5月初，我老婆开始上班了，我丈母娘过来帮忙。

第一批医疗队所在的武汉市金银潭医院荣获《全国卫生健康系统新冠肺炎疫情防控工作先进集体》称号。

十一、勇敢的心

张叶麒　口述
严敏斐　整理

（一）家世与早年生活的片断回忆

1. 邻家男孩

我是土生土长的上海本地人，1997年出生。我们家庭其实很多元化，我的外公外婆是农民，我爷爷奶奶是上海城市里人，我小的时候大多数时间喜欢在田里玩，很开心，在城市里觉得拘束，因为都是楼房。我有个双胞胎弟弟，叫张叶麟，比我晚生10分钟，就因为这个10分钟我做哥哥做到现在。我和我弟弟小时候性格不一样，我是我爸爸这边带大的，也就是奶奶这边带大的，我弟弟是外婆这边带大的，两个人性格可能有点不一样。从好的方面说对父母就是不一样的乐趣，从另一个方面说我跟我弟弟不怎么说话。但默契还是有的，很多人会问我和我弟弟有没有心灵感应。有一点吧，比如玩游戏点事情再出来，不能刚进去就说要上厕所，闹肚子。因为很紧，然后戴两层口罩，一层外科口罩，一层N95的，进去之后自己氧饱和也低的，氧气也供应不足，加上护目镜勒的比较紧，因为真的怕东西到眼睛里，加上橡皮筋，一出汗越收越紧，头很痛，一开始我也是觉得头好痛，也是硬挺过来的。其实最爽的不是脱防护服，而是脱护目镜和口罩。这两个一脱就觉得活过来了，可以再出去跑4千米。开始他们都说穿尿不湿，每人发了两包。我开始想我应该不会小便，我没穿就进去了，后来久而久之所有人都不穿了，因为在里面汗都流光了，没有小便，有时候到酒店才有。因为到了里面，那种工作节奏，工作状态，你是不会想到自己身上这里痛，那里不舒服的，而是全身心投入工作。

4. 52天就像经历了一生

在武汉，虽然只有52天，一眨眼，但是说实话，40多天在那边的时候，我们就已经开始想"哎，这边能不能结束了。"因为这个经历太多了，每个人心里多多少少都有点创伤。我们华山医院180名护士，30多名医生，接管了武汉同济医院光谷院区的重症监护室。其实就是康复病房改造的，总共13个病房，只有2个病房有墙式吸引和供氧装置的，其他病房是没有的，上班我们50千克的氧气瓶要自己推，40多千克的小姑娘根本推不动，最忙的时候是一种什么状态，我4个小时，光一个小姑娘就要换三四次的氧气钢瓶（图2），这种待在家里面是她们一个礼拜的工作量。我们医院张静总护士长就想得很周到说："你们这次去了很多男的。我一共分9组，尽量每个组要有2个男护士。"我们急诊室去了8个男的，上海出发前，我有一张照片，就是"卤蛋头"那张（图3），周围都是我同事，后来我们男生都分开了，分配到每个组，去帮助女护士，男女搭配，干活不累。男孩子开朗，有时候比较急，女孩子比较细心，多愁善感，所以也能互补。现在男护士慢慢多起来了，在武汉就是很明显在体力活方面真的很有用。一个200多斤的病人，你要将患者从仰面

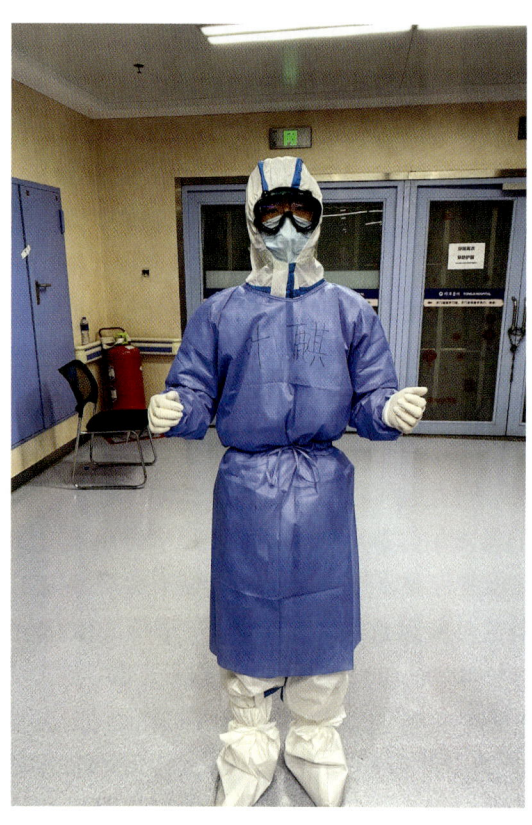

图1　这是张叶麒第一次穿一整套的隔离防护用品，大概花了50分钟才穿好。穿好之后很闷，感觉透不过气。胸口是让同事写的"叶麒"，这样如果病人叫他，可以让他觉得亲切一点

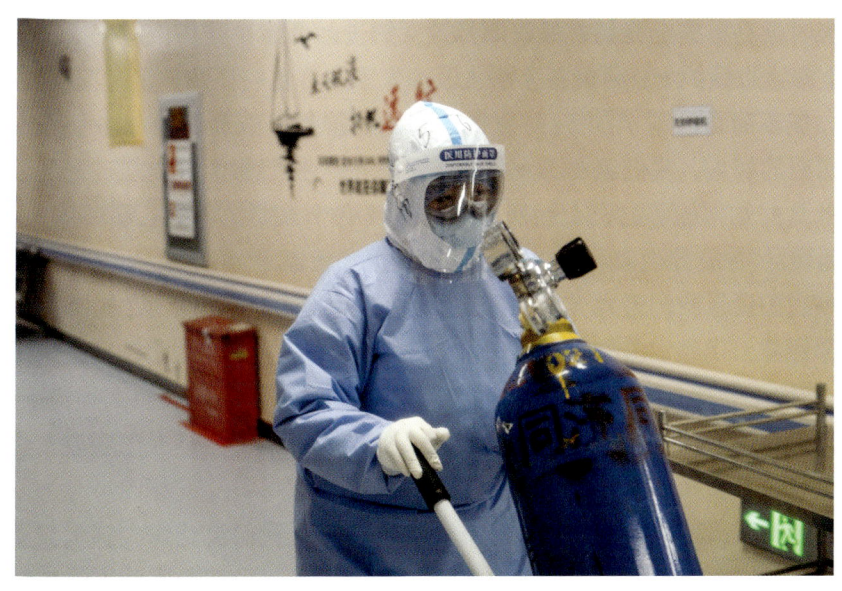

图 2　这个是急诊护士陈洁。这个氧气钢瓶正在用推车搬，如果竖起来可能只比这位护士矮一点点。在武汉期间，不管你的体力如何，忙起来谁都要这么去做，哪怕你做不下来也要想方设法去完成

朝天的状态翻个 180° 的身进行俯卧位通气，又不能扯到他的管子，又不能磕到碰到，那就要男的，有时候 2 个还不够，还不一定能把他翻得过来，怎么办，那就再叫 2 个小姑娘，小姑娘还不够怎么办，医生也过来，大家翻一个病人，有时候我们看到很多照片上，我们 6 个人在翻一个病人。然后，在外面的有些护士可能不是很理解，为什么你们要 6 个人搬，等他们再进来，自己去尝试后，他们说："你们 6 个人还是少。"真的有时候就是这个样子。

还有让我记忆犹新的，就是有一个病人，人是蛮好的，他一开始状态蛮好的，我们每天都会评估，要不要把他约束（两只手两只脚绑起来），然后评估下来，从护士长到最下面评估下来，都是没有问题的，还可以，是属于最轻的病人。大概半个小时吧，他就渐渐开始在那边吵，我们叫"烦躁"了，就问医生要不要开始约束，医生说你们要么先把他约束起来。我们在准备约束带的时候，真的就只有十几秒，他就把自己的针拔下来了。然后站起来，这个时候这种病人就真的根本不能站起来，他应该没有力气站的，肺功能、氧饱和就掉下来了，他做了一件什么事情？他把我们高流量呼吸机握在自己手上，塞在通风口里，在后面看到视频里真的叫电光火石，然后猛砸。这个病人比较靠后面的，我们两个男护士比较靠前面，等我们要过去的时候，6 个女护士已经要在摁他，他就甩来甩去，血到处乱溅。如果这个时候血溅到我们眼睛真的很危险，当时我们都不怕，全部往前冲。有的小姑娘个子矮矮的，觉得自己上去肯定会受伤，就说"我帮你们去准备药，我去准备东西。"当时就感觉这就是一个团体，有些人手上病人一忙好，就来帮忙，当时护士比较多，我们分工很明确，你来镇定，你来打针，2 个男的负责把病人摁在床

发生，看起来蛮难受的，虽然 50 多天一眨眼过去了，但是现在想想还是有点接受不了，在武汉瞬息万变。

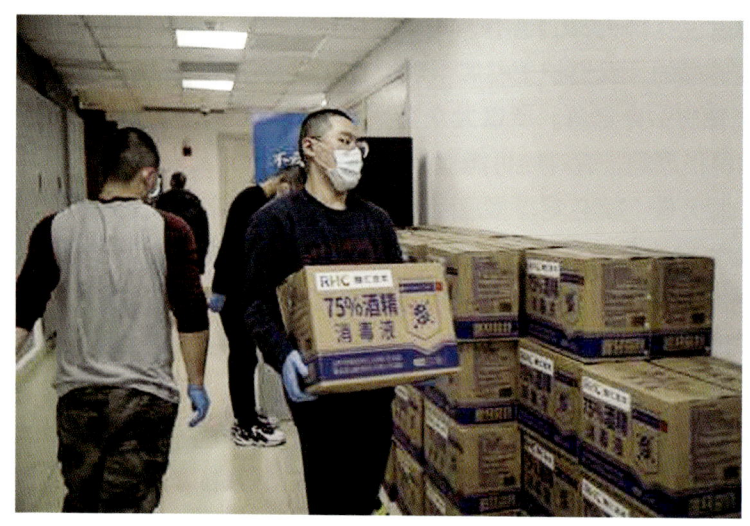

图 5　急诊男护士在酒店一楼的一个楼道里面，搬运刚刚空运到的 75% 酒精

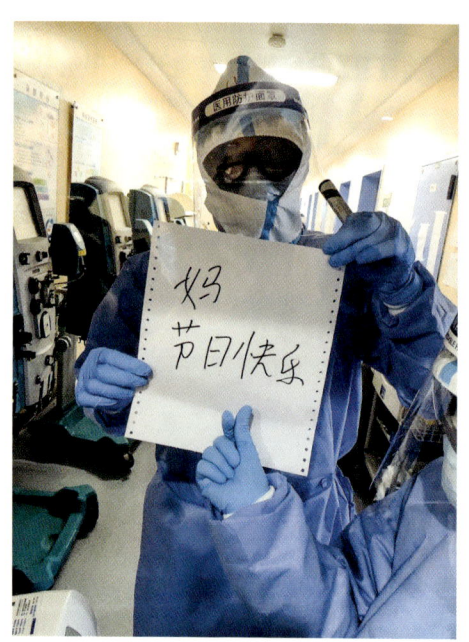

图 6　这是 3 月 8 日女神节那天，因为上班很累前一天很早就睡了，第二天又是早班张叶麒来不及给他妈妈发消息，所以在污染区快下班的时候，让急诊的钱姿斐老师拍照片发到他们一个家属群里面，给家人报个平安

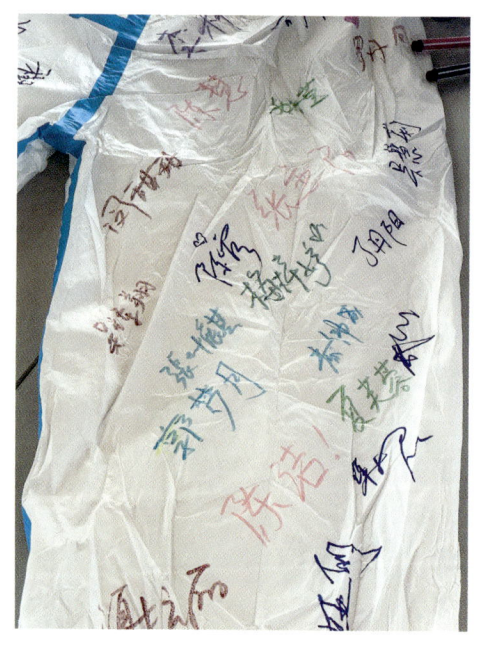

图 7　这是病区病人数清零关门大吉后，我们在防护服上写上自己的名字，用来纪念我们的战友情。最后这件防护服是赠送给了武汉同济医院光谷院区

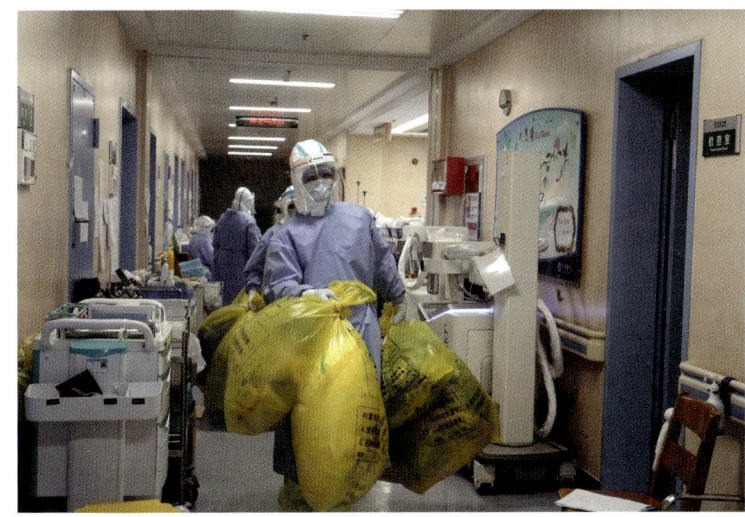

图9 这是没当班的院感护士正在整理垃圾,整理好归总等待后勤师傅收垃圾。每4个小时收一次垃圾,少的时候有17袋垃圾,多的时候6个大垃圾桶都装不下

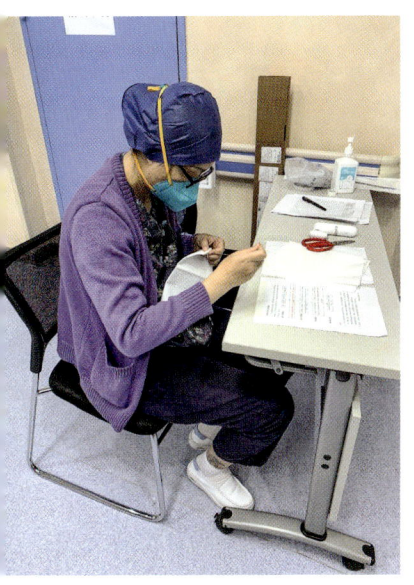

图8 这个是库管沙海老师,在制作给护士们背的小包。小包用来放护士们在工作中需要的笔、胶带、敷贴、留置针这样的小物件。有了小包就不需要一直进进出出拿这些个小的零零散散的东西

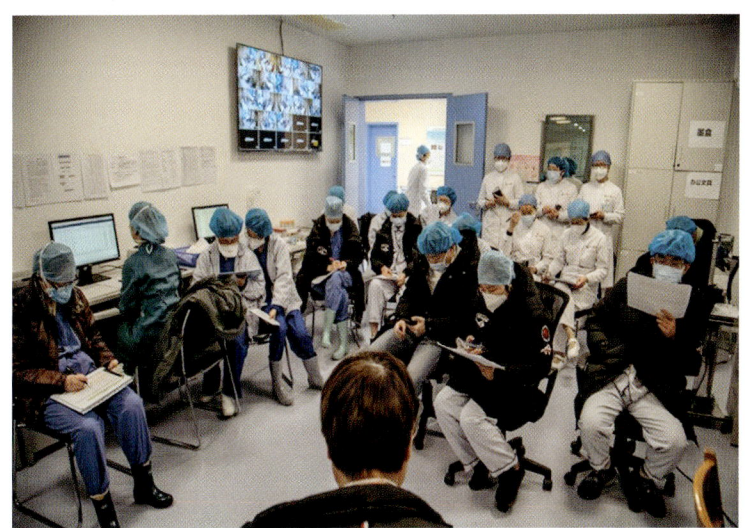

图10 每天早上都有的多学科会诊及查房交班。图中有华山医院援鄂第四纵队医生及护士,还有武汉同济医院光谷院区的医生护士。每天一大群人聚集在一起,讨论每个病人的治疗与护理的措施并且精确到细节。每个病人都有自己独一无二的诊疗方案及护理方案

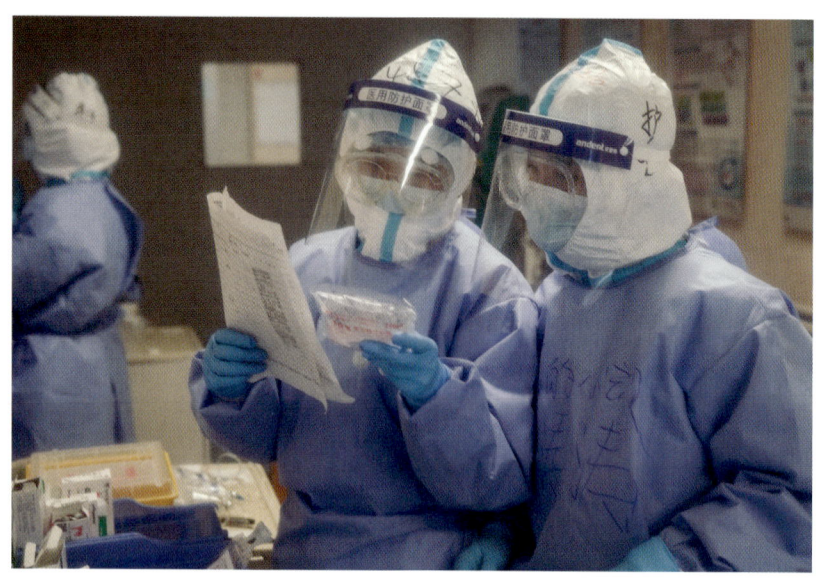

图 11　像图中这样的讨论每天都会上演很多遍。有的时候是在讨论药物对于这位患者的病情帮助、有的时候呢是在讨论患者出入液量是否正常。这张图是在核对药物的剂量和名称，2 个护士查对看看有没有错才能给病人上。不能上错药

图 12　图为疑难杂症护理会诊。参与是华山医院张静总护士长、钱姿斐老师。还有武汉同济医院光谷院区护理部主任、副主任及其余护士长。讨论对于病情复杂的患者如何精细化护理，能够更好地提高患者治愈率、降低死亡率

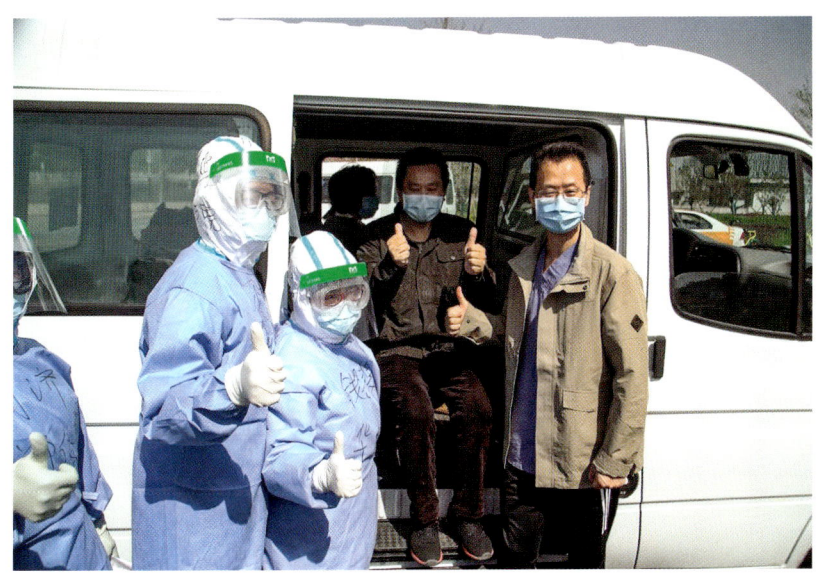

图 13　坐在车上的病人是我们华山医院第一例 ECMO 病人，也是全国第一例成功 ECMO 脱机病人。最后他成功康复出院。从左往右依次是：沙海老师、钱姿斐老师、老程（病人）、马昕总领队